Eine Arbeitsgemeinschaft der Verlage

Böhlau Verlag · Wien · Köln · Weimar
Verlag Barbara Budrich · Opladen · Toronto
facultas.wuv · Wien
Wilhelm Fink · München
A. Francke Verlag · Tübingen und Basel
Haupt Verlag · Bern · Stuttgart · Wien
Julius Klinkhardt Verlagsbuchhandlung · Bad Heilbrunn
Mohr Siebeck · Tübingen
Nomos Verlagsgesellschaft · Baden-Baden
Ernst Reinhardt Verlag · München · Basel
Ferdinand Schöningh · Paderborn · München · Wien · Zürich
Eugen Ulmer Verlag · Stuttgart
UVK Verlagsgesellschaft · Konstanz, mit UVK / Lucius · München
Vandenhoeck & Ruprecht · Göttingen · Bristol
vdf Hochschulverlag AG an der ETH Zürich

Georg Breidenstein, Stefan Hirschauer,
Herbert Kalthoff, Boris Nieswand

Ethnografie

Die Praxis der Feldforschung

UVK Verlagsgesellschaft mbH · Konstanz
mit UVK/Lucius · München

Online-Angebote oder elektronische Ausgaben sind erhältlich unter
www.utb-shop.de.

Bibliografische Information der Deutschen Bibliothek
Die Deutsche Bibliothek verzeichnet diese Publikation in der Deutschen
Nationalbibliografie; detaillierte bibliografische Daten sind im Internet über
<http://dnb.ddb.de> abrufbar.

© UVK Verlagsgesellschaft mbH, Konstanz und München 2013

Einbandgestaltung: Atelier Reichert, Stuttgart
Coverbild: © gavran333, Fotolia.com
Lektorat: Claudia Hangen, Hamburg
Satz und Layout: Claudia Wild, Konstanz
Druck: fgb · freiburger graphische betriebe, Freiburg

UVK Verlagsgesellschaft mbH
Schützenstr. 24 · D-78462 Konstanz
Tel.: 07531-9053-0 · Fax 07531-9053-98
www.uvk.de

UTB-Band Nr. 3979
ISBN 978-3-8252-3979-4

Inhaltsverzeichnis

Einleitung: Einladung zur Ethnografie

Dieses Buch ist ein Lehrbuch darüber, wie man ethnografische Forschung treibt. Diese verfolgt die relativ einfache, aber nicht voraussetzungslose Grundidee, Menschen in ihren situativen oder institutionellen Kontexten beim Vollzug ihrer Praktiken zu beobachten. Ein solcher Forschungsansatz gründet sich auf die Überzeugung, dass nur die andauernde Präsenz vor Ort einen direkten Einblick in verschiedene Wissensformen der Teilnehmer ermöglicht. Die besondere Leistung der Ethnografie besteht dann in einer analytischen Beschreibung fremder (oder eigener) kultureller Praktiken, mit dem Ziel, diese so zu repräsentieren, dass die Leserschaft ein Bild von diesen Praktiken oder kulturellen Lebensformen gewinnen kann. Konstitutiv für das ethnografische Forschungsinteresse sind das grundlegende Interesse an den diskursiven und stummen Wissens- und Praxisformen ganz unterschiedlicher Felder, eine sozialwissenschaftliche Haltung der Neugier, die davon ausgeht, dass soziale Wirklichkeiten Überraschendes und Verwunderliches bereithalten, sowie die Bereitschaft, sich der Dynamik und Logik eines Feldes auszusetzen. Ethnografische Forschung bedeutet daher in der Regel, zu reisen – auch wenn man es ›verabscheuen‹ mag (Lévi-Strauss 1988: 9): Der Ethnograf bewegt sich mit leichtem Gepäck in sein Feld – zu Fuß, mit den verschiedensten Transportmitteln, mitunter auf abenteuerlichen Wegen, aber vor allem ohne schwere Forschungstechnologie.

Die ethnografische Forschung arbeitet mit einem starken Empiriebegriff. Sie bricht mit der Annahme, die Gesellschaft sei den Sozialwissenschaftlern ein immer schon vertrauter, verstandener und auch verfügbarer Forschungsgegenstand. Bourdieu/Wacquant (1996: 280) sprechen in diesem Zusammenhang von einer »Illusion des unmittelbaren Verstehens« und meinen damit flüchtige Alltagsbeobachtungen durch Sozialwissenschaftler. Diese wird in der Ethnografie ersetzt durch die empirische Erforschung sozialer Lebenswelten, sozialer Praktiken und institutioneller Verfahren. Sie richtet ihr Augenmerk auf die Welt, die man in einem Feld antrifft: ihre sozialen Praktiken, Artefakte, Mythen und andere Formen des Glaubens. Im Zentrum dieser Forschung steht die *teilnehmende Beobachtung*. In diesem Konzept klingen die für den ethnografischen Forschungsansatz grundlegenden Spannungen zwischen Teilnahme und Distanznahme, Präsent-Sein und Re-Präsentieren bereits an. Ethnografen sind einerseits bestrebt, während des Handlungsvollzuges der Teilnehmer dabei zu sein und die Methoden zu verstehen, mit denen diese ihre soziale Welt ordnen, Sinn und Bedeutung zuschreiben sowie Handlungsanschlüsse sichern. Dieses Tun ist weitgehend beobachtbar, da es beständig sichtbar von den Teilnehmern für sie selbst vollzogen wird. Um es verstehen zu können, müssen sich Sozialwissenschaftler nur hineinbegeben in die Welt von Lehrern und Schülern, Muslimen und Migranten, Mathematikern und Musikern, Ärzten und Patienten, Bankern und Soldaten, Transsexuellen und Geistlichen etc. Man kann nur verstehen, was es bedeutet, Teil dieser professionellen oder (sub)kulturellen Lebenswelten zu sein, wenn man ihnen (temporär) beiwohnt.

Andererseits sind Ethnografen aber weder Teilnehmer noch Touristen. Sie sind auf ein ganz spezifisches Geschäft konzentriert: Sie stellen neugierige, auch lästige Fragen, machen Aufzeichnungen und produzieren Hunderte von Seiten schriftlicher Dokumente. Sie erzeugen also Daten über das Forschungsfeld, die sie mit Blick auf ihre sozialwissenschaftliche Herkunftsgemeinschaft sammeln, ordnen und analysieren, um sie später präsentieren zu können. Während sie also ›dabei‹ sind, inmitten des Feldes, distanzieren sie sich bereits und nutzen ihre eigene Fremdheit auch, um klarer als mancher Teilnehmer zu sehen, was hier vor sich geht.

Dieses Lehrbuch führt nun in die Praxis ethnografischen Forschens ein. Es beschreibt den Forschungsprozess als Abfolge einer Vielzahl sehr konkreter Entscheidungen, von denen einige intuitiv fallen, andere bewusst getroffen werden. Das Buch will Entscheidungshilfen für eigene Forschungsvorhaben geben und hierzu Begriffe, Konzepte und Beispiele anbieten, die für die Reflexion ethnografischer Forschungsprozesse hilfreich sind. Es ersetzt nicht die spezifische Konzipierung, Reflexion und Entwicklung des methodischen Vorgehens in einem Forschungsvorhaben, aber es will sie unterstützen und eine Orientierung geben. Das Lehrbuch soll Ethnografie als Praxis darstellen und dabei helfen, einen Forschungsprozess zu begleiten, zu steuern und zu reflektieren, der oft naturwüchsig abläuft, da er stark durch die Beobachteten – und damit durch das Feld – beeinflusst wird.

Das Lehrbuch richtet sich an Studierende aller Fächer, in denen ethnografisch geforscht wird, insbesondere an Studierende der Soziologie, der Erziehungswissenschaft und der Ethnologie(n) – das sind die Fächer, in denen seine Autoren unterrichten. Das Buch ist aber auch für andere Fächer der Sozial- und Kulturwissenschaften relevant. Es richtet sich an Studierende, die von Ethnografie hören und einen Zugang suchen; an Master-Studierende und Doktoranden, die für ihre Qualifikationsarbeiten nützliche Hinweise oder auch nur methodologische Rechtfertigungen suchen sowie an alle Forscher/Anwender, die sich für Ethnografie interessieren.

Versteht man Methode (griechisch *méthodos*) als eine geregelte und immer wieder gleich anzuwendende Verfahrensweise, dann ist die ethnografische Vorgehensweise *keine* Methode, also keine Technik, die ein für allemal feststeht, unveränderlich im Kanon sozialwissenschaftlicher Methoden. *Die* Regeln *der* soziologischen Methode (Durkheim 1995) gibt es nicht. Stattdessen geht es um einen kaum zu stillenden Erfindungsbedarf für das empirische Vorgehen, einen Erfindungsbedarf, der vom klassischen Methodenbegriff geleugnet wird. Das Vorgehen selbst ist elementar vom jeweiligen Fall und Feld sowie von den Fragen abhängig, die Forschende verfolgen. Hieraus entwickeln sie ihr empirisches Vorgehen, das nie einfach nur eine Kopie sein kann, sondern darauf wartet, spezifiziert zu werden.

Die Ethnografie ist aus Sicht der Autoren dieses Buches also eher eine Haltung und eine Forschungsstrategie, sich einem sozialen Phänomen empirisch so zu nähern, dass es sich dem Beobachter in seiner Vielfältigkeit, Vielschichtigkeit und Widersprüch-lichkeit zeigen kann. Diese Forschungsstrategie lässt sich nur bedingt methodisieren. Gefordert ist vielmehr eine Sensitivität, der sich die ethnografische Vorgehensweise unterordnet: Mit ihr reagieren Beobachter flexibel und anpassend auf die Erforder-nisse ihres Feldes und dessen Teilnehmer, mit dem Ziel, Soziales zu erkunden und zu erschließen. Ein solches Vorgehen passt nicht zu der Idee, Forschung folge in ihrer methodischen Umsetzung einer Sequenzlogik: klar gegliederten Abschnitten der For-schung, die strikt voneinander getrennt sind, nur ein Vor aber kein Zurück und keine Überschneidungen erlauben. Ethnografie treiben bedeutet vielmehr, immer wieder zwischen Beobachtungsphasen zu wechseln sowie Fragestellungen und das theoreti-sche Gerüst zu überarbeiten und zu korrigieren. So wie der klassische Methodenbe-griff kaum auf diese zirkulär angelegte Forschungspraxis passt, so sperrt sich auch der klassische Begriff der Daten gegenüber dem ethnografischen Vorgehen. Diese werden von Ethnografen nicht ›dort draußen‹ gefunden, sondern abhängig von ihren Beob-achtungen, Verschriftlichungen und Interpretationen zum Beispiel in den Protokol-len hergestellt. Dies ist aus Sicht der Autoren auch die Stärke und Herausforderung ethnografischen Forschens: Die schriftliche Explizierung der Beobachtung durch die Forschenden, die Worte und Begriffe für ihre Erfahrungen (er)finden müssen. Aus dieser Sicht gibt es keine ›Rohdaten‹, sondern Versuche, Dokumente zu erzeugen, die sich im weiteren Forschungsprozess als hilfreich erweisen.

Dieses Lehrbuch begegnet dem Widerspruch, Lehrbuch zu sein und es doch nicht in klassischer Weise sein zu wollen. Es will anregen und instruieren, es will Hinweise geben und methodisch-analytische Vorgehensweisen darstellen, aber es will nicht als Vorschrift verstanden werden, die genau in dieser Weise umzusetzen ist. Denn die Anwendung ethnografischen Wissens, das in diesem Lehrbuch darge-legt wird, baut auf Kreativität und Einfallsreichtum der Leser, die dieses Wissen für ihr Feld mobilisieren. In diesem Sinne geht es dem Buch nicht um Regelwissen, sondern um Orientierungswissen. Hierzu hat die ethnografische Forschung ein res-pektables Erfahrungswissen darüber gesammelt, wie am besten vorzugehen ist. Sie hat Faustregeln, Vorsichtsmaßnahmen gegen Kunstfehler, strategische Empfehlun-gen, ein paar gute Kniffe und Klugheitslehren, *know how, tricks of the trade*, sinn-volle Schrittfolgen und einige regulative Maximen. Um solche Leitlinien und prak-tischen Hinweise geht es hier.

Die Entstehungsgeschichte dieses Buches geht auf einen Arbeitszusammenhang an der Universität Bielefeld in den 1990er Jahren zurück, in dem seine Grundgedanken entwickelt, in einer Vielzahl ethnografischer Studien erprobt und systematisch reflek-tiert wurden. Seine Mitglieder[1] forschen und lehren heute an verschiedenen Orten, u. a. in Berlin, Bielefeld, Frankfurt/Main, Halle, Mainz, Nienburg und Tübingen. Die

---

1   Das sind neben den Autoren auch Klaus Amann, Helga Kelle, Thomas Scheffer, Astrid Jacobsen, Elisabeth Mohn und Katharina Peters.

Entstehungsgeschichte im engeren Sinne ist die intensive Ko-Autorenschaft von vier Ethnografen mit unterschiedlichen akademischen Biografien, thematischen Interessen und Forschungserfahrungen. Teilweise ging dies auch mit unterschiedlichen Vorstellungen einher, wie man ethnografische Vorgehensweisen beschreiben und didaktisch aufbereiten soll. Diese Pluralität von Perspektiven, Akzenten und Befindlichkeiten konnten in unserem gemeinsamen Schreibprozess (erstaunlich) oft in einen Konsens in der Sache überführt werden. Es gab allerdings auch Punkte, an denen dies nicht funktionierte. Selbst wenn dies zunächst als eine triviale, mit einer Ko-Autorenschaft verbundene Unbequemlichkeit erscheinen mag, so fühlen wir uns gleichzeitig dadurch bestätigt. Es verdeutlicht nämlich eines der Leitmotive des Buches: Ethnografie ist keine eindeutig darstellbare und standardisierte Methode. Die Kontroverse darum, wie Ethnografie betrieben werden soll, gehört genauso zu dieser ›unmethodischen Methode‹, wie die Auseinandersetzung darum, was eine angemessene Repräsentation ethnografischer Wissensgegenstände ausmacht. In diesem Sinne waren unsere Diskussionen nicht einfach unerwünschte Begleiter der Ethnografie, die es im Zuge einer Standardisierung und Methodologisierung ein für alle Mal auszuräumen gälte, sondern sie sind tief in ihrem Selbstverständnis verankert.

Das Buch dokumentiert den Versuch einer (Selbst-)Verständigung – sich klar darüber zu werden, wie man Ethnografie treibt (oder nicht), wie man aus den Daten analytische Befunde generieren kann (oder nicht) und wie man mit der Spannung von Empirie und Theorie, von Naturalismus und Konstruktivismus, von Strukturalismus und Poststrukturalismus umgehen kann. Einen kontroversen Punkt wollen wir kurz darstellen, weil er zum Verständnis dieses Buches beiträgt.

Ein wichtiges Thema, das uns immer wieder beschäftigte, war die Frage, wie in ethnografischen Forschungsprozessen mit dem spannungsreichen Verhältnis von Naturalismus und Konstruktivismus umgegangen werden sollte. Einerseits nehmen Ethnografinnen qua Methode an, dass »ihre Felder« selbstorganisierende soziale Einheiten sind, die auch dann existieren und eine innere Ordnung aufweisen, wenn sie selbst nicht zugegen sind. In diesem Sinne steckt in der Ethnografie die starke Annahme, es mit »natürlichen«, d. h. nicht eigens zum Zweck der Wissensgenerierung isolierten, manipulierten oder konstruierten Erkenntnisobjekten zu tun zu haben. Gleichzeitig haben nicht zuletzt die verschiedenen reflexiven Wenden der Sozial- und Kulturwissenschaften in den letzten Jahrzehnten dazu beigetragen, dass viele Ethnografinnen ein hohes Maß an Sensibilität bezüglich der Konstruiertheit ihres wissenschaftlichen Wissens über soziale Felder und deren Bevölkerungen entwickelt haben. Ob die Ethnografie eher »natürlich« existierende soziale Beobachtungsgegenstände darstellt oder aber mit ihren Beobachtungs-, Analyse- und Darstellungstechniken voraussetzungsvolle Wissensobjekte konstruiert, bleibt eine nicht auflösbare Grundspannung. Auch wenn wir uns als Autorengruppe schnell darüber einig waren, dass wir dieser Problematik entspannt gegenübertreten können, weil sie sich von uns gar nicht lösen lässt, so steckt der Teufel, wie so oft, im Detail. Spricht man konkret über

Beobachtungen, Verschriftlichungen und Datenanalysen, so verlangt diese Grund-spannung immer wieder von neuem nach Positionierungen und Formulierungen, die eher in die eine oder die andere Richtung deuten. In Detailfragen konnten wir es deshalb auch nicht immer verhindern, einige Ko-Autoren überraschend auf der ande-ren Seite der Unterscheidung vorzufinden. Unsere Quintessenz aus der Beschäftigung mit dieser Frage lautet: Es geht nur mit einer Mischung aus Selbstreflexion und Gelas-senheit. Innerhalb des ethnografischen Forschungsprozesses erweisen sich Ethnogra-finnen mal mehr als Konstruktivistinnen – etwa wenn Sie sinnliche Wahrnehmungen in verschriftlichte und versprachlichte Beobachtungsprotokolle überführen oder sich analytische Themen ›ausdenken‹ – und mal mehr als Naturalistinnen – etwa wenn Sie ein Feld auswählen, weil das dortige soziale Geschehen ihnen interessant erscheint. Gleichzeitig wird es sich – trotz aller Gelassenheit – kaum vermeiden lassen, Haltun-gen dazu entwickeln, wie weit Ethnografinnen ihren erkenntnistheoretischen Natura-lismus bzw. Konstruktivismus treiben wollen, und wann sie die Seite der Unterschei-dung wechseln. Wir geben hier keine fertige und gültige Antwort, sondern delegieren die Frage an unsere Leser, die sie dann im Kontext ihrer Forschung aufgreifen können. Das heißt: Antworten auf die Frage nach der Natürlichkeit bzw. der Konstruiertheit des Gegenstandes sind am Beispiel konkreter Fälle zu entwickeln und zu erproben.

Selbstverständlich enthält das Lehrbuch Hinweise und Beispiele, Tipps und Rat-schläge, aber diese sind in den jeweiligen Forschungsvorhaben zu spezifizieren und zu prüfen. Nicht alles kann man einfach so übernehmen; manches kann sich als brauch-bar erweisen, manches wird man anpassen und verändern müssen. Wir setzen darauf, dass unsere Leser so verfahren und damit verstehen, worum genau es in *ihrer* For-schung gerade ging.

Das Buch ist wie folgt gegliedert: Das *erste* Kapitel stellt drei historische Entwick-lungslinien der Ethnografie dar – die ethnologische Kulturanalyse, die *Chicago School* und die Alltagssoziologie –, präsentiert die zentralen Merkmale der Ethnografie und begründet die Notwendigkeit, warum sich Sozialwissenschaftler ihren Feldern ausset-zen sollen. Ihre Leistung besteht darin, im direkten Kontakt das Wissen der Teilneh-mer zu explizieren, das heißt in Sprache zu übersetzen. Das *zweite* Kapitel beschreibt, wie Ethnografen zu Beginn ihrer Forschung zu ihrem Feld kommen: Die Auswahl und der Zuschnitt des Feldes ist entscheidend dafür, ob die Ethnografin ihre Frage wird auch beobachten oder variieren können. Das Kapitel zeigt ferner, wie Ethnogra-fen ihren Zugang organisieren können und wie sie den Rapport mit den Teilnehmern gestalten können, auf die sie dann treffen. Das *dritte* Kapitel beschreibt, wie Ethno-grafen ihre Daten generieren, wie sie zwischen Teilnahme und Beobachtung wech-seln, Gespräche und Interviews führen und wie sie diese Ereignisse dokumentieren können: durch Aufschreiben, technische Aufzeichnungen und durch Dokumente. Die besondere Leistung – so stellt das Kapitel dar – liegt im Explizieren der alltägli-chen Routine, des Wissens und Könnens. Das *vierte* Kapitel beschäftigt sich mit Ana-lysestrategien: Wir diskutieren in diesem Kapitel, wie Ethnografen in ihren empiri-

schen Materialien Kategorien und analytische Themen entdecken können. Wir
beschreiben mit Beispielen, wie das Codieren gemacht werden kann und wie es die
ersten analytischen Versuche anregt; wir zeigen, wie intensive Fallanalysen vorgenommen werden können und präsentieren hierzu drei Formen. Das Lehrbuch orientiert
sich zwar auch an den Begrifflichkeiten und Analyselogiken der *Grounded Theory*, es
greift aber ebenso andere qualitative Analyseverfahren auf. Wir stellen ferner dar, wie
Ethnografen, nachdem Sie ihre Daten analytisch zergliedert haben, ihre Optik ändern
und wieder das ›Ganze‹ in den Blick nehmen können: Wie sie Schlüsselthemen finden und von diesen zu einer analytischen Thematik kommen können. Das *fünfte*
Kapitel widmet sich den Darstellungsweisen, die ein ethnografischer Bericht umset-
zen kann, und fragt danach, wie ethnografische Analyse gelingen kann und aus einer
qualitativen Forschung eine *qualitative* Studie werden kann.

1. Wozu Ethnografie?

Um einen ersten Eindruck vom Sinn und Zweck der Ethnografie zu geben, wollen wir in diesem Kapitel zunächst einen kleinen Abriss ihrer Geschichte geben (1.1.). Dann werden wir die vier ›Markenzeichen‹ ethnografischer Forschung im Kontext anderer Ansätze qualitativer Sozialforschung benennen (1.2.) und schließlich die methodologische Begründung für die großen Freiheiten darstellen, die die Ethnografie als Forschungsstrategie auszeichnet.

1.1 Entdecken, Verstehen, Verfremden: Das Woher und Wohin der Ethnografie

Die Geschichte der Ethnografie hat verschiedene disziplinäre Ursprünge in der Ethnologie und der Soziologie des frühen 20. Jahrhunderts. Hinzu kommt ihre Vorgeschichte, die eng mit dem Kolonialismus europäischer Staaten verknüpft ist. Dieser bringt die Figur des »Entdeckers« hervor, der die neuen Territorien (in manchen Gebieten schon ab dem 16./17. Jahrhundert) bereist, erforscht, kartiert und somit notwendiges Wissen für die jeweilige Kolonialadministration über die indigene Bevölkerung zur Verfügung stellt. Wir wollen die Entwicklung der Ethnografie innerhalb der Soziologie und Ethnologie hier nicht umfassend darstellen, aber doch einen kurzen Rückblick auf ihre historischen Knotenpunkte nehmen, weil dies auf einfache Weise klarmacht, was die Motive und Grundgedanken ethnografischen Forschens sind.

Die drei wichtigsten Traditionslinien der Ethnografie sind die ethnologische Kulturanalyse (1), die Subkulturforschung der Chicago School (2) und die Soziologie des Alltags (3). Diese drei Traditionen haben zwei Dinge gemeinsam: zum einen den *Erkenntnisstil des Entdeckens,* sie sind alle auf Neuigkeiten aus; zum anderen, dass sie kultur- und sozialwissenschaftliches Erkennen mit Hilfe einer Unterscheidung des Fremden vom Vertrauten organisieren. Ethnografisches Erkennen hat grundsätzlich etwas mit der Verwandlung von Fremdem in Vertrautes und von Vertrautem in Befremdliches zu tun.

Ethnologische Kulturanalyse

Man kann die Ethnografie zunächst durch einen bestimmten Erkenntnisstil kennzeichnen: das *Entdecken*. Diese Haltung entstammt der Herkunftsdisziplin der Ethnografie, der Ethnologie, deren beständige Grunderfahrung es war, dass ihr ihre Forschungsgegenstände fremd waren: entlegene Gesellschaften mit aus europäischer Sicht unverständlichen Sprachen und seltsamen Sitten und Gebräuchen. Der gesellschaftliche Hintergrund solcher Verstehensprobleme sind die historischen Anfänge der Globalisierung: die zunehmende Begegnung von Kulturen auf dem Erdball, der Kulturkontakt, in dem Sprache, Sitten und Gebräuche zunächst wechselseitig unverständlich sind. Seit den Zeiten des Kolumbus haben sich Kulturkontakte vervielfältigt. Vor allem im 19. Jahrhundert wurden weltweite Handelsbeziehungen intensiviert und viele der kleinräumigen Handelsniederlassungen, die sich seit dem 16. Jahrhundert vor allem an den Küsten Afrikas und Asiens entwickelt hatten, wurden zu Kolonien ausgeweitet, die es zu verwalten, zu beherrschen und ökonomisch zu erschließen und auszubeuten galt. Es kam im Verhältnis von Kolonien und Kolonialmächten zu neuen Beziehungs- und Konfliktformen, in deren Zusammenhang die ethnologische Feldforschung entstand (für das Folgende ausführlich: Kohl 1987; 1993).

Mitte des 19. Jahrhunderts bestand eine Möglichkeit, an Daten über fremde Kulturen zu kommen, darin, dass man an großen wissenschaftlichen Expeditionen teilnahm. Völkerkundlich interessierte Laien begaben sich zusammen mit Naturwissenschaftlern, Kartografen, Missionaren, Abenteurern, Händlern und anderen Reisenden auf ausgedehnte Schiffsfahrten über den Pazifik oder den Atlantik. Sie hatten die Vorstellung, so wie Darwin Pflanzen und Tiere in der ganzen Welt studiert hatte, könne man auch Gesellschaften klassifizieren und miteinander vergleichen.

Heute ist es in der Ethnologie selbstverständlich, dass man solche Forschungsinteressen mittels ethnografischer Feldforschung verfolgt – die Ethnologie versteht sich als ethnografisch arbeitendes Fach. Dies war im 19. Jahrhundert aber ganz anders. Die meisten Ethnologen zogen den Expeditionen nämlich eine andere Methode vor: Sie blieben zu Hause in ihren Bibliotheken und stellten ihre Theorien über fremde Kulturen auf der Basis dessen an, was sie über ferne Länder und Leute lasen. Lektürestoff gab es in Mengen: Erlebnisberichte von Abenteurern, Reiseschilderungen von Touristen, Verlautbarungen aus Missionsstationen, Handelsagenturen und von Kolonialbeamten. Darüber hinaus hatten Ethnologen ihre Brieffreunde in Übersee, deren Berichte sie aus der örtlichen Post abholen konnten. James Frazer, der Inhaber des ersten Lehrstuhls für Ethnologie an der Universität von Liverpool, der sich über Jahrzehnte hin ausschließlich mit dem Glauben und dem Brauchtum damals so genannter primitiver Völkerschaften beschäftigt hatte, soll auf die Frage, ob er denn jemals persönlich Kontakte mit Eingeborenen aufgenommen hätte, geantwortet haben: »But Heaven forbid!« (Benedict 1948: 587).

Wie schon andere Ethnologen vor ihm bezog auch Frazer seine Informationen vor allem aus Reiseberichten oder aus den Bulletins der Kolonialverwaltungen, daneben verschickte er Fragebögen an Missionare, die in der entsprechenden Region arbeiteten. Zur besseren Instruktion solcher Brieffreunde für die Datenbeschaffung wurden Richtlinien ausgegeben (»Notes and Queries«) und 1874 ein Methodenhandbuch veröffentlicht, das bis in die Mitte des 20. Jahrhunderts wieder und wieder gedruckt wurde: »Hinweise und Rückfragen in der Ethnologie. Für den Gebrauch von Reisenden und Bewohnern unzivilisierter Länder«. Um 1850 erschienen zwei Leitfäden für

Expeditionen nach Ostasien und Südamerika: »Die Rathschläge für anthropologische Untersuchungen auf Expeditionen der Marine« und die »Anleitung zu Wissenschaftlichen Beobachtungen auf Reisen«. Der zweite Beobachtungsleitfaden war sehr umfangreich und umfasste Naturwissenschaften, physische Anthropologie, Vorgeschichte, Ethnologie und Linguistik. Die Absicht war, die Person ›vor Ort‹ mit einer Reihe von Beobachtungsaufgaben und Fragen auszustatten, die sie als Sprachrohr des Ethnologen an die Eingeborenen weiterleiten sollten. Die erhaltenen Antworten sollten aufgeschrieben werden und mit dem nächsten Dampfer und der Post zurück an den Schreibtisch des Ethnologen gelangen.

Dieses Muster änderte sich insgesamt erst zur Wende des 20. Jahrhunderts mit den Feldforschungen amerikanischer und britischer Anthropologen – u. a. Franz Boas, Alfred C. Haddon, William H. R. Rivers und Charles G. Seligman. Akademisch zunächst in anderen wissenschaftlichen Disziplinen ausgebildet (in Physik, Zoologie, Medizin oder Psychologie), nahmen sie an Expeditionen teil – etwa an die Pazifikküste Nordamerikas (Boas) oder zu den Torres-Strait-Inseln im Pazifik (Haddon, Rivers) (Urry 1984). Ziel dieser zum Teil lang andauernden Expeditionen war es in der Regel, Daten über die Lebensform, soziale Organisation und materielle Kultur der indigenen Bevölkerung zu sammeln. Dabei waren diese frühen Ethnografen allerdings darum bemüht, viele Informationen so schnell wie nur möglich zu sammeln; methodisch war diese Forschung oft *survey research*. Verglichen mit den großen Expeditionen in der Mitte des 19. Jahrhunderts handelte es sich eher um Spritztouren, auf denen in der Art einer Rundreise möglichst viele Stammesgesellschaften in möglichst kurzer Zeit aufgesucht und befragt wurden. Man suchte sich schnell einen eingeborenen Informanten, der auch Englisch sprach und von dem man sich die Mythen und das Brauchtum seines Stammes zweisprachig in die Feder diktieren lassen konnte. Britische und amerikanische Ethnologen der Jahrhundertwende blieben in ihren Feldforschungen auf den Status von Passagieren beschränkt, die nur flüchtige Kontakte zu den Eingeborenen unterhielten. Außerdem blieben sie auf die Zuverlässigkeit der Angaben ihrer eingeborenen Informanten angewiesen, die sich nur mühsam in Pidgin-English (einem Hybrid aus englischen Vokabeln und indigener Syntax) auszudrücken vermochten, während die Ethnografen wiederum die Eingeborenensprache fast überhaupt nicht verstanden.

Aber das Bild der ethnologischen Forschung jener Zeit ist nicht einheitlich (hierzu Kohl 1993: 100 ff.): Für die Torres-Strait Expedition (1898/99) gilt, dass ihre Mitglieder lokale Kulturen erforschen wollten (»making careful inquiries in situ«, Barth 2005: 11) und hierzu einige Wochen auf einer Insel blieben, bevor sie zur nächsten übersetzten. In der britischen Anthropologie gilt diese Expedition dennoch als ein »turning point« (Barth 2005: 12). Andere Ethnologen optierten zwar methodisch für eine größere räumliche Nähe zu den lokalen Kulturen, die sie erforschen wollten, lebten aber oft in sicherer und schützender Entfernung in Missionsstationen oder Außenposten der Kolonialverwaltung. Auch sie suchten nach Details über das All-

tagsleben von Stammesgesellschaften; und zugleich hielten sie Distanz zu deren Alltagsleben. Meist beschafften sie sich Informationen über bezahlte Informanten und
blieben davon abhängig, was diese über die fremde Lebensform erzählten, ohne eigene
Anschauung von ihr zu haben. Und einige wenige Anthropologen (etwa Frank Chushing, Lewis H. Morgan) sprachen sich schon um 1880 für lang andauernde Feldauf-
enthalte und teilnehmende Beobachtung aus. So lebte etwa Cushing mehrere Jahre
bei den Zuñi in Mexiko, oder wie Werner Petermann präzisiert: Chushing »lebte
mit – nicht nur *bei* – den Menschen, die er erforschte« (Petermann 2004: 610;
H.i.O.). Allerdings hinterließ er keine methodische Explikation seiner Forschung und
auch keine methodische Forderung, die ihn ausgezeichnet hätte.

In diesen Jahrzehnten einer beginnenden ethnologischen Forschung blieb die
Methodenfrage immer virulent. So waren die Expeditionen zum einen Reisen zu fer-
nen lokalen Kulturen, zum anderen aber auch ein methodisches Experimentierfeld.
Hier wurden andere Methoden entwickelt und erprobt (etwa die genealogische
Methode zur Erforschung von Verwandtschaft). Basierend auf den Erfahrungen die-
ser Expeditionen wurde die Idee der ethnographischen Feldforschung im Rahmen der
britischen und amerikanischen Anthropologie kreiert und durchgesetzt – auch von
Forschern, die an früheren Expeditionen teilgenommen hatten (Clifford 1993).
Einige jüngere Anthropologen begannen damit, diese Methode umzusetzen und zu
erproben – einer von ihnen war Bronislaw Malinowski, der in einer frühen Publikation ethnologische Forschung noch als schnelles Datensammeln verstanden hatte
(Kuper 1973: 9 ff.). Aber es war Malinowski, der den verschiedenen Ideen einer ethnografischen Feldforschung die Form eines methodischen Postulats gab. Er meinte,
dass Ethnologen sich nicht mit Wissen aus zweiter Hand begnügen dürfen, sondern
in unmittelbarem Kontakt mit den Angehörigen einer anderen Kultur Erfahrungen
über deren Lebensweise sammeln müssten. 1926 schrieb er:

»Was die ethnologische Feldforschung betrifft, so verlangen wir […] eine neue Methode,
Beweismaterial zu sammeln. Der Ethnologe muss seine bequeme Position im Liegestuhl auf
der Veranda des Missionsgeländes oder im Bungalow des Farmers aufgeben, wo er, mit Blei-
stift und Notizblock und manchmal mit einem Whisky-Soda bewaffnet, gewöhnt war, Berichte
von Informanten zu sammeln, Geschichten niederzuschreiben und viele Seiten Papier mit
Texten der Primitiven[2] zu füllen. Er muss hinaus in die Dörfer gehen und den Eingeborenen
bei der Arbeit in den Pflanzungen, am Strand und im Dschungel zusehen; er muss mit ihnen
zu entfernten Sandbänken und zu fremden Stämmen fahren und sie beim Fischen, Handeln
und bei zeremoniellen Überlandexpeditionen beobachten. Die Information muss ihm,
gewürzt mit eigenen Beobachtungen über das Leben der Primitiven, zukommen, und darf

---

2   Dieser Begriff war von Malinowski nicht pejorativ gemeint, er wurde damals in einer evolutions-
     theoretischen Perspektive verwendet (er bezeichnet dort eine ursprüngliche Entwicklungsstufe), die
     allerdings heute massiv problematisiert wird.

nicht tropfenweise aus widerwilligen Informanten herausgequetscht werden. [...] Ethnologie im Freien ist im Gegensatz zu Notizen vom Hörensagen harte Arbeit, aber sie macht auch großen Spaß« (Malinowski 1973: 128 f.).

Malinowski stellte in diesem einfachen Methodenpostulat eine Reihe von harten Forderungen an seine Kollegen: Sie sollten die Sprache der Eingeborenen beherrschen, über mindestens ein Jahr in ihren Dörfern leben und dabei möglichst den Kontakt zu Menschen ihrer eigenen Kultur abbrechen, um sich tiefer auf die Fremde einlassen zu können. Malinowski kam es also darauf an, dass der Ethnograf sich »in einem weitab gelegenen Dorf alleine aufhält« und dabei u. a. »bei der Gartenarbeit« zusieht, »Bräuche« bespricht, »intime Details des Familienlebens« sieht und »tatsächlich Kontakt zu den Eingeboren« herstellt (Malinowski 1979: 29). Und er berichtet von der (Ein-) Gewöhnung:

»Es muß daran erinnert werden, daß die Eingeborenen, weil sie mich jeden Tag sahen, aufhörten, aufgrund meiner Gegenwart interessiert oder beunruhigt zu sein oder sich ihrer selbst bewußt wurden. Ich war nun nicht länger ein Störfaktor in dem Stammesleben, das ich studieren wollte und das sich durch meine bloße Ankunft zu verändern begann, wie es bei einem Neuankömmling in jeder unzivilisierten Gemeinschaft geschieht. Als sie wußten, daß ich meine Nase in alles stecken würde, sogar in Dinge, bei denen ein wohlerzogener Eingeborener nicht im Traum auf die Idee käme zu stören, kamen sie schließlich dahin, mich als Bestandteil ihres Lebens zu betrachten, als ein notwendiges, durch Tabakschenkungen gemildertes Übel oder Ärgernis« (Malinowski 1979: 29 f.).

Das Ziel der ethnologischen Feldforschung besteht, so Malinowski,

»kurz gesagt darin, den Standpunkt des Eingeborenen, seinen Bezug zum Leben zu verstehen und sich *seine* Sicht *seiner* Welt vor Augen zu führen. Unsere Aufgabe ist es, Menschen zu studieren, wir müssen untersuchen, was sie am unmittelbarsten betrifft, nämlich ihre konkreten Lebensumstände« (Malinowski 1979: 49; H.i.O.).[3]

In diesen Grundüberzeugungen früher ethnologischer Feldforschung stecken drei bis heute wichtige Prinzipien:

Erstens steht Feldforschung für den Bruch mit zwei früheren Formen ethnologischer Forschung, und zwar mit einer stubengelehrten Forschungspraxis (»Lehnstuhl-Anthropologie«), die sich, in Bibliotheken versunken, auf die Lektüre von Berichten *anderer* konzentrierte, sowie mit einer Ethnologie, die aus einer sicheren Position zivilisierter Nischen – dem »Liegestuhl auf der Veranda« (Malinowski) – Befragungen und Anhörungen durchführte, im Kern aber kontaktscheu blieb. Ethnografische

---

3   Zur Repräsentation des Fremden bei Malinowskis siehe Fuchs/Berg (1993: 24 ff.).

Feldforschung als Methode steht dagegen für eine vielfach intensivierte Methode der Datengewinnung. Ihre Grundbedingung war die *Anwesenheit im Forschungsfeld* über längere Zeit, also die Anforderung, die eigene Person dem Feld *auszusetzen*.

Zweitens wird dabei die *Binnenperspektive der beforschten Gesellschaft* gesucht. Malinowski betont, dass der Ethnologe sich nicht einfach auf das schon vorliegende, durch Missionare, Kolonialbeamte und Reisende erzeugte Material verlassen kann, denn Missionare und Kolonialbeamte verfolgen andere Zwecke als Ethnologen. Für sie ist die Beherrschung der indigenen Umgangssprache nur ein Mittel, »of translating the white man's point of view to the native. It is almost the reverse of what the Anthropologist aims at, whose task is to translate the native point of view to the European« (Malinowski 1935: ix). Diese Anforderung besteht in einem *Perspektivenwechsel*, den man vollziehen muss, um fremde Kulturen zu verstehen. Anstelle einer Vereinnahmung, einer Nostrifizierung (wörtlich: »Verunserung«) (Stagl 1981) des Fremden, bei der europäische Kategorien und Erklärungsmuster dem Gegenstand ethnozentrisch übergestülpt werden, soll in Erfahrung gebracht werden, was die fremde Kultur für die Fremden selbst ist.[4]

Drittens ist für die Ethnologie die Unbekanntheit sozialer Welten gleichbedeutend mit ihrer *Unvertrautheit*. Die Ethnografin hat es also mit einem *Verstehensproblem* zu tun.[5] Die primäre Aufgabe ist entsprechend ein – zumindest partielles – vertraut Machen mit dem Fremden, was sein Verstehen zur Folge hat. Dieses Verstehen setzt seinerseits immer schon ein bestimmtes Vorverständnis voraus: Die Ethnografin muss sozusagen schon eine Idee von dieser Welt haben, damit diese zu ihr sprechen kann.

Diese drei Grundüberzeugungen waren Malinowskis Beitrag zur Verwissenschaftlichung der Ethnologie. Er war zwar nicht derjenige, der die Methode als Erster erfolgreich erprobte, aber derjenige, der sie durch sein methodisches Plädoyer zur neuen Norm der Forschung erhob.[6] Aus seinen posthum veröffentlichten Tagebüchern (Malinowski 1986) weiß man inzwischen freilich, was für Hürden ein solches transkulturelles Verstehen zu nehmen hat: Offenbar wurde er von den Insulanern keineswegs als einer der Ihren akzeptiert und er blieb seinen europäischen Vorurteilen fest verhaftet.

Zwei Generationen nach Malinowkis Methodenpostulat hat sich die Ethnologie dann auch ein weit komplexeres Verständnis von interkulturellem Dialog erarbeitet. Die 1980er Jahre sahen einen zweiten historischen Knotenpunkt in der Geschichte ethnologischer Ethnografie, die *Writing Culture*-Debatte (Clifford/Marcus 1986),

---

4   So mögen die Europäer meinen, Amerika entdeckt zu haben, aber die Bewohner Lateinamerikas
     mussten nicht erst durch Kolumbus entdeckt werden, um zu wissen, dass sie da sind.

5   So zeigte zum Beispiel Evans-Pritchard in seiner klassischen Studie zur Hexerei bei den Azande, dass
     Hexerei ein Erklärungsschema ist, das der europäischen Idee des Unglücks oder des Zufalls entspricht
     (Evans Pritchard 1963: 314 f.).

6   Auf die Frage, in welcher Weise Malinowski sich selbst mystifizierte, gehen wir hier nicht ein, siehe
     aber Stocking (1983); Vincent (1990).

eine Debatte um die Krise der ethnografischen Repräsentation (Berg/Fuchs 1993), innerhalb derer es um das Verhältnis von ethnografischer Autorschaft und Autorität ging. Dies schloss die Frage ein, wie sich die Darstellung ethnologischer Gegenstände verändern musste, um einer postkolonialen Realität gerecht zu werden. Die Ethnografie wurde als spezifische Form von Literatur erkannt, nämlich als eine, die Anspruch auf eine Sprecherposition erhebt, von der aus *für andere* gesprochen werden kann. Eine Stimme, der autoritative Monolog des Ethnografen, ersetzt das Stimmengewirr eines kulturellen Zusammenhangs und auch jene Dialoge (etwa Interviews), in denen die Ethnografie erst entstand. Was daran problematisch ist, haben zahlreiche Analysen demonstriert: Die Feststellung von Fremdheit mündete oft in deren Überzeichnung: die Verklärung außereuropäischer Ethnien zu Naturvölkern, Menschenfressern, edlen Wilden usw. Wesentliche Stoffe der Projektion waren dabei sexuelle Fantasien des christlichen Abendlandes: über Mogule mit riesigem Harem, und Indianer, die sich regellos oder besonders tolerant gegenüber Perversionen verhalten. Anstelle eines empathischen Verstehens des Fremden fand sich also allzu oft seine bloße Exotisierung zu etwas ganz anderem (das so genannte *Othering*) und eine klischeehafte Projektion europäischer Obsessionen auf dieses andere – mit einem berühmten Schlagwort von Edward Said (1981): Orientalismus. Er ist gewissermaßen das Komplementärproblem zur Nostrifizierung. Man kann das Fremde am Fremden *verkennen*, indem man es den eigenen vertrauten Kategorien subsumiert, man kann es aber auch *überzeichnen*, um sich von ihm distanzieren zu können und auf diese Weise selbst erkennen zu wollen. Ethnologisches Fremdverstehen manövriert zwischen diesen beiden Polen. Es geht – um die Ergebnisse dieser Debatten zusammenzufassen – um zwei zentrale Dimensionen ethnologischer Forschung:

Erstens die Macht ethnografischer Repräsentation: Ethnografen beschreiben nicht in unschuldiger Weise ein soziales Phänomen, sondern schreiben kulturelle Eigenschaften, Denkweisen und Praktiken zu. Dieser performative Akt – das »Sprechen von« ist ein »Sprechen für« – ist ein nicht hintergehbarer asymmetrischer Bestandteil ethnografischer Forschungen. Er lässt sich nur balancieren, wenn das Feld über starke Selbstrepräsentationen und Gegendarstellungen verfügt oder wenn eine Ethnografie Darstellungsstrategien wählt, die widersprechende Stimmen des Feldes dokumentiert.[7]

Zweitens: Die Strategien der Nostrifizierung bzw. Veranderung (*othering*) zeigen, dass die *Setzung* von Ähnlichkeiten oder Gegensätzen keine neutrale Umschreibung eines Kontextes ist, sondern eine sprachliche Fixierung eben dieser Ähnlichkeiten und Gegensätze. Sie tauchen dann als Beschreibung kultureller Praktiken im ethnografischen Bericht wieder auf und leisten damit deren Verdinglichung im Forschungsprozess Vorschub.

---

7   Die Vielstimmigkeit im ethnografischen Bericht wird ermöglicht u. a. durch die Verwendung von Dialogen, durch Auftreten der Informanten als Autoren des Textes, oder das Auftreten des Autors als spezifische Person im Text.

Seit dieser Debatte ist die Ethnologie auf zweifache Weise zuhause angekommen. Zum einen durch literaturwissenschaftliche Analysen, die aufzeigen, dass ethnologische Texte über fremde Kulturen oft mehr über die Geschichte Europas zu erkennen geben als über die Bevölkerungen, die das Objekt der Beschreibung sind. Zum anderen durch eine Reihe von Studien einer reflexiven Ethnologie, die sich der Kultur ihrer westlichen Herkunftsgesellschaft ethnografisch zuwenden. Zunächst im kulturkritischen Gewand (wie etwa der Aufsatz von Horace Miner (1956) über die *Nacirema* oder Erich Scheurmanns (1920/1978) *Papalagi*) berühren sich diese Ethnografien mit Arbeiten der alten Volkskunde (und heutigen Europäischen Ethnologie) sowie der Alltagssoziologie. Sichtbar wird hier, dass die Grenzen zwischen der Ethnologie und ihren Nachbardisziplinen unklarer geworden sind. So kommen etwa Ethnologen mittlerweile oft selbst aus jenen Ländern oder Bevölkerungen, die klassischerweise von europäischen oder nordamerikanischen Ethnologen beschrieben wurden. Diese sind dann aber den Gesellschaften, über die sie forschen, nicht mehr fremd im Sinne der klassischen Ethnologie. Darüber hinaus haben Globalisierungsprozesse die ohnehin problematische Unterscheidung zwischen traditionellen und modernen Gesellschaften fraglicher werden lassen. Und schließlich haben Migrationsprozesse dazu geführt, dass Ethnologen den Bevölkerungsgruppen, die sie immer beforschten, auch vor der eigenen Haustür begegnen können. In diesem Sinn kann die Grenze zwischen der Ethnologie und anderen Kulturwissenschaften weder über den Grad kultureller Fremdheit der Ethnografen, noch über eine Spezialisierung auf ›primitive Stammesgesellschaften‹ oder geographische Festlegungen eindeutig definiert werden. Dies lässt aber auch alte Gründe entfallen, warum sich Ethnologen nicht auch kulturellen Phänomenen innerhalb der eigenen Gesellschaft zuwenden sollten.

Chicago School

Inwiefern lässt sich aber nun eine Forschungshaltung, die davon ausgeht, dass kulturelle Wirklichkeit erst noch zu entdecken ist, in Gesellschaften einsetzen, die uns gerade nicht fremd sind? Es sind zwei Hinsichten, in denen diese Entdeckung des Fremden auch in den Sozialwissenschaften zur Leitvorstellung einer Feldforschung wurde. Die Erste wurde in der Stadtforschung der Chicago School der Soziologie zur Entfaltung gebracht. Deren Blütezeit war von 1920 bis 1940. Das ist zugleich ein Zeitraum, in dem an vielen britischen und amerikanischen Universitäten Soziologie und Ethnologie eine gemeinsame Fakultät bildeten. Die wichtigsten Vertreter der Chicago School waren Robert Park, William Thomas und Ernest Burgess. Ihren Namen hat die Chicago-School nicht nur, weil sie an der Universität in Chicago angesiedelt war, sondern weil diese Stadt zu ihrem Hauptforschungsfeld wurde.

Man muss sich dabei vorstellen, dass Chicago um 1870 etwa 300 000 Einwohner zählte, 50 Jahre später, mit den Anfängen der Chicago-School, dagegen 3 Millionen.

Die Einwohnerzahl hatte sich also verzehnfacht. Dies war vor allem eine Folge der Einwanderungswelle aus Europa und Asien. Auch andere amerikanische Großstädte wurden auf diese Weise selbst zu Zentren des Kulturkontakts. Der Passant in Chicago konnte auf einem Spaziergang Straßenzüge und Viertel durchstreifen, die von ganz verschiedenen Bevölkerungsgruppen bewohnt waren: Italienern, Griechen, Chinesen, Syrern, Juden, Polen, Engländern, Deutschen und Koreanern. Diese kulturelle Vielfalt auf engem Raum machte die Großstadt nicht nur für ihre Bewohner zu einer fremdartigen und aufregenden Erfahrung, sondern auch für die dort ansässigen Soziologen.

Sie starteten ein Programm der Stadtforschung, das man als Kulturanalyse im eigenen Land sehen kann (für das Folgende siehe Lindner 1990). Dieses Programm war von Beginn an von einer eigentümlichen Spannung bestimmt. Auf der einen Seite entfaltete es den ethnografischen Naturalismus, das ist die Grundvorstellung, dass soziale Wirklichkeit in ihrem Naturzustand und nicht in artifiziellen Settings (wie Experimenten oder Befragungssituationen) untersucht werden sollte – ein ökologischer Forschungsansatz (man sprach von *human ecology*), der sich zu den Zeiten der Chicago-School auch ausdrücklich an biologischer Feldforschung orientierte.[8] Auf der anderen Seite betrachtete Park die Großstadt als ein forschungsstrategisch günstiges Feld, ein soziales Laboratorium, das sich zum Studium menschlichen Verhaltens und Zusammenlebens besonders gut eignet, weil es Traditionen zerstört und aus seinem bunten Gemisch neue Arten von Individuen entstehen lässt. Er sah die Großstadt als eine Menschenwerkstatt, die Züge der menschlichen Natur freisetzt, die in ländlichen und dörflichen Strukturen unterdrückt bleiben.[9]

Die empirischen Studien, die innerhalb dieses Forschungsprogramms durchgeführt wurden, bilden entsprechend eine Art Inventar der besonderen Typen, Berufe und Szenen einer amerikanischen Großstadt zu Beginn des Jahrhunderts: Studien über Ladenmädchen, Taxi-Dancer (bezahlte Tanzpartnerinnen), Pfandleiher, Kindermädchen, Fahrstuhlführer und Handlungsreisende; Studien über das Hotelleben, die Börse, Ladenketten und das Nachrichtenwesen. Erforscht wurden in den 1920er Jahren u. a. Subkulturen (»The Hobo«; »The Unadjusted Girl«, 1923; »The Gang«, 1927), räumliche Segregationen (»The Ghetto«, 1928; »The Gold Coast and the Slum«, 1929) und Migration (»Marginal Man«, 1928) und auch bäuerliche Lebensformen (»The Polish Peasant in Europe and America«, 1918–1920).

Das Ziel der Studien der Chicago School war, den Zusammenhang zwischen Verhaltensmustern und besonderen städtischen Lokalitäten aufzuschlüsseln: Spielhallen, Straßenecken, Bordelle, Wohnhäuser, Hotels, Kneipen, Armenhäuser usw. Dabei

---

8   Der Naturalismus wurde in den 1960er und 1970er Jahren von John Lofland, Anselm Strauss, Herbert Blumer und Norman Denzin expliziert (Hammersley/Atkinson 2007: 5 ff.).

9   In Deutschland der 1920 und 1930er Jahre wurde die Chicago School durch den Soziologen Andreas Walther rezipiert. Er übertrug das Prinzip der Stadterkundung auf seine Stadtforschung, die er »Soziographie« nannte und mit der er zur Befriedung schwieriger Stadtviertel (insbesondere in Hamburg) durch die nationalsozialistische Administration beitrug (Gutberger 1999: 253 ff.).

setzte vor allem Park auf das Verfahren der direkten Beobachtung. Er hatte in Detroit, New York, Denver und Chicago 12 Jahre als Zeitungsreporter gearbeitet, bevor er zur Soziologie kam. Der Beruf des Reporters war damals eine Neuerung in der Geschichte der Presse, der für deren Etablierung und Verselbständigung sorgte. Sie beschafften sich ihre Informationen und Geschichten auf eigene Faust. Diese Geschichten hießen nun *News*: Neuigkeiten.

News zeichnen sich dadurch aus, dass sie auf ungewöhnliche Tatsachen und regelwidrige Ereignisse hinweisen. Dieses Verständnis von Nachrichten hängt mit der Erfahrung zusammen, die nicht nur die Reporter, sondern alle Einwohner von Großstädten machen: Für die Leute, die damals vom Land oder aus Europa in amerikanische Großstädte kamen, waren diese Städte eine Art Spektakel, voll von Sensationen, von neuen und fremdartigen Sinneswahrnehmungen. Die Großstadt ist ein Ort, der fortlaufend Nachrichten hervorbringt und ihre Massenpresse war im Gegensatz zu politischen und Handelszeitungen eine Lokalpresse, in der Geschichten über die Stadt, den Lebensraum ihrer Leser feilgeboten wurden.

Um an solche Geschichten zu kommen, musste ein Reporter eine Nase haben, ein Gespür dafür, zur rechten Zeit am rechten Ort zu sein und das Besondere einer Situation zu erkennen. Man sprach vom Reporter als ›Newshunter‹ (Nachrichtenjäger) und von seiner Tätigkeit als *nosing around* (herumschnüffeln). Man begab sich also an nachrichtenträchtige Orte, in denen ständig Neuigkeiten produziert werden: Gerichte, Leichenhallen, Feuerbrigaden oder Polizeistationen. Z.T. machte man auch verdeckte Beobachtungen in einer Institution. Reporter legten sich eine Tarnung zu, um sich Zutritt zu einer Klinik, einem Gefängnis oder einer Anstalt zu verschaffen und machten aus der Schilderung ihrer Erfahrungen eine Enthüllung der Verwaltungspraxis dieser Einrichtungen.[10] Reporter schrieben aber auch Milieureportagen, also Hintergrundberichte vom Leben und Treiben in dem jeweiligen Stadtviertel der Griechen, Chinesen, Juden, Italiener usw. Der Nachrichtenwert lag hier darin, den Angehörigen jeweils anderer Bevölkerungsgruppen die Lebensweise einer dieser Gruppen näherzubringen.

Robert Park waren aufgrund seiner Erfahrungen als Reporter diese verschiedenen Reportagetypen geläufig. Allerdings waren für ihn als Soziologen Großstädte nicht nur ein Spektakel voller verkaufbarer Geschichten, sondern, wie gesagt, eher »Labore moderner Subjektivität« (Lindner 1990: 89), die man sich nur durch Erfahrung aus erster Hand erschließen konnte. Wie man diese Erfahrung machen konnte, war in dieser Frühzeit soziologischer Feldforschung freilich noch nicht in Methodenkursen zu lernen. Park setzte auf *learning by doing*, das Lernen durch Erfahrung und versah seine Studenten nur mit einzelnen Hinweisen: zum Beispiel, dass Beobachtungen

---

10 Ein jüngeres deutsches Beispiel solcher Rollenreportagen ist Günter Wallraff, der seine Industriereportagen in der Rolle des Türken Ali machte, und der in seiner Reportage über die Bild-Zeitung das Verfahren der Rollenreportage auch auf eine Zeitung anwandte.

genauso wichtig wie das Stöbern in Bibliotheken seien; dass sie in die Stadtviertel gehen sollen, Leute kennen lernen, ein Gespür für Situationen entwickeln: *Get the feeling*! Kurz: Park lehrte seine Studenten genau das Herumbummeln und Herumschnüffeln, das ihn selbst als ehemaligen Reporter umtrieb.

Zu Systematisierungen dieser Vorgehensweise kam es erst in der Entwicklung der Chicago School und nur in einigen der Studien. Es wurden Protokollhefte und Tagebücher geführt, um Beobachtungen und Lebensgeschichten festzuhalten. Es wurden Landkarten angelegt, etwa um die Lage von Tanzsälen und Kneipen oder die Grenzen der Bezirke von Gangs kartografisch festzuhalten. Ein systematischeres Vorgehen entwickelte z. B. Hayner (1936) bei seiner Studie über Hotels: Er holte amtliche Daten über das Hotelgewerbe ein, klassifizierte die Hotels nach Arten und Größe, zeichnete ihre Lage im Stadtplan ein, durchstreifte Gebiete, in denen sie sich häuften, erkundete ihr Umfeld von Kneipen, Restaurants, Kinos und Theatern, machte sich ein Bild vom Hotelgebäude, befragte die Geschäftsführer nach den Gästen, trieb sich in der Hotelhalle herum und quartierte sich als Gast ein, redete mit dem Personal, sammelte Lebensgeschichten von Personal und Gästen, schlüpfte bisweilen in die Rolle des Portiers oder des Barkeepers und las schließlich zur Ergänzung Romane über Hotels.

In der Feldforschung der Chicago School lag die Betonung weniger auf methodischer Strenge als auf der Fantasie, einen Zugang zu Feldern zu finden. Einfallsreichtum und Findigkeit sollten den Zufall befördern, den es braucht, um lohnende Beobachtungen zu machen und gute Interviewpartner zu finden. Der Feldforscher sollte ein hellhöriger und scharfsichtiger Indiziensammler sein, der kleine Details aufspürt, um sich anhand solcher interessanter Scherben einen Reim auf größere Zusammenhänge zu machen.

Für Park war die Feldforschung eine in die Tiefe gehende Reportage. Er meinte, dass ein Soziologe nichts anderes als ein wissenschaftlicher Reporter sei, der nur genauer und verantwortlicher vorgehe als ein Journalist. Neben dieser Ähnlichkeit der Methoden waren auch die Gegenstände vieler Studien der Chicago School vorher schon von Journalisten behandelt worden, wie bestimmte städtische Berufsgruppen oder Szenen (etwa Taschendiebe oder Tramps). So hatte die Studie »The Hobo« (Anderson 1923) zwei nicht-soziologische Vorläufer: Das Buch des Journalisten Josiah F. Willard »Tramping with Tramps« (1899) und das des Schriftstellers Jack London »The Road« (1907). Alle drei hatten aktiv am Leben der Tramps teilgenommen und schrieben über ihre eigenen Erfahrungen mit deren Lebensform.

Der deutsche Soziologe René König meinte eine Generation später: »Sie müssen sich Park als einen unermüdlichen Fußgänger vorstellen, der die Stadt Chicago kreuz und quer durchstreifte und seine Beobachtungen notiert« (König 1978: 58). Dabei bestand »seine einzigartige Kunst der Beobachtung […] darin, dass er im Gegensatz zu den späteren mit schwerer Forschungstechnologie ausgestatteten Soziologen *noch mit bloßen Augen zu »sehen« verstand und dazu keine instrumentellen Krücken benötigte*« (König 1984: 28; H.i.O.). Dass es besonders in den 1920er Jahren für amerikanische Soziologen schwer sein konnte, etwas mit bloßen Augen zu sehen, lag daran, dass sich an den Universitäten die so genannte evangelikale Soziologie verbreitet hatte. Sie war mit einer christlichen Morallehre verbunden und eine an sozialen Problemen orientierte praktische Wissenschaft. So waren auch mehr als ein Drittel aller Professoren, die um die Jahrhundertwende Soziologie lehrten, Theologen. Das öffentliche Image des Soziologen war das eines Reformers mit puritanischen Moralüberzeugungen. In dieser Soziologie wurde soziale Wirklichkeit immer durch den Filter der moralischen Verbesserung von Menschen wahrgenommen (Lindner 1990: 241).

Gegenüber diesem Blick auf die soziale Wirklichkeit lehrte die Zeitungspraxis, die mit Park in die Chicago School kam, dass man auch mit offenen Augen nichts sieht, wenn man Scheuklappen trägt. Man durfte dem ersten Augenschein nicht trauen, schon gar nicht in der Großstadt, wo ständig soziale Fassaden errichtet wurden. Sehen lernen hieß für einen Reporter hinter den Vorhang vorgefasster Meinungen über Tugend und Laster zu gucken und einen selbstständigen und illusionsfreien Blick hinter die Kulissen zu tun. In gewisser Weise ist es daher das Zynische am Journalismus, das ihn zu einem Vorbild der frühen soziologischen Feldforschung machte. Er vermittelt eine interesselos-gleichgültige Einstellung, die der wissenschaftlichen Einstellung verwandter ist als die einer moralisierenden Soziologie. Es war die Reportage, die in die empirische Sozialforschung einen amoralischen Tatsachenblick einführte. Am Beginn der soziologischen Feldforschung in der Chicago School stand also eine Reinigung der Wahrnehmung von moralischen Urteilen (Lindner 1990: 265). Der Unterschied zwischen Reformer und Reporter entspricht dabei etwa dem zwischen Missionar und Ethnologen im Programm der ethnologischen Feldforschung von Malinowski.[11]

Aber wie konnte die Entdeckung des Fremden auch in der Soziologie zur Leitvorstellung der Feldforschung werden, welche gesellschaftlichen Hintergründe hatte diese Entwicklung? In den Herkunftsgesellschaften der Ethnografie sorgten Urbanisierung und Migration zunächst für ethnisch differenzierte Stadtviertel, zwischen denen hinreichend Fremdheit für ethnografische Forschung herrschte. Hinzu kamen die zahlreichen Differenzierungen kulturellen Wissens durch deviante Gruppen, aber auch durch Professionalisierung, also die Spezialisierung von kulturellem Wissen. So entstand in der Chicago School auch die Berufssoziologie. Vielschichtig differenzierte Wissensgesellschaften bringen also eine große Zahl von kulturellen Feldern hervor, die weder einer allgemeinen Alltagserfahrung noch der Sozialwissenschaft ohne weiteres zugänglich sind. Insofern multiplizieren sich die Möglichkeiten von Fremdheitserfahrungen in der eigenen Gesellschaft und es wird fruchtbar, spezialsprachliche Expertengemeinschaften und Subkulturen *methodisch* als fremde Kulturen zu behan-

---

11   Für die Herausbildung der ethnografischen Methode in der Soziologie waren auch andere Studien sehr wichtig, vor allem die berühmte Studie von William Foote Whyte (1967) über eine italienische Jugendgang – die »Street Corner Society«. Mit einer eigenen methodischen Profilierung setzte diese Studie auf teilnehmende Beobachtung im Rahmen ethnografischer Milieuforschung.

deln. Migration und Urbanisierung, die Differenzierung von Lebensstilen und die komplexe Arbeitsteilung von Industriegesellschaften eröffnen zahlreiche Gelegenheiten für soziologische Insider-Stories, die zum Beispiel berufliche Sonderwelten einer Laien-Öffentlichkeit schildern und sie zugleich der soziologischen Analyse zugänglich machen.

Ethnografische Studien in der Chicago School Tradition gibt es zu den unterschiedlichsten Forschungsgebieten. Gewisse Verdichtungen finden sich in der Schulforschung, der Medizinsoziologie, der Devianz- und Jugendsoziologie, der Stadtsoziologie (*urban ethnography*) und der Berufssoziologie. Jüngere Entwicklungen in dieser Tradition sind die Lebenswelt-Ethnografie (Honer 1993), die die Individualisierung, also die Diversifikation von Lebensstilen zum Anlass einer Milieu- und Szeneforschung nimmt, sowie die ethnografische Wissenschaftsforschung, die so genannten Laborstudien, die sich der Praxis naturwissenschaftlichen Arbeitens mit einem ethnologischen Blick zuwandten (Latour/Woolgar 1979; Knorr Cetina 1984; Lynch 1985).

Die Wirkung dieser letztgenannten Studien besteht in einem ähnlichen Reflexivitätsschub, wie sie die Krise der ethnografischen Repräsentation in der Ethnologie auslöste. Die Laborstudien zersetzten nämlich den *Naturalismus* der Chicago School Tradition. Diese Grundvorstellung ließ sich aus drei Gründen schlecht aufrechterhalten: erstens sind arbeitsteilig spezialisierte Berufsfelder natürlich keine ganzheitlichen Lebensformen von Menschen, es sind Nischen nur für spezifische Praktiken; zweitens zeigten sich die Objekte der ›Naturforschung‹ (zum Beispiel eine genetisch veränderte Zuchtmaus) als konstruiert und ihre Lebensbedingungen (das Labor) als ein hoch artifizielles Setting; und drittens schließlich konnte die Wissenschaftssoziologie nach der ethnografischen Rekonstruktion der Herstellung naturwissenschaftlicher Tatsachen nicht umhin, auch über ihre *eigene* Herstellung sozialwissenschaftlicher Tatsachen zu stolpern. So wie die Ethnologie auf das Inland und auf sich selbst aufmerksam wurde, wurde die Soziologie auf ihre eigene Wissensproduktion aufmerksam gemacht. In beiden Fächern haben sich die Konfigurationen des Eigenen und des Fremden verschoben. Dieser Prozess ist bis heute unabgeschlossen.

Alltagssoziologie

Die ethnologische Leitidee des Entdeckens lässt sich aber auch noch anders für die Sozialwissenschaften fruchtbar machen: wenn man nämlich auch allgemein zugängliche Bereiche der Alltagserfahrung, zum Beispiel städtische Öffentlichkeiten, unter der Prämisse betrachtet, sie seien unbekannt. Das weitgehend Vertraute wird dann betrachtet, *als sei es fremd*, es wird nicht nachvollziehend verstanden, sondern methodisch befremdet: es wird *auf Distanz zum Beobachter gebracht*. Die Ethnografie erschließt dann nicht einfach ein spezifisches Forschungsgebiet, also etwa kuriose Subkulturen. Kurios ist eher der ethnografische Blick, der bemüht ist, alle möglichen

Gegenstände kurios zu *machen*, also zum Objekt einer ebenso empirischen wie theoretischen Neugier. Man kann sich gerade das allzu Vertraute, nämlich selbstverständlich Hingenommene einer Kultur zu seinem frag–würdigen Gegenstand machen. Diese Tradition der *Ethnografie als Alltagssoziologie* wurde von Alfred Schütz (Schütz/Luckmann 1979) begründet und vor allem durch zwei Autoren fortgesetzt: durch Erving Goffmans zahlreiche Studien über die Rituale des Alltags der amerikanischen Mittelschicht (1982; 1986) und durch Harold Garfinkels ethnomethodologische Studien zur Herstellung von alltäglicher Normalität (1967).

Alfred Schütz ging es um eine Beschreibung der *alltäglichen* Denkvoraussetzungen aller Mitglieder einer Gesellschaft (Schütz/Luckmann 1979). Er ist gewissermaßen der Entdecker des Alltagswissens in der Soziologie, das diesem Fach das chronische Problem beschert, dass man in seinem Gegenstandsbereich ›immer schon Bescheid‹ weiß über die Gegenstände des Faches. Schütz machte klar, dass Soziologinnen nicht wie Ethnologen erst die Binnenperspektive einer Gesellschaft *suchen* müssen, sondern dass sie immer schon von der beschränkten Binnenperspektive ihrer Gesellschaft *ausgehen* und ihr auch stark verhaftet bleiben. Das Alltagswissen ist für Schütz das Geflecht von Handlungs- und Denkweisen, die uns zur Gewohnheit geworden sind und unserem Leben so eine bewusstlose, feste Ordnung geben. Als Alltag bezeichnen wir unsere gewöhnlichsten, laufend wiederholten Tätigkeiten, deren Abwicklung für uns kein Problem darstellt, kein Thema von Gesprächen ist, uns meist nicht einmal zu Bewusstsein kommt. Dass wir uns auf zahllose solcher eingespielten Routinen blind verlassen können, ist wichtig, weil wir sonst gar nicht den Kopf frei hätten, um uns gelegentlich ganz gezielt und bewusst mit Dingen zu befassen, die wir problematisch und nicht ›in Ordnung‹ finden. Damit hat das Alltagswissen eine Eigenschaft, über die weder schulisches noch wissenschaftliches Wissen verfügen: Es ist völlig zweifelsfrei. Wissenschaftliches Wissen ist chronisch skeptisch gegen sich selbst, es besteht in einem einzigen Selbstprüfungsprozess. Das Alltagswissen muss dagegen gerade fraglos gültig sein, wir müssen es schlicht voraussetzen, um überhaupt handeln zu können. Ein wichtiger Text von Schütz (1972) ist der Aufsatz »Der Fremde«. Dort schildert er, wie diese Selbstverständlichkeit des Wissens in eine Krise gerät, wenn ein Migrant (und das war Schütz im zweiten Weltkrieg in den USA selbst) in einer fremden Gesellschaft mangels Vertrautheit mit den Umgangsformen, Denkstilen und Deutungsmustern genau diese Umgangsformen, Denkstile und Deutungsmuster sehr klar als seltsame Phänomene zu sehen bekommt. Schütz' Fremder ist ein unfreiwilliger Soziologe.

Erving Goffman arbeitete auf den Shetland-Inseln quasi-ethnologisch für seine Dissertation, und auch klassisch ethnografisch in der Psychiatrie (Goffman 1973) – aber Letzteres eben nicht nur im Sinne der Chicago School Tradition von Milieu- oder Institutionenforschung, sondern mit einem reflexiven Interesse an der Aufklärung des Normalen. Diese ethnografische Grundhaltung mündete bei Goffman in eine laufende Gelegenheitsbeobachtung des eigenen Alltags und damit der Interaktionsrituale der amerikanischen Mittelschicht, die er zu einer Art soziologischer Lebensform entwickelte. Sein Erkenntnisproblem war die Normalität dieses Alltags, die man nur durchdringen kann, indem man sie verrückt.

Goffman machte das vor allem mit Hilfe ungewöhnlicher Vergleiche und theoretischer Metaphern. Zu seinen Vergleichen gehören vor allem solche mit der Tierwelt. Er betrachtete beispielsweise aufgereihte Menschen an einer Bushaltestelle wie Vögel auf einer Telegrafenleitung; oder er verglich das Anheben des Kopfes bei Passanten, die Geschrei auf der Straße hören, mit den Alarmzeichen von Antilopen bei Witterung eines Löwen: In beiden Fällen teilt die Verkettung von Blickrichtungen die Alarmquelle mit (Goffman 1982). Diese Vergleiche mit Tieren haben auch theoretische Gründe, weil er, wie vor ihm schon George Herbert Mead (1973), die Soziologie als Verhaltenswissenschaft auffasste und durchaus Parallelen zwischen Mensch und Tier sah, vor allem die Verwundbarkeit in der Gegenwart anderer. Wichtiger ist aber der methodologische Trick einer Verfremdungsstrategie, um diese lästige Normalität und Vertrautheit des soziologischen Gegenstands aufzuknacken. Goffman ging in die Psychiatrie, um normales Benehmen zu untersuchen. Er beschrieb Individuen als Fahrzeuge, um sie als verletzliche Fußgänger entdecken zu können. Und er beschrieb sie als Gruppen mit nur einem Mitglied, um sie als kontaktscheue Einzelne erkennen zu können.

Von seinen theoretischen Konzepten ist die Theatermetapher sehr populär – und damit die Idee der alltäglichen Darstellung von Rollen und Figuren sowie der Inszenierung des Selbst. Sein bekanntestes Buch »The Presentation of Self in Everyday Life« (1959; deutsch: »Wir alle spielen Theater«, 1969) beruht auf einer Verfremdungsanweisung: Betrachte menschliches Verhalten als inszenierten Akt, dann kannst du ein selbstverständliches Tun durch diese Verfremdung soziologisch aufschlüsseln, du kannst sehen, wie es gemacht wird, welche Zeichen und Kniffe es zum Einsatz bringt. Diese Aufforderung zur *Beobachtung alltäglicher Dramaturgie* lässt sich vergleichen mit der methodologischen Aufforderung zur rationalen Rekonstruktion von Handlungen in Max Webers Verstehender Soziologie. Der verstehenden Ethnologie nicht unähnlich wollte Weber Soziologen mit dieser Empfehlung davor bewahren, einem Handelnden vorschnell Unvernunft zu unterstellen. Goffman sagte nun ganz ähnlich: Ihr seid der Doppelbödigkeit und Scheinhaftigkeit des Sozialen nur gewachsen, wenn Ihr aufhört, wie in Eurem Alltag das Verhalten nach aufrichtig und unecht zu unterscheiden und Euch entsprechende Persönlichkeiten ›dahinter‹ auszumalen. Auch aufrichtig zu sein, muss (wie alles andere) auf einer kommunikativen Oberfläche *dargestellt* werden. Soziologen haben daher nicht zu entscheiden, ob ein hervorgerufener Eindruck falsch oder richtig ist, sondern wie ein gegebener Eindruck als solcher aufrechterhalten oder zerstört werden kann. Sie sollen das praktische Interesse des Alltagsmenschen an der Frage, ob eine Darstellung glaubwürdig ist oder nicht, durch das analytische Interesse daran ersetzen, wie eine Darstellung als kommunikative Leistung funktioniert. Ihre besten Freunde sind dabei die Betrüger und Täuscher, denn sie wissen wenigstens was sie tun, und sie müssen viel größere Sorgfalt auf die Prävention gegenüber Störungen verwenden.[12]

Über die Beobachtung der Darstellungsleistungen hinaus weist Goffmans Aufforderung, die feinsinnigen Steuerungen menschlicher Begegnungen zu beobachten, auf den fiktionalen Charakter öffentlicher Ordnung hin: das andauernde Engagement für die Aufrechterhaltung von Situationen, in denen Spiegelungen gegenseitiger Aufmerksamkeit und gegenseitigen Interesses für Stabilität sorgen. Dieses Engagement haben wir aufgrund der rituellen, moralischen Ordnung: Wir behandeln das Gegenüber als *sacred self*, zollen ihm Respekt und wahren dessen Gesicht, gerade auch in Interaktionskrisen. Und wir erwarten das auch von unserem Gegenüber, sollten wir selbst in eine ähnliche Lage geraten.

In Harold Garfinkels Ethnomethodologie wiederum ist die Hinwendung einer ethnologischen Kulturanalyse zur Beobachtung der eigenen Gesellschaft schon im Namen des Ansatzes enthalten. Der Begriff der Ethnomethodologie ist eine Ableitung aus dem Begriff der *Ethnoscience* – dies ist ein Ansatz in der Ethnologie, der sich für das Wissen interessiert, mit dem die Angehörigen einer fremden Kultur die Dinge ihrer Welt wahrnehmen, definieren, klassifizieren und ihnen so eine Bedeutung zuschreiben. Es ging der *Ethnoscience* um die Ordnung der Dinge in den Köpfen der Menschen, zum Beispiel um ihre Ethnokosmologie, das heißt um ihr Wissen vom Universum, oder um Ethnobiologie, das heißt um ihre Tier- und Pflanzenklassifikationen, ihre Theorien über Zeugung und Verwandtschaft. Der Begriff der Ethnomethodologie kommt nun durch drei Verschiebungen zustande:

Zum ersten geht es einem soziologischen Ansatz natürlich primär um das Wissen in der eigenen Gesellschaft. Diese wird also einem ethnologisch-kulturwissenschaftlichen Blick ausgesetzt. Diesen kann man nicht einfach wie eine Brille aufsetzen, man muss ihn sich erarbeiten. Die Ethnomethodologie entwickelt daher ähnlich wie Goffman eine Reihe von Strategien der Verfremdung des soziologischen Gegenstands und der Entfremdung und Distanzierung des soziologischen Beobachters.

Zum zweiten geht es der Ethnomethodologie um die Ethno*soziologie* von Gesellschaftsmitgliedern. Es gibt ja ein enormes Alltagswissen über Gesellschaft und genau dieses Wissen muss man soziologisch kennen, um zu verstehen, warum die Leute tun, was sie tun. Zugleich kann man nach Auffassung Garfinkels aber keine seriöse Wissenschaft vom Sozialen sein, wenn man diese Ethnosoziologie nicht zum Gegenstand der Untersuchung macht, sondern sie laufend selbst in den Analysen benutzt und

---

12 Zum Beispiel sehen wir viel klarer, wie man Betroffenheit zur Darstellung bringt, wenn wir gesehen haben, wie kunstvoll Harald Schmidt im Fernsehen die entsprechenden Heucheleien des Mediums satirisch vorführt. Wenn wir wissen, wie Heucheln in all seinen Nuancen geht, dann können wir sehen, wie jemand heuchelt, indem wir beobachten, wie er es vollzieht.

damit – unreflektiert – dem Alltagswissen über die Gesellschaft in der Soziologie verhaftet bleibt. Dann käme nur eine *folk sociology* heraus, die mit den kulturellen Selbstverständlichkeiten des Untersuchungsfeldes distanzlos verwachsen wäre. Statt sie im Rücken zu haben, muss man sie sich erst mal vor Augen führen.

Zum Dritten hat das Alltagswissen nicht einfach dieselbe Form wie wissenschaftliches Wissen, das heißt es ist zu einem großen Teil kein theoretisches, kognitives oder auch nur sprachlich verfasstes Wissen. Es sind eher eingefleischte Glaubensüberzeugungen, implizites Wissen, das zum Teil auch gar nicht sprachfähig ist, eher ein *körperliches Können* als ein abfragbares Wissen: Dinge, die wir beherrschen, ohne genau sagen zu können, wie wir sie vollziehen. Eben diese *Form* des Wissens ist der Grund, von Ethno*methodologie* zu sprechen. Gemeint sind die praktischen Methoden von Menschen, ihre Alltagswelt hervorzubringen, ihr praktisches Wissen Handlungen zu vollziehen – ein Auto zu fahren, ein Gespräch zu führen, ihre Geschlechtszugehörigkeit darzustellen. Mit diesem praktischen Wissen, wie etwas zu tun ist, *vollziehen* sie (wir) zugleich ihre (unsere) kulturellen Annahmen darüber, woraus die soziale Welt besteht.

Aber wie kann man sich so ›tief‹ – in stillschweigendem Einverständnis oder im Körper – gelagerte Annahmen vor Augen führen? Dafür braucht es die erwähnten Befremdungstechniken. Vier seien hier genannt:

1. Die so genannten Krisenexperimente arrangieren eine Störung der sinnhaften Normalität von Situationen durch ein Fehlverhalten, dass es ihren Teilnehmern unmöglich macht, zu begreifen, was gerade vor sich geht und ihre Sinnwelt wieder zu ordnen. Garfinkel forderte etwa seine Studenten auf, ihre Eltern mal einen Tag lang zu siezen. Das Ziel war, auf diese Weise sichtbar zu machen, welch fundamentale unhinterfragte Erwartungen unsere Interaktionen regulieren. Für die ethnografische Forschung sind Krisen ein ›glücklicher‹ Moment, denn dann werden Erwartungen, Regeln und praktisches Wissen explizit, die in der Routine des Vollzugs wie selbstverständlich vollzogen werden.

2. Der Rückgriff auf ›Fremde in der eigenen Kultur‹ nutzt diese als Beobachtungsexperten für Normalität. Das gilt etwa für Behinderte (in den *disability studies*), die ein geschärftes Bewusstsein von der Rolle des Körpers in Arbeitsvollzügen und Kommunikation haben (etwa Länger 2002), und es gilt für Garfinkels klassische Studie über eine Transsexuelle (Garfinkel 1967: 116 ff.): Ihre Außenseiterposition wirkt wie ein Vehikel, das dem Soziologen die Distanzierung von seinen erlernten Denkgewohnheiten erleichterte. Wer sich selbst nicht für normal halten kann, weil er keinen Platz in vorgefundenen kulturellen Kategorien findet, kann auch seine Umwelt nicht so betrachten. Die Weltwahrnehmung einer Transsexuellen ist hochgradig krisenhaft im Sinne von Schütz: Auch sie ist eine unfreiwillige Soziologin. Für den Ethnografen bedeutet dies, nach möglichen Fremden in seinem Feld Ausschau zu halten und deren Perspektive und Wissen zu nutzen.

3. Die aus der Ethnomethodologie entstandene Konversationsanalyse arbeitet mit einem weiteren Befremdungseffekt. Durch die technische Möglichkeit, Gespräche ein-

fach und kostengünstig aufzuzeichnen und anschließend zu transkribieren, ließ sich eine gewaltige Entschleunigung realzeitlicher Abläufe vornehmen, die eine mikroskopische Interaktionsanalyse von verbalen Interaktionen ermöglichte. Wenn aber sekundenkurze Sprechereignisse geradezu mikroskopisch untersucht werden, wird etwas so Vertrautes wie ein Gespräch zu einem staunenswerten Koordinationskunstwerk.

4. Schließlich gibt es noch eine begriffsstrategische Verfremdungsmaßnahme ähnlich Goffmans Theatermetapher. Harvey Sacks, ein Kollege Garfinkels und Schüler Goffmans, schlug einen begrifflichen Kniff vor, um die soziologische Aufmerksamkeit beharrlich auf die Prozesshaftigkeit und praktische Vollzugsbedürftigkeit aller sozialen Tatsachen zu lenken. Soziologen sollten alle von ihnen wahrgenommenen Zustände mit der heuristischen Annahme betrachten, sie seien methodisch hervorgebracht: ein *doing being* (Sacks 1984). Wenn Soziologen beispielsweise jemanden als ›wütend‹ wahrnehmen, also eine spontane Motivzuschreibung vornehmen, machen sie einfach nur von ihrer Alltagskompetenz Gebrauch, einen Gesichtsausdruck zu dechiffrieren. Dagegen empfahl Harvey Sacks, zur Verlangsamung dieses alltäglichen Verstehens die Unterstellung dazwischen zu schieben, dass dieses Wütendsein *getan* wird. Wir sollen uns also fragen, wie *doing being angry* geht, wie man das also macht. Wer einen Professor vor sich sieht, sollte sich fragen, wie *doing being a professor* geht, wie man es also bewerkstelligt, als ein solcher zu erscheinen und erkannt zu werden. Das *doing* ist also die methodologische Maxime der Ethnomethodologie; die Maxime lautet: Betrachte jedes Phänomen so, als würde es *gerade erst* gemacht.[13]

Eine Gemeinsamkeit dieser Befremdungsstrategien liegt in einer Veränderung der Normaldistanz zu den Dingen. Wir sind gewohnt im Alltagsleben eine erlernte Normaldistanz zu den Objekten unserer Umwelt einzunehmen: Gesichter, Bäume, Texte – und aus einer bestimmten Perspektive zu sehen. Dass die Veränderung solcher Normalperspektiven neue Erkenntnisse verschafft, ist aus anderen Bereichen bekannt: Mikroskop und Teleskop, Luftbilder und chinesische Weltkarten, aber auch schon einfache Annäherungen, Erkundungsgänge und Verschiebungen des Blickwinkels oder des gewohnten Verhältnisses von Vordergrund und Hintergrund verändern schnell unsere eingelebte Sicht der Dinge.

Verglichen mit den anderen beiden Traditionen der Ethnografie lässt sich feststellen, dass die Soziologie des Alltags nicht mit dem Fremden beginnt und dann reflexiv auf ihre heimische Herkunft verwiesen wird. Sie fängt vielmehr zuhause an, leiht sich aber einen ethnologischen Blick auf das Vertraute, sie wird zur Ethnologie der eigenen Gesellschaft (Hitzler 1999). Dafür gilt es nicht eine Fremdheit des Gegenstands zu überwinden, sondern eine Fremdheit des Beobachters herzustellen. Denn ein solcher, das hatten Schütz (1972) und Simmel (1992) in ihren Soziologien der Figur des

---

13 Man beachte die Ähnlichkeit zu Goffmans Maxime: Betrachte es so, als beruhe es auf einer Inszenierung.

Fremden festgestellt, verfügt über eine eigentümliche Objektivität, eine Bindungslosigkeit, Indifferenz und Überraschungsfähigkeit, die für die Professionalisierung von Sozialwissenschaften enorm fruchtbar ist. Die Ethnografie des Alltags spitzt mit dieser kulturwissenschaftlichen Haltung einen Gedanken zu, den Max Weber 1917 als eine allgemeine Aufgabe von Wissenschaft formulierte: »Die spezifische Funktion der Wissenschaft scheint mir […], dass ihr das konventionell Selbstverständliche zum *Problem* wird« (Weber 1988: 502, H.i.O.). Ralf Dahrendorf ergänzt diese Position, indem er schreibt: »Wer das Selbstverständliche wiedererzählt bekommt, hat es allerdings noch nicht verlassen« (Dahrendorf 1969: X). Es sind also insgesamt zwei Hinsichten, in denen die soziologische Ethnografie die ethnologische Prämisse übernommen hat, dass kulturelle Phänomene erst noch zu entdecken sind: bei der Exploration geradezu unbekannter Spezialbereiche der Gesellschaft und bei der distanzierenden Befremdung des Allzuvertrauten. Es handelt sich bei diesem Entdecken aber, wie gesagt, um einen *Erkenntnisstil* (wie das Verstehen oder das Feststellen) und nicht um substanzielle Entdeckungen im Sinne von Offenbarungen: Entdeckung kann heute nicht im Sinne eines kulturellen Erstkontaktes verstanden werden; sie ist immer *beobachterrelativ*.[14] Denn zu fragen ist: Entdeckungen für wen? Und die Antwort lautet: Der Ethnografie geht es um Entdeckungen für die Disziplin, die sie betreibt.

1.2 Die Markenzeichen der Ethnografie

Nach dieser ersten Charakterisierung der Ethnografie als historisch gewachsener kulturwissenschaftlicher Erkenntnishaltung wollen wir nun eine systematischere Kennzeichnung dieser Forschungsstrategie (im Vergleich zu anderen Ansätzen qualitativer Sozialforschung) entwickeln. Vor allem vier Markenzeichen charakterisieren die Ethnografie, die ersten beiden ergeben sich im unmittelbaren Anschluss an ihre Geschichte.

Der Gegenstand: soziale Praktiken

Den Begriff Ethnografie kann man zunächst einfach mit Kulturbeschreibung übersetzen. Die Sozial- und Kulturwissenschaften interessieren sich in der Regel nicht (mehr) für die Beschreibung ganzer Ethnien, also etwa für die Sitten und die Sozialstruktur *der* Bayern oder *der* Zulu. Außerdem ist der Begriff ›Kultur‹ als Bezeichnung eines gesellschaftlichen Ganzen in der Ethnologie seit geraumer Zeit in die Kritik geraten: Kritisiert wird, dass der Kulturbegriff soziale Phänomene ethnisiert, für die man prä-

---

14 Über Verwirrung und den Zweifel, die sich im Zuge ethnologischen Entdeckens einstellen können, berichtet Lévi-Strauss (1988: 325 ff.).

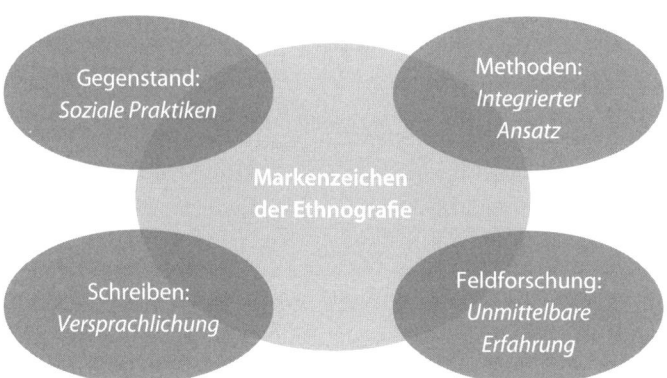

Abb. 1: Markenzeichen der Ethnografie

zisere und weniger globale Begriffe benötigt (Lentz 2009). Der Gegenstand der Ethnografie muss heute also anders bestimmt werden. Wir sehen dafür vor allem zwei
Charakterisierungen: Eine naheliegende ist die Feststellung der analytischen Einheit,
die der Begriff ›Ethnos‹ bezeichnete: Sie liegt zwischen den Individuen der *Bio*grafie-
forschung und den Bevölkerungen der *Demo*grafie. Im analytischen Zugriff auf die
Welt wird immer auch eine Skalierung des Blicks vorgenommen, die vom Atom bis
hin zum Universum reichen kann. Das Skalierungsniveau der Ethnografie bezieht
sich auf den Bereich gelebter und öffentlich praktizierter Sozialität, der gewissermaßen auf halber Strecke zwischen den Mikrophänomenen der Interaktionsanalyse und
den Makrophänomenen der Sozialstrukturanalyse komplexer Gesellschaften angesiedelt ist. Die Individuen, also die unteilbaren Einheiten, der Ethnografie sind nicht
Personen, sondern Situationen, Szenen, Milieus – Einheiten, die über eine eigene
Ordnung und Logik verfügen. Insofern steht *Ethno* für einen theoretischen Kultura-
lismus ›mittlerer Reichweite‹.

Eine zweite Charakterisierung lokalisiert die Ethnografie im Konzert anderer
kulturwissenschaftlicher Unternehmungen (etwa der Diskursanalyse oder der Semio-
tik), die sich mit den verschiedenen Erscheinungsformen des Kulturellen befassen.
Diese existieren gewissermaßen in unterschiedlichen *Aggregatzuständen:* Sie umfassen
sprachliche Strukturen (Kategorien, Grammatiken), *schriftgelehrte Spezialdiskurse*
(Kunst und Literatur, Wissenschaft und Jurisprudenz), *populäre Diskurse* (etwa die
orale und visuelle Kommunikation in Massenmedien und in Alltagsmythen), *kogni-
tive Schemata* (stereotype Sicht- und Hörweisen), *situierte Praktiken* (das Verhalten,
Reden und habitualisierte Gebaren, das sich auf verkörpertes, implizites Wissen
stützt), *institutionelle Infrastrukturen* (etwa soziale Beziehungen und Organisationen)
und schließlich Elemente *materieller Kultur* (also Objekte und Artefakte, aber auch
die Strukturen des kulturell geprägten Körpers).

Die Ethnografie kann sich mit all diesen Sinnschichten beschäftigen, wenn sie kulturelle Phänomene aus ihrem Kontext heraus zu verstehen versucht: mit Mythen, Vokabularien, Filmen, Ritualen und Artefakten. Sie ist aber aufgrund ihres methodischen Zuschnitts sensibler als alle vergleichbaren Forschungsansätze auf die Sinnschicht sozialer Praktiken eingestellt: den Bereich öffentlich gelebter Sozialität, dessen Sinnhaftigkeit von einem *impliziten Wissen* der Teilnehmer bestimmt wird. Manche Autoren sprechen daher anstelle von Ethnografie auch von Praxeografie (Mol 2003), um hervorzuheben, dass es der Ethnografie vor allem um eine Beschreibung von Praktiken geht, die u. a. dieses implizite Wissen, den Vollzug und die Darstellung von Praktiken, Fragen der Lösung von Handlungsproblemen und der Handlungskoordination zu explizieren versucht.

Feldforschung: andauernde unmittelbare Erfahrung

Die zentrale Prämisse des methodischen Zuschnitts der Ethnografie ist die *Feldforschung*, das persönliche Aufsuchen von Lebensräumen. Der Feldbegriff steht dabei wie gesagt ursprünglich (i. S. des Naturalismus) im Gegensatz zu künstlichen Arrangements, die extra für Forschungszwecke geschaffen wurden, etwa Experimenten oder klinischen Interviews. Feldwissenschaften wie die Zoologie, Botanik oder Geografie arbeiten anders als Laborwissenschaften wie die Molekularbiologie oder die Teilchenphysik. Sie gehen davon aus, dass man die Beobachtungsgegenstände in ihrer ›natürlichen Umwelt‹ beobachten muss, um angemessen Daten über deren authentisches Verhalten zu gewinnen. Soziale Felder (etwa öffentliche Plätze, Gruppen oder Organisationen) sind dementsprechend Umwelten, in denen auch dann etwas geschieht, wenn kein wissenschaftlicher Beobachter anwesend ist. Wenn man sie erforschen will, stellen sich etwa folgende Fragen: Wie nähert man sich ihnen, wie bewegt man sich in ihnen, was für Daten bieten sie wohl? Es ist daher bei der Feldforschung sehr viel mehr über den Prozess der Datengewinnung zu sagen, als etwa bei der Konversationsanalyse, bei der ein Tonbandgerät punktuell Gespräche mitschneidet oder bei der Diskursanalyse, wo in Archiven ein Textkorpus angelegt wird. In der Feldforschung wird die Materialgewinnung zu einem hochkomplexen Prozess, der seine eigenen sozialen Regelmäßigkeiten aufweist.

Vor allem zwei Merkmale kennzeichnen die Feldforschung: zum einen die *sinnliche Unmittelbarkeit* der gesuchten Forschungserfahrung, das Drängen auf Wissen ›aus erster Hand‹ und eine möglichst direkte Form der Begegnung mit sozialer Wirklichkeit; zum anderen die *Dauerhaftigkeit* dieses Realitätskontaktes: Verglichen mit anderen qualitativen Forschungsstrategien betreibt die Ethnografie für die *Gewinnung* empirischen Wissens einen enormen zeitlichen Aufwand. Ethnologische Feldforschungen können sich über Jahre hinstrecken, Feldphasen in Soziologie oder Erziehungswissenschaft bemessen sich zumeist in Monaten (bis zu einem Jahr). Verglichen mit dieser intensiven Begleitung durch Ethnografen wirken andere Erhebungsmetho-den eher wie jene Stippvisiten: Dokumente – meist Tonaufzeichnungen von Konver-sationen oder Interviews – werden im Stundentakt abgeschöpft, Meinungsquer-schnitte mit einem Fragensatz erhoben. Solchen forschungsökonomisch konzentrierten Erhebungs*punkten* steht in der Ethnografie eine ausgedehnte Erhebungs*strecke* gegen-über. Die allmähliche Akkumulation von Felderfahrungen schafft bei der Forscherin ein umfangreiches Kontext- und Hintergrundwissen, eine Kennerschaft, die über Datensammlungen weit hinausreicht und einzelnen Daten erst ihren Sinn zuweist.

Methodenopportunismus: ein integrierter Forschungsansatz

Die Ethnografie ist keine Methode. Das heißt, sie ist kein Regelwerk, das für einen bestimmten Datentyp Verfahrensschritte vorschreibt, deren korrekte Befolgung valide wissenschaftliche Aussagen in Aussicht stellt. Man kann sie eher als einen integrierten Forschungsansatz bezeichnen. Dieser kombiniert Beobachtungen mit Interviews, technischen Mitschnitten und Dokumenten aller Art. Insofern ist die Ethnografie ein weniger spezialisiertes Vorgehen als etwa die Narrations-, Konversations- oder Dis-kursanalyse. Die teilnehmende Beobachtung bildet allerdings das Zentrum der Eth-nografie. Sie stiftet die soziale Form, in der alle möglichen Daten erst gewonnen werden können. Auf der Basis einer Begleitung von Praktiken an einem Ort über längere Zeit werden Vertrauensbeziehungen aufgebaut, informelle Gespräche geführt, Dokumente aller Art erhoben, Fotos geschossen, Gespräche der Teilnehmer aufge-zeichnet. Es gibt also keine Beschränkung auf einen bestimmten Datentyp, man geht vielmehr sehr offen und gelegenheitsgetrieben vor und nimmt alles an Eindrücken und Daten mit, das gewinnbringend scheint.

Regulierend wirkt hier weniger die Präferenz für eine bestimmte Methode oder einen Datentyp als ein *feldspezifischer Opportunismus*. Man wird etwa Gespräche auf-zeichnen, wo ein Feld von Gerede beherrscht wird, Videodaten erzeugen, wo das Zeigen wichtig ist, Dokumente erheben, wo Akten vorherrschen, keine narrativen Interviews machen, wo es keine guten Erzähler gibt usw. Die erzeugten Datentypen sind also davon abhängig, wie sich ein Feld primär darbietet: eher arm oder eher reich an Schriftdokumenten (wie eine Behörde), an stummen Praktiken (wie eine Sport-art), an Erzählungen (wie eine Dorfgemeinschaft) usw.

Der Normalfall der Ethnografie ist aber die Kombination unterschiedlicher Daten-typen: Protokolle, Tagebücher, Interviewtranskripte, Konversationsmitschnitte, Genealogien, Videotakes können sich in einem Datenkorpus befinden. Die Kombi-nation von Datentypen führt nun nicht dazu, dass die beobachteten Praktiken einfa-cher zu verstehen oder weniger komplex sind, so als würden die verschiedenen Daten die blinden Flecken gegenseitig aufspüren und erhellen. Es ist anders: Indem der Ethnograf verschiedene Datentypen nutzt, erhöht er die Komplexität des Phänomens, da er es mit unterschiedlichen Blicken auf das Feld zu tun bekommt. Hier bewährt es sich, keine Integration der Datentypen anzustreben, sondern sie so zu arrangieren, dass sie sich wechselseitig kommentieren und ergänzen können.[15]

Aber auch wenn nur einzelne solcher Abschöpfungsverfahren eingesetzt werden, ist das, was sie zur Ethnografie macht, ihre *Einbettung* in eine zeitlich andauernde teilnehmende Beobachtung. Was dieser Kontext vor allem leisten muss, ist der unausweichlichen Reduktion multipler Erfahrungsmöglichkeiten zu einem begrenzten Datenkorpus eine Orientierung zu geben: Erfahrungen zu sammeln, welche Situationen sich für eine intensivierte Beobachtung anbieten, welche Informanten lohnende Interviews versprechen, welche typischen Interaktionen eine Aufzeichnung verlangen, welche Dokumente zum Verständnis eines Feldes unverzichtbar sind. Auf dieser Basis lässt sich am Ende auch das Verhältnis von Singularität und Typizität gemachter Erfahrungen besser beurteilen.

Schreiben und die Versprachlichung des Sozialen

Die zweite Worthälfte von Ethnografie hebt das Schreiben hervor, und so kann man mit einer Ethnografie auch das Buch bezeichnen, das aus ethnografischer Forschung hervorgegangen ist. Was aber sollte daran Besonderes sein? Alle Wissenschaftler verschriftlichen ihre Daten und alle schreiben im Sinne einer literarischen Darstellung für ihre Leser. Die besondere Bedeutung des Schreibens in der Ethnografie liegt jedoch darin, dass im schreibenden Beobachten zugleich eine sprachliche Erschließung von Phänomenen stattfindet, die noch gar nicht in sprachlicher Form vorliegen, sondern erst durch die Beschreibungen zur Sprache gebracht werden. Durch die Verschriftlichung des Ethnografen wird die vielschichtige soziale Welt nicht nur in eine zweidimensionale Form – die Schrift – übersetzt, sondern erst in Sprache überführt, das heißt benannt und bezeichnet. Interviewstudien, Gesprächsanalysen und Diskursanalysen können sich bei aller Unterschiedlichkeit darauf stützen, dass soziale Wirklichkeit zu einem großen Teil bereits in sprachlicher Form verfügbar ist, nämlich als Auskünfte, Gespräche oder Textdokumente. Ein großer Teil sozialer Wirklichkeit existiert aber unterhalb der Schwelle der Sprache. Viele soziale Phänomene sind nicht nur unaussprechlich, sondern stimmlos, sprachlos und stumm. Das aber heißt, sie müssen erst sozialwissenschaftlich *zur Sprache gebracht* werden.

Dies gilt zuallererst für jene schon von Alfred Schütz (Schütz/Luckmann 1979) erkannte Schicht von implizitem, körperlichem Wissen, das die Leute haben, ohne dass *sie* es einfach verbalisieren könnten, ein Wissen, wie man etwas tut, wie man

---

15 Zur Vertiefung dieses Thema – Kombination von Daten, Methoden, Theorien – aus forschungspraktischer Sicht siehe etwa Kelle (2001).

etwa – im Sinne der Ethnomethodologie – beispielsweise Fahrrad fährt, ein Gespräch führt, einen Schuh zubindet, einen Automaten bedient. Michael Polanyi (1985: 14) hat diese wissenssoziologische Einsicht auf den Begriff des *tacit knowledge* gebracht, der besagt, dass »wir mehr wissen, als wir zu sagen wissen.« Gilbert Ryle (1969) sprach von *knowing how* im Gegensatz zum *knowing that*. So haben Ethnografien handwerklicher Arbeit oder sportlicher Praxis gezeigt, dass wesentliche Vermittlungsprozesse von handwerklichem Wissen über Vormachen, Nachahmen und praktisches Wiederholen am Gegenstand geschehen (Hutchins 1993; Schindler 2011). Dasselbe gilt natürlich für die elementaren Sozialisationsprozesse: Das Laufen, Sprechen, Zählen, Lesen oder Schwimmen wird von Kindern als praktisches Wissen erworben.

Ferner ist auch das Selbstverständliche, wie wir sagen, ›nicht der Rede wert‹. Dabei wird vieles unausgesprochen gelassen, weil seine Symbolisierung bereits außerhalb der Sprache gesichert ist: Ein Hauptbestandteil des Selbstverständlichen ist das *Offensichtliche* des Sichtbaren, in anderen Worten: die Selbstevidenz des Visuellen. Über das, was sich ständig *zeigt*, kann und muss nicht geredet werden, da es sich auf *diese* Weise mitteilt: es ›spricht‹ für sich selbst. Man denke nur an die pantomimische Dimension des Sozialen: jene alltäglichen körperlichen Bildgebungsverfahren, die wir – auf die Sprache bezogen – als nonverbales Verhalten bezeichnen, die sich aber besser als *visuelle Kommunikation* durch Gesten, Mimik und Kleidung verstehen lässt.

Schließlich sind auch Gegenstände der materiellen Kultur in der Regel stumm: technische Artefakte, künstlerische Objekte, räumliche Settings. Solche sprachlosen Dinge können auch selbsttätige Objekte sein – Kleinkinder, Ungeborene, heilige Orte, Bewusstlose, Tiere, Körper und Maschinen. All diese Dinge sondern Zeichen ab, aber nicht sprachliche: Lautäußerungen, Lebenszeichen, Symptome, Signale. Diese Entitäten werden spätestens dann sozialwissenschaftlich relevant, sobald sich Menschen sprachlich oder wortlos in Kontakt mit ihnen setzen: mit Geräten und Haustieren, Göttern und Föten.

In diesem Lehrbuch wird daher viel über das Schreiben und die Beschreibung zu sagen sein. Insbesondere die Entwicklung ethnografischer Texte wird uns beschäftigen: Beobachtungsprotokolle sind kein Datensatz wie die Abschrift einer Tonbandaufzeichnung es ist, sie sind durch den eigenständigen Einsatz der Beobachtersprache bereits hochgradig interpretativ, analytisch und kommunikativ gegenüber möglichen Lesern. Dieser Umstand setzt an die Stelle einfacher Phasenmodelle der Forschung einen evolutiven Prozess: Eine Ethnografie entwickelt sich (wie wir zeigen werden) mit der Transformation eines Textkorpus. Hier die *vier Markenzeichen* der Ethnografie noch einmal auf einen Blick:

1. Der Gegenstand: soziale Praktiken.
2. Feldforschung: andauernde unmittelbare Erfahrung.
3. Methodenopportunismus: ein integrierter Forschungsansatz.
4. Schreiben und die Versprachlichung des Sozialen.

1.3 Die methodologische Begründung

Warum aber überhaupt Feldforschung? Warum soll man sich mühsam und dauerhaft in kulturelle Felder hineinfinden und vorarbeiten? Wir werden noch schildern, wie Zugänge geschaffen und dauerhafte Forschungsbeziehungen aufgebaut werden, sowie um Vertrauen geworben wird. Eine teilnehmende Beobachterin lässt sich ins Geschehen verwickeln und lässt sich dabei auf das Risiko ein, von ihm eingenommen zu werden. Warum macht man das? Was ist die *methodologische Rationalität* einer solchen empirischen Haltung?

Die Ethnografie bringt eine der Maximen in besonderer Weise zur Geltung, die die Qualitative Sozialforschung insgesamt kennzeichnet: die Offenheit des Forschungsprozesses. Ethnografen begeben sich in einen unmittelbaren, persönlichen Kontakt zu sozialem Geschehen. Sie betreiben *empirische* Forschung in einem starken Sinne, nämlich erfahrungsbasierte Forschung. Aus der Sicht der standardisierten Sozialforschung erscheint dieses Vorgehen freilich als ein Gräuel – eine Art Anarchie wider den Methodenzwang (Feyerabend 1976). Denn eine solche Selbstauslieferung des Beobachters ist unvermeidlich mit einem Kontrollverlust über die Bedingungen des Erkenntnisprozesses verbunden. Für die standardisierte Sozialforschung ist Reaktivität – also das Reagieren des Feldes auf seine Erforschung – ein Horror, der Objektivitätsbemühungen bedroht. Unter der ethnografischen Prämisse, dass Soziales wesentlich in öffentlich gelebter Praxis besteht, ist es dagegen verwunderlich, dass man sich in der standardisierten Sozialforschung viele Gedanken über die verzerrenden Konsequenzen der Anwesenheit des Beobachters in der Forschungssituation macht, aber kaum einen Gedanken über die Konsequenzen einer völligen *Abwesenheit* des soziologischen Gegenstands aus der Forschungssituation. Bestehen soziale Phänomene denn aus Auskünften, Meinungen, Berichten, Erinnerungen? Für die Ethnografie ist Reaktivität kein Horror, sondern geradezu der Modus Vivendi der Forschung: Erst in der Interaktion mit dem lokal fremden Beobachter macht sich das Feld in seinen Eigenarten erfahrbar. Dabei wird alles, was man von einem Forschungsinstrument erwartet (etwa von einem Fragebogen) zu Anforderungen an die kommunikative Kompetenz des Ethnografen. Die geschickte Handhabung seiner persönlichen Kontaktformen zu den Teilnehmern seines Feldes ist die erste Voraussetzung gelingender Forschung. Ethnografen sind selbst das ›Forschungsinstrument‹, sie müssen das methodische Konzept *verkörpern*.

Kann sich also eine Situation durch die Anwesenheit einer Ethnografin ändern? Selbstverständlich. Wenn andere Menschen in Situationen erscheinen, ändern sich mitunter die Handlungen oder gar das Handlungsrepertoire derjenigen, die zuvor schon präsent waren. Wenn also ein Teilnehmer seine Verhaltensweisen ändert, da eine Ethnografin anwesend ist, so verweist dies erstens darauf, dass er – in Anlehnung an Goffman (1971: 27) – sieht, dass er gesehen wird und beim Sehen gesehen wird. Zweitens wird deutlich, dass er verschiedene Handlungsoptionen hat, die er aktivieren kann. Wenn also etwa Lehrpersonen Unterricht besser oder intensiver vorbereiten, weil ein Ethnograf anwesend ist, dann stellen sie ein Handlungsrepertoire dar, das sie immer schon zur Verfügung haben – für den Ethnografen, die Schulleitung oder für andere Lehrer.

Warum führt die Forschungsstrategie, den Teilnehmern in ihren Relevanzen zu folgen, nicht zu methodischer Anarchie? Die Ethnografie stützt sich hier auf theoretische Annahmen über den Gegenstandsbereich: Kulturelle Felder verfügen über eine Eigenlogik, eine eigene Ordnung, die auch einen Beobachter, der sich treiben lässt, an die Hand nimmt und führt. Von einer solchen Selbststrukturierung des Gegenstands gehen auch andere Ansätze qualitativer Sozialforschung aus. So legt etwa die Hermeneutik nahe, dass Verstehen nicht einfach eine sozialwissenschaftliche Spezialdisziplin ist, sondern eine permanente soziale Praxis, in die sich Wissenschaftler einklinken können. Das narrative Interview verlässt sich darauf, dass ein Erzähler nicht einfach endlos und weitschweifig erzählt, sondern von bestimmten Zugzwängen getrieben und gebremst wird. Die so genannte *Ethnoscience* geht davon aus, dass es eine schon gegebene Ordnung der Dinge in den Köpfen der Menschen gibt, deren Erforschung kulturwissenschaftlichen Beobachtern ganz bestimmte Pfade vorgibt, wenn sie sich nur auf sie einlassen. Die Konversationsanalyse und die Ethnomethodologie teilen die Grundannahme, dass Methoden nicht erst eine besondere Entwicklung von Sozialwissenschaftlern sind, sondern dass Methodizität eine Eigenschaft jeder sozialen Praxis ist. Menschen handeln immer schon auf eine in sich geordnete Weise und machen sich wechselseitig diese Ordnung beobachtbar – auch ohne dass Wissenschaftler sie beobachten. In der Konversationsanalyse führte das etwa zu dem Postulat, dass das wissenschaftliche Verstehen nicht erst an Gesprächsverläufe heranzutragen ist, sondern dass sich Gesprächsteilnehmer immer schon wechselseitig zeigen, wie sie verstanden werden wollen und sich verstanden haben. Wir müssen nur bereit sein, ihnen zu folgen.

Wenn man soziale Wirklichkeit nicht positivistisch konzipiert, also als eine unabhängig vom Handeln gegebene Tatsache, dann ist ein Feld kein Dschungel (wie das wohlgeordnete Leben in tropischen Regenwäldern den Europäern erschien), sondern ein sich ständig selbst methodisch generierendes und strukturierendes Phänomen. Mit dieser Setzung operiert die Ethnografie. Sie zieht aus dieser Setzung die grundlegende Konsequenz, dass die Methodenzwänge empirischer Forschung gar nicht so sehr von der Wissenschaft ausgehen müssen, sondern primär vom Gegenstand. Methoden sind nicht eine Frage von erlaubtem und verbotenem Tun, sondern eine Frage, wie man sich erfolgreich einem Feld anpasst. Nicht die Logik der Forschung, sondern die gelebte Ordnung des Feldes erfordert bestimmte Verhaltens- und Beobachtungsweisen. Es ist der Gegenstand selbst, der ein bestimmtes methodisches Vorgehen und mitunter methodische Strenge erfordert.

Das ist der kultursoziologische Grund, warum sich ethnografisch arbeitende Soziologen ihren Untersuchungsfeldern ausliefern: Die Verunsicherung, wie man sich in einem fremden Feld zu bewegen und es zu verstehen hat, ist ein *gesuchter Zustand*, durch den der Blick auf die Selbstorganisation dieses Feldes geschärft wird. Auch Fehlschläge beim Feldzugang, Auflaufen auf Mitteilungswiderstände, Misslingen von Verstehensversuchen werden in der Ethnografie diagnostisch genutzt: Es sind Gelegenheiten der Relevanzaufspürung. Wo etwas verborgen wird, zeigt ein Feld, dass es etwas zu sehen gibt; wo man etwas falsch versteht, gibt es etwas Interessantes zu verstehen; was auf den ersten Blick als scheiternder Zugang erscheint, ist schon das erste Datum.

Die Ethnografie pflegt sozusagen einen feldspezifischen Opportunismus und ihre Produkte sind *mimetische* Formen empirischer Sozialforschung. Mimesis bedeutet Nachahmung und Angleichung. Eine mimetische Forschung lässt sich primär vom Gegenstand vorschreiben, wie sie vorzugehen hat. Ihre Methodizität wird also nicht durch externe Vorschriften reguliert, sondern vom erfahrbaren Geschehen *erwartet*. Alle vorweg geplanten Festlegungen von Zeiteinheiten, Akteuren, Lokalitäten, Fragestellungen und Begriffen bergen das Risiko eines inadäquaten Zuschnitts des Gegenstandes. Vielmehr sind die Begrenzung von Beobachtungseinheiten und die Festlegung dessen, was das Feld ist, erst Resultate des Forschungsprozesses.

Man versucht also, die eigenen Selektionen bis auf Weiteres für Unerwartetes offen zu halten. Während die Standardisierte Sozialforschung sich bemüht, mit Selbstfestlegungen die Kontingenzen des Forschungsprozesses möglichst in den Griff zu kriegen, setzt man in der Ethnografie umgekehrt darauf, dass sich die eigensinnigen Strukturen des Untersuchungsfeldes dem Forschungsprozess *einschreiben*: die besonderen Bedingungen des Feldzugangs, die thematischen Festlegungen, die sich schrittweise ergeben, und die allmähliche Verzweigung von Forschungsfragen. Man kann sich die Organisation des ethnografischen Forschungsprozesses wie einen Trichter vorstellen, der mit einer großen Unbestimmtheit beginnt und bei der Analyse ganz spezifischer Phänomene endet, wobei die Selektionen dieser Phänomene wesentlich vom Feld mitbestimmt werden. (Weiter unten findet sich ein Schema hierzu).

Diese Organisation des Forschungsprozesses wird häufig explorativ, das heißt suchend und erkundend genannt; man kann sie auch als überraschungsoffen bezeichnen. Wenn das Überraschende, Unerwartete einmal ausbleibt – also alles so ist, wie man es erwartet hat – so würde dies nur anzeigen, dass es der teilnehmenden Beobachterin misslungen ist, sich in ihren Vorannahmen verunsichern zu lassen.

Dieses Selbstverständnis der Ethnografie ist neueren Datums. Seit den 1960er Jahren hatte man versucht, kontextübergreifende methodische Regeln für die Ethnografie zu formulieren. Dies scheiterte aber regelmäßig an der Individualität von Forschungssituationen. Die Qualität von Studien dokumentierte sich immer wieder an einem situationsangemessenen Handeln und Verstehen in ganz unterschiedlichen Konstellationen. Die Ethnografie wird daher heute als eine methodenplurale kontextbezogene Forschungsstrategie aufgefasst. Dabei geht es nicht um die richtige Anwendung eines ausgefeilten methodischen Regelwerks, sondern um die fallangemessene

Umsetzung einer ganz allgemein gehaltenen methodologischen Pragmatik. Das Gelingen ethnografischer Forschung ist davon abhängig, dass sich ein Sozialforscher den jeweils gelebten kulturellen Ordnungen und situativen Praktiken aussetzt, anpasst und in gewisser Weise auch unterwirft. Erving Goffman formulierte diesen Gedanken in seinem kleinen Aufsatz »Über Feldforschung« in aller Schlichtheit so: »Die Technik besteht m. E. darin, Daten zu erheben, indem man sich selbst, seinen eigenen Körper, seine eigene Persönlichkeit und seine eigene soziale Situation den unvorhersehbaren Einflüssen aussetzt, die sich ergeben, wenn man sich unter eine Reihe von Leuten begibt« (Goffman 1996: 263). Betont wird hier die *anhaltende Kopräsenz* von Beobachter und Geschehen.

Ein weiteres Charakteristikum von ethnografischen Studien besteht in der Produktion von Wissen aus eigener und erster Hand. Es geht um den zeitgleichen, mit Aufzeichnungen unterstützten Mitvollzug einer lokalen Praxis. Man könnte fragen: Warum ist es überhaupt wichtig, dass auch ein Soziologe oder eine Soziologin *da gewesen* und *dabei gewesen* ist? Was ist der methodische Sinn der Gleichörtlichkeit und Gleichzeitigkeit der Datenerhebung mit der untersuchten sozialen Praxis? Drei Gründe gibt es dafür:

Der erste Grund für das Desiderat der Gleichörtlichkeit in der Ethnografie liegt in der sozialtheoretischen Annahme, dass das sozialwissenschaftlich Relevante sich nur in situativer *Präsenz* zeigt. Im Gegensatz etwa zu Meinungen oder biografischen Erlebnissen im ›Kopf‹ verortet die Ethnografie den sozialwissenschaftlichen Gegenstand in den *situierten, öffentlichen* Ausdrucksformen kultureller Ereignisse und Situationen. Soziales wird beobachtbar getan, durchgeführt, in Szene gesetzt. Das heißt: Soziale Ordnungen werden nicht nur im Vollzug hergestellt, sondern in diesem Vollzug von den Individuen füreinander dargestellt.

Der zweite Grund für die notwendige Gleichörtlichkeit von Beobachter und sozialem Geschehen wird darin gesehen, dass man nur als Anwesender in der Lage ist, die Selektionen nachzuvollziehen, die für die Teilnehmer relevant sind: Worauf soll man seine Aufmerksamkeit richten, was von dem Gesagten und Gezeigten ist denn eigentlich von Bedeutung? In dieser Hinsicht wurden in anderen Bereichen der qualitativen Sozialforschung große Hoffnungen an die Einführung des Tonbandes und der Videokamera geknüpft: Das Selektionsproblem schien durch die umfassende technische Konservierung von Bildern und Tönen zu verschwinden. Was man in der Situation nicht wahrnahm, konnte man sich in aller Ruhe und immer wieder aufs Neue ansehen. Es zeigte sich aber, dass das Selektionsproblem nicht bloß ein Problem der Speicherkapazität von Beobachtern ist: ein Problem ihrer Vergesslichkeit, ihrer subjektiven Aufmerksamkeiten und ihrer blinden Flecken. Selektivität ist vielmehr eine Eigenschaft, die jedem sozialem Geschehen eigentümlich ist, eine Leistung, die alle Situationsteilnehmer routinemäßig voneinander erwarten, und zwar: nur Bestimmtes wahrzunehmen. Was dieses jeweils ist, kann aber keine Kamera und kein Tonbandgerät entscheiden, sondern nur ein kopräsenter Beobachter, der sich selbst durch die

Situation steuern lässt. *Personale* Aufzeichnungsapparate sind also vergesslich, aber sie haben auch (anders als Computer) die *Fähigkeit* zu vergessen, aber Wichtiges zu behalten; sie haben keine standardisierbaren Eigenschaften, aber sie sind flexibel und kommunikativ; sie sind nicht unerschütterlich, aber sie haben seismografische Qualitäten und verfügen über Empathie, also Mitempfindungen, die die Aufzeichnung von Lauten oder visuellen Signalen übersteigen. Die Aufzeichnungen eines menschlichen Speichers gewinnen ihre Qualität also aus dessen fortlaufender Justierung als Ko-Teilnehmer, der allmählich lernt, was situativ von Bedeutung ist. Diese Justierungsleistungen sind umso umfangreicher, je fremder der Kontext für den Beobachter ist. Desto mehr Zeit muss er investieren, um erst einmal das Wissen zu erwerben, das notwendig ist, zu verstehen, wie und warum die Teilnehmer Selektionen innerhalb von Interaktionen vornehmen.

Grundsätzlich wird Gleichörtlichkeit des Beobachters mit dem Geschehen also durch zwei Annahmen nahe gelegt: durch die Annahme, dass Sozialität wesentlich *in Situationen* stattfindet, und durch die Annahme, dass Situations*teilnehmer* einen privilegierten Zugang zu den sozialen Relevanzen einer Situation haben, der auch das Erlernen von sozialen Kompetenzen über kulturelle Grenzen hinweg ermöglicht. Hinzu kommt nun noch ein dritter Grund für Kopräsenz, ihr zeitlicher Aspekt. Ethnografien verlangen nach *Synchronizität* der Begleitung von Sinnbildungsprozessen. Man will soziale Praxis im Vollzug und damit zeitgleich beobachten und nicht nur Erzählungen haben, in denen Teilnehmer *über* ihre Praxis berichten und sie mit ihren Interpretationen, Kommentaren etc. verschließen, verstellen und versiegeln.

Interviews, in denen solche Selbstbeschreibungen, Interpretationen, Meinungen und kognitiven Wissensbestände der Teilnehmer erhoben werden können, haben aus ethnografischer Sicht gewissermaßen zu viele Eigenschaften: Sie rufen hochspezifische kulturelle Repertoires hervor: welcher Sorte von Fremden man welche Art von Selbstdarstellungen gibt (Amann 1997). Der Vorteil der Kopräsenz besteht demgegenüber nun nicht darin, Lesern einer Studie stattdessen eine objektive Version zu bieten, die den Teilnehmer-Schilderungen aus Interviews überlegen ist. Sie besteht eher in der Kompetenz, in Kenntnis von realzeitlichen Abläufen der sozialen Praxis Teilnehmer-Schilderungen überhaupt adäquat verstehen zu können, etwa als nachträgliche Rationalisierung und Rechtfertigung, als beschönigende Darstellungen gegenüber Fremden oder als Klatschgeschichte in einem lokalen Netzwerk von Bekannten.

Mit diesen drei Begründungen der Kopräsenz kann man die Ethnografie als *synchrone Begleitung lokaler Praktiken* kennzeichnen. Dies unterscheidet sie sowohl von der klassischen Ethnografie des holistischen Verstehens fremder Kulturen als auch von anderen Verfahren der qualitativen Sozialforschung: Ethnografie ist *verstehender* als die an formalen Eigenschaften der Gesprächsmaschinerie interessierte Konversationsanalyse. Andererseits ist das ethnografische Verstehen jedoch nicht auf Personen gerichtet, so wie es die hermeneutischen Verfahren der Biografieforschung und Narrationsanalyse sind. Ethnografen betrachten den Menschen nicht als Sinnzentrum, sondern als eingebettet in soziale Situationen. Wie gesagt: Die Individuen, also die unteilbaren Einheiten, der Ethnografie sind Situationen, Szenen, Milieus und Institutionen. Ethnografie, so könnte man sagen, ist Teilhabe an der Introspektion sozialer Situationen – an ihrer Selbstbeobachtung und ihrem Selbstverständnis. Fassen wir die Grundgedanken einer Methodologie der Feldforschung zusammen:

Methodologie der Ethnografie, Schritt 1: Warum teilnehmen?

1. Mimesis: Sich den Methodenzwängen des Gegenstands *aussetzen*.
2. Gleichörtlichkeit (1): Sozialität in ihrer lokalen Situiertheit *aufsuchen*.
3. Gleichörtlichkeit (2): Sich von situativen Teilnehmerrelevanzen *steuern lassen*.
4. Gleichzeitigkeit: Sinnbildungsprozesse synchron *begleiten*.

Diese empiristischen Maximen bezeichnen aber nur den ersten Schritt der Methodologie ethnografischer Studien, und zwar die Notwendigkeit dauerhafter Annäherungen an das Feld. Das extensive Dabei-Sein und die gewünschten Vermischungen eines auf Teilnahme basierenden Verstehens (*going native*) sind aber nur eine Seite der ambivalenten sozialen Form der *teilnehmenden Beobachtung*. Sie sind nur der erste von zwei notwendigen Schritten der Forschung. Der zweite Schritt sind jene Distanzierungen (*coming home*), mit denen man sich von den Erfahrungen eines Teilnehmers wieder freimacht, um seiner eigenen Subkultur – den Sozialwissenschaften und den Sozialforschern – analytisch interessante Schilderungen geben zu können.

Bleibt dieser zweite Schritt aus, so droht eine Studie ganz in der Teilnahme aufzugehen, auf Kosten der Beobachtung. Dann ist ein Ethnograf seiner Disziplin verloren gegangen. Das kann verschiedene Formen annehmen: In der Ethnologie war es die Auswanderung in eine beforschte Ethnie; in der Soziologie kann es der Berufswechsel in eine beobachtete Profession sein oder einfach das uninteressante Verharren bei einer Beschreibung von Erlebnissen aus einer ungebrochenen Teilnehmerperspektive. Diese wird dann nur durch die Sozialwissenschaftlerin verdoppelt. Mit anderen Worten: Ethnografen müssen zwar ›mitspielen‹, aber sie müssen im (öffentlichen) Spiel des Untersuchungsfeldes auch noch ein eigenes strategisches Spiel der Wissenserzeugung betreiben. Der partiellen Feldsozialisation stehen schon während der Datengewinnung *Distanzierungsschritte* gegenüber, die wir insbesondere in der ethnografischen Schreibpraxis verankert sehen. Diese schreibende Distanzierung *methodisiert* das Erfahrung-Machen: An die Stelle dichten Erlebens setzen sie sich selbst organisierende Erfahrungen und Reflexionen.

Generell entwickelt sich ethnografische Erfahrung zu einer methodisierten Erfahrung durch eine parasitäre Grundhaltung gegenüber dem Feld und seinen Akteuren. Die laufende Notierung des am eigenen Leib Erfahrenen macht die Lebenswirklichkeit der Teilnehmer zum *Material* einer soziologischen Analyse. Wie ist eine solche

objektivierende Haltung zu realisieren? Es braucht dafür vier Distanzierungsmaß-
nahmen: Die erste ist eine disziplinäre Sozialisation, die Beobachtungskompetenzen
im weitesten Sinne herausbildet. Eine keineswegs triviale Bedingung für Ethnografie
sind also ausgebildete Sozialwissenschaftlerinnen. Solche Personen wurden durch ein
Studium darauf spezialisiert, sich mit begrifflichen oder empirischen Mitteln reflexiv
von gelebter Praxis zu distanzieren. Je gefestigter die disziplinäre Identität ist, um so
eher kann man sich auch den Irritationen aussetzen, die die Relevanzen anderer Felder mit sich bringen, diese Relevanzen zu erkennen, aber nicht zu übernehmen. Eine
gefestigte professionelle Identität beispielsweise als Soziologin erlaubt Ethnografen
auch in Feldern mit mächtigen Selbstbeschreibungen, hohem Konversionssog oder
starken Vereinahmungstendenzen einen kühlen sozialwissenschaftlichen Relativis-
mus aufrechtzuerhalten.

Die zweite Distanzierungsmaßnahme ist die Etablierung einer für das Feld akzep-
tablen Beobachterrolle, die von Handlungszwängen entlastet und dadurch freistellt
für Beobachtung, Selbstbeobachtung und Aufzeichnung. Eben dies muss der Feldzugang leisten. Die Akzeptanz für so eine minimale Beteiligung und die Spezialisierung
aufs Registrieren unterscheidet die ethnografische Erfahrung sowohl von der Alltagserfahrung der Bewohner des Feldes als auch von anderen Fremden im Feld. Sie stiftet
eine Beobachtungslizenz, eine Enthemmung des Sehsinnes. Zu dieser sozialen Entlastung kann dann noch eine Entlastung durch technische Medien kommen, die wiederum der Protokolltätigkeit und dem Erwerben von Teilnahmekompetenzen zugute-
kommt. Diese Freistellung zur Beobachtung ist auch deshalb wichtig, weil die
Führung durch die Relevanzen des Feldes die Ethnografin natürlich nicht automa-
tisch zu den richtigen Fragen führt. Sie muss erkennen können, was das Feld nahelegt,
um ihre Entscheidungen (zum Beispiel über Informantenauswahl und Datentypen)
darauf abstimmen zu können.[16]

Die dritte Distanzierungsmaßnahme ist eine permanente Verschriftlichung. Ethnografen sind extensive Schreiber und produzieren kontinuierlich Texte. Das
Schreiben ist für die Ethnografie wie oben dargestellt so grundlegend, weil schon
die Datengewinnung im Fall von Beobachtungen wesentlich aus Schreibakten
besteht: Beobachten ist nicht bloß ein Wahrnehmungsprozess, sondern, wenn es um
die *Anschlussfähigkeit* weiterer Operationen geht, vor allem ein Schreibprozess. Beobachtungen werden nicht einfach als Erlebnisakkumulationen sozialwissenschaftlich
relevant, sondern eben als *Protokolle*, die weiterverarbeitet werden. Beobachtung ohne
schriftliche Fixierung sind für wissenschaftliches Wissen nur private Erlebnisse, es ist,
als hätten sie nicht stattgefunden. Erst das Aufschreiben macht aus dem Wahrgenommenen und Erfahrenen überhaupt erst relevantes Material, das sich von der erlebten

---

16   Der Aushandlung von Beobachterrollen, die die aktive Teilnahme reduzieren, sind immer dort Gren-
     zen gesetzt, in denen Organisationen oder Institutionen solche Beobachter gar nicht vorsehen, son-
     dern nur aktives Personal rekrutieren, etwa als Praktikant. Wir gehen hierauf weiter unten ein.

Situation ablösen lässt. Darüber hinaus erlaubt das Schreiben dem Autor vielfältige Bearbeitungsformen: Man kann Protokolle sammeln, montieren, sortieren, reformulieren, ergänzen, auszählen und löschen.

Die vierte Bedingung methodisierter Erfahrung ist schließlich ihre reflexive analytische Durchdringung. Dies beginnt wie gesagt schon mit der Verschriftlichung im Feld, es wird aber beträchtlich gesteigert durch spätere Analysen des Datenkorpus. Ganz konkret beruht die reflexive Durchdringung eigener Erfahrungen auf rhythmischen Unterbrechungen der Präsenz im Forschungsfeld durch Phasen des Rückzugs zum universitären Arbeitsplatz und Kollegenkreis: Dem *going native* ist ein *coming home* entgegenzusetzen. Dieses kann auch dem ausgeprägten Individualismus der Datengewinnung einen Kollektivierungsprozess entgegenstellen. Vertraut Gewordenes wird erneut einer befremdenden Betrachtung durch Dritte ausgesetzt. Die Kolleginnen konfrontieren den Ethnografen mit seinem durch die Relevanzen des Feldes geprägten Blick und wollen beispielsweise wissen: Wie genau ist dieser Vorgang im Feld beschaffen? Wer nimmt eigentlich daran teil? Was ist der Sinn dieser merkwürdigen Praktiken? Welche Vergleiche mit anderen Feldern drängen sich auf? Wie kann man ein kulturelles Muster theoretisch auf den Punkt bringen? Die disziplinäre Kommunikation liefert also Fragen und stellt begriffliche Verfremdungsmittel bereit, die im Untersuchungsfeld als Optik weiterer Beobachtungen eingesetzt werden können. Sie sorgt dafür, die persönliche Befremdung kontinuierlich zu erneuern, dafür dass man sich – nachdem man etwas verstanden hat – noch mehr wundert. Man kann dies auch als die empirische Disziplin des Befremdens bezeichnen. Fassen wir auch diese vier Erfordernisse einer Methodologie der Ethnografie zusammen:

Methodologie der Ethnografie, Schritt 2: Wie distanzieren?

1. Disziplinäre Sozialisation: Beobachtungskompetenz *erwerben*.
2. Beobachtungslizenz im Feld: zur Aufzeichnung *entlasten*.
3. Laufende Verschriftlichung: Erfahrungen in Daten *transformieren*.
4. Rückzüge vom Feld: analytisch *disziplinieren*.

Mit diesen beiden Schritten haben wir ein Grundprinzip ethnografischer Forschung beschrieben, das zugleich die weitere Struktur dieses Buches begründet. Es wird nämlich nach zwei Kapiteln zur Annäherung an das Feld die Distanzierung vom Feld im Detail beschrieben.

2.   Die Herstellung des Feldes

Soviel zur Geschichte der Ethnografie, zu ihren zentralen Merkmalen und zur methodologischen Begründung der Feldforschung. Aber wie geht man nun ganz konkret vor? Dazu gilt es zunächst zu verstehen, was ein »Feld« ist und in welcher zeitlichen Abfolge ein ethnografisches Forschungsprojekt abläuft. Betrachten wir aber als Kontrastfolie zuvor einmal kurz das in der standardisierten Sozialforschung gebräuchliche Forschungsdesign. Eine standardisierte Erhebung bestimmt ihren Untersuchungsgegenstand, indem sie aus einer Grundgesamtheit (etwa einer Bevölkerung), über die sie Aussagen treffen möchte, eine repräsentative Stichprobe zieht, über die sie Daten erhebt. Dies geschieht in acht aufeinander folgenden Schritten, die als ein Hypothesentest angelegt sind: Zuerst werden aus theoretischen Annahmen eine allgemeine Fragestellung (1) und aus jener spezifische Hypothesen über einen Zusammenhang von Variablen abgeleitet (2). Dann werden die verwendeten Begriffe definiert und operationalisiert (3) und ein Erhebungsinstrument (meist ein Fragebogen) konstruiert (4). Anschließend folgen die Datenerhebung (5), die Datenanalyse (6), die Interpretation der Ergebnisse (7) und die Publikation (8). Im Gegensatz zu diesem *linearen* Forschungsdesign arbeiten Ethnografien – wie viele andere qualitative Ansätze – mit einem *rekursiven* Design, das man sich am besten als Spirale vorstellt. Daher sprechen manche Autoren von einem zirkulären Ablauf der ethnografischen Forschung (Spradley 1980: 29), die dem hermeneutischen Zirkel nicht unähnlich ist.

Zwei Merkmale sind für diesen Aufbau ethnografischer Forschung entscheidend: Erstens wechseln sich Datengewinnung und Datenanalyse mehrfach ab: Die Analyseergebnisse werden unmittelbar in eine zweite und dritte Runde der Materialgewinnung eingespeist, so dass der Zyklus von neuem beginnt. Dies bedeutet, dass die Ethnografin mit veränderten Fragestellungen und einer veränderten Sicht der Dinge in das Feld zurückkehrt und weitere Daten generiert. Dieser Wechsel von Datengenerierung und Datenanalyse wird – abhängig vom Forschungsdesign – einige Male wiederholt. Diese sich fortschreibende Analyse des ethnografischen Materials führt dazu, dass Ethnografen ihre Forschungsfragen spezifizieren, Feldzugänge vertiefen und die Datengenerierung optimieren (können). Zweitens findet sich anstelle von anfänglichen Festlegungen zunächst eine große Offenheit des Fragens, die erst im Verlauf des Forschungsprozesses durch den Kontakt mit dem Gegenstand eine Richtung bekommt. Der Blickwinkel wird fortschreitend zugespitzt, der Fokus zugezogen, die Selektivität gesteigert: wie man seine Forschungsfrage genau stellen soll, welche Datentypen dabei weiterhelfen, welche Informanten man braucht oder welche begrifflichen Werkzeuge etwas taugen und welche nicht. Rekursives Design meint also, dass verschiedene Schritte der ethnografischen Forschung wiederholt auf sich selbst angewandt werden und dass diese Selbstanwendung den ethnografischen Forschungs- und Erkenntnisprozess anleitet.

Abb. 2: Zyklische Fokussierung der ethnografischen Forschung

Anstelle von Verfahren, mit denen man einer kleinen Stichprobe Aussagen abgewinnt, die eine große Gesamtheit möglichst repräsentativ beschreiben, hat man es bei solchen evolutiven Designs mit Studien zu tun, die einen oder mehrere Einzelfälle einkreisen und detailliert analysieren. Diese Fälle können Personen sein wie in der Biografieforschung, der Fall der Ethnografie ist das Feld.

2.1   Fallauswahl und Feldzuschnitt

Bei der Entwicklung von Forschungsfragen gilt wie für alle qualitative Forschung eine dialektische Beziehung zwischen Theorie und Fallauswahl. Diese bestimmen sich wechselseitig. Einerseits kann ein bestimmtes theoretisches Problem die Auswahl von Fällen wesentlich steuern. Man fragt dann danach, welcher Fall forschungsstrategisch günstig für dieses Problem ist. Und die erste Aufgabe der Forschung besteht in der ständigen Reformulierung der Forschungsfrage: ihrer empirischen Anpassung an das Feld, ihrer theoretischen Modifikation aufgrund der Felderfahrung oder auch der Wechsel der Frage oder des Feldes, um nicht eine Fragestellung am falschen Fall zu studieren. Andererseits kann am Beginn eine günstige Forschungsgelegenheit stehen – das ist in der Ethnografie der Zugang zu einem Feld. Dann gehört zu den ersten

Aufgaben der Forschung das Herausfinden interessanter Fragen. Was ist das theoretische Problem, für dessen Lösung dieser Fall forschungsstrategisch günstig ist? Und wie kriegt man diese Frage so treffend gestellt, dass sie den Fall auch ›zu fassen kriegt‹ und nicht an ihm vorbeifragt? Für beide Einstiege in die Forschung gilt ein Diktum von Robert Merton (1959: 31): Es ist schwieriger die richtigen Fragen zu *finden,* als sie zu beantworten. Charakteristisch für die Fragestellungen der Ethnografie ist daher ihre anfängliche Nicht-Festgelegtheit und Offenheit. Anselm Strauss (1998: 50) spricht von »generativen Fragen«, die der Forschung »sinnvolle Richtungen« geben, sie zur Erhebung bestimmter Datentypen und zu fruchtbaren Vergleichen führen.

Zur Anlage einer Studie gehört ferner der *Zuschnitt des Feldes.* Der Feldbegriff suggeriert eine natürlich gegebene Einheit des untersuchten Gegenstands: Die Grenzen sind von den Teilnehmern bereits gezogen. Das ist auch bei vielen Gegenständen der klassischen Ethnografie der Fall: die Gemeinschaften der Ethnologie, die Stadtviertel der *Chicago School*-Studien oder die Szenen subkultureller Milieus. All diese Untersuchungseinheiten verfügen über relativ stabile Grenzen, die von ihren Bewohnern gesetzt sind. Sie bieten den Prototyp ethnografischer Felder: eine zentrale Lokalität. Auch bei diesen Feldern stellte sich aber heraus, dass ein naturalistischer Feldbegriff von der faktischen Vernetzung von Dörfern, Stadtvierteln oder ethnischen Gruppen absah. Ein Beispiel zur Verdeutlichung dieses Arguments: Auf den ersten Blick scheint der Schulunterricht als institutionell vorgesehene Einheit selbst das Feld und seine Grenze zu definieren – das Geschehen im Klassenraum im Zeittakt der Schule. Mit den Ereignissen, die sich im Klassenraum beobachten, hat sich die ethnografische Forschung intensiv beschäftigt. Sie hat aber auch den Blick auf solche schulischen Situationen gelenkt, die jenseits des Klassenraumes stattfinden und Schule als Schule ausmachen, wie etwa Zeugniskonferenzen, schulische Rituale, Arbeitsgemeinschaften usw. (hierzu etwa Breidenstein 2006; Kalthoff 1997a; Verkuyten 2000; Wiesemann 2000). Die Institution Schule wird dann als ein »Cluster« sozialer Situationen gesehen (Spradley 1980: 42 f.), die das Feld differenziert erscheinen lassen: zur gleichen Zeit finden an verschiedenen Plätzen der Schule unterschiedliche Aktivitäten mit anderen Personen, Texten und Artefakten statt. Wie das Feld und seine Grenze definiert werden, hängt also weniger von den institutionellen Vorgaben ab, als vielmehr von den Fragestellungen und dem Erkenntnisinteresse ethnografischer Forscher.

Fredrik Barth (1969) etwa argumentierte für den Fall ethnischer Gruppen, dass sich deren Identitäten vor allem dort bilden, wo Grenzen zu anderen praktisch relevant werden. Ethnische Gruppen können daher nicht angemessen verstanden werden, wenn man deren relevante Andere nicht mit in die Analyse einschließt. Auch subkulturelle Szenen – etwa die des HipHop – konstituieren sich gerade in Abgrenzungen und damit in Relationen zu einer Mehrheitskultur, zu benachbarten Szenen, zu historischen Vorläufern, die sie als antiquiert hinter sich lassen wollen. Szenen oder ethnische Gruppen als relativ geschlossene Einheiten zu betrachten, verlangt also bereits eine konstruktive Beteiligung des ethnografischen Blicks.

Bei Organisationen oder Berufsfeldern ist das Feld schon *von sich aus* anders zugeschnitten als bei Dorfgemeinschaften, weil ihre Angehörigen keine sesshaften Bewohner sind. Sie verlassen selbst regelmäßig das Feld, weil es nur einen begrenzten Ausschnitt ihrer Lebenswelt darstellt. Wenn man also wie Siegfried Kracauer in den
1920er Jahren eine Ethnografie der Angestelltenkultur macht, dann muss man auch
das Freizeitverhalten dieser damals neuen Klasse studieren, ihre Konsumgewohnhei-
ten und privaten Lebensstile – jedenfalls dann, wenn man die Ethnografie einer
Lebenswelt anstrebt (Kracauer 1971). Interessiert man sich dagegen für das neue
Tätigkeitsfeld der Angestellten in Berufsorganisationen, muss man die Studie anders
fokussieren, und zwar als *workplace study* (Knoblauch/Heath 1999).

Andere Ethnografien sind als ein gezielter Vergleich von zwei Feldern angelegt. Das
können Subkulturen sein – etwa die Szenen von Jazz- und Rockmusikern – oder es
können Berufsfelder sein, auch wissenschaftliche Disziplinen. Karin Knorr Cetina
(2002) spricht in ihrer vergleichenden Studie über Teilchenphysiker und Molekular-
biologen von zwei »epistemischen Kulturen«. Ein verwandtes Design verfolgt Objekte
über mehrere Stationen, zum Beispiel bestimmte Personen durch ein behördliches Verfahren. Ein Beispiel für eine solche Studie ist die Ethnografie des deutschen Asylver-
fahrens von Thomas Scheffer (2001). Sie verfolgt das Prozessieren von Asylbewerbern
von ihrem Aufgreifen an der Grenze über Sammelstellen und Heime, die Anhörung
und weitere Rechtsinstanzen bis hin zum Abschiebeflughafen. Ein weiteres Beispiel ist
Stefan Hirschauers (1993) Studie zur »Konstruktion der Transsexualität«: Die Studie
folgt transsexuellen Personen durch die verschiedenen Stationen ihrer Geschlechtsum-
wandlung, wie Psychotherapie, Endokrinologie, Chirurgie und Rechtswissenschaft.
Andere Studien schließen auf andere Weise an die Mobilität von Personen an: zum
Beispiel an die Mobilität so genannter transnationaler Migranten, die wegen ihrer
dichten sozialen Netzwerke gewissermaßen zugleich in New York und in Mexiko City
leben (Pries 1996). Oder an die Mobilität von Managern, die ständig zwischen welt-
weiten Filialen zirkulieren (Frohnen 2005), so dass in ihrem Arbeitsalltag das Flugzeug
so eingebaut erscheint wie der Fahrstuhl im Arbeitsleben von Angestellten. Wiederum
andere Studien folgen nicht Personen, sondern Artefakten oder Texten durch die verschiedenen Stadien ihrer Herstellung und Verwendung. So zeigt Herbert Kalthoff
(2005) wie Daten im Netz internationaler Banken zirkulieren und von verschiedenen
Bankabteilungen bearbeitet, gedeutet, korrigiert und erneut in Umlauf gebracht werden. Helga Kelle u. a. (2010) vergleichen die diagnostische Praxis von Kindervorsorge-
untersuchungen mit derjenigen aus Schuleingangsuntersuchungen.

An dieser Stelle greifen wir noch einmal das Schulbeispiel auf: Eine Ethnografin,
die sich bislang auf das Geschehen im Unterricht konzentrierte, wundert sich über
didaktische Artefakte im Unterricht. Sie beginnt Fragen zu stellen und sich auf die
Suche nach der Herkunft dieser Artefakte zu machen. Sie forscht über schulischen
Unterricht, hat aber die Institution Schule verlassen und beobachtet nun die Herstellung und das Marketing dieser Artefakte (etwa Experimentierkästen) in der Lehr- und

Lernmittelindustrie. Oder sie beginnt (sich) zu fragen, wie der Lernstoff, dessen mündliche Bearbeitung sie im Unterrichtet beobachtet, entwickelt, operationalisiert und für die Klassenstufen festgelegt wird. Auch in diesem Fall verlässt sie die Schule, um über Schule an anderen Orten zu forschen: Sie begibt sich etwa in die Kultusbürokratie einzelner Bundesländer, in die Kultusministerkonferenz und sie beobachtet auch wissenschaftliche Disziplinen (etwa Fachdidaktiken) und ihren Beitrag zu den curricularen Standards.

Wichtig ist, wie schon oben ausgeführt, die Entdeckung solcher Fragen aus der Empirie heraus; Neugier und theoretisches Wissen sind hierzu ebenso wichtig wie eine detaillierte Analyse des empirischen Materials, auf die wir noch eingehen werden. Man spricht bei solchen Studien von *multilokaler, translokaler* oder *multi-sited* Ethnografie (Marcus 1995) oder von einem *network of social situations* (Spradley 1980: 43 ff.; H.i.O.). Sie verschieben ihren Fokus mit den Bewegungen bestimmter Akteure. Die Zeit der teilnehmenden Beobachtung wird dann anders investiert als bei Ethnografien, die einen Ort fokussieren.

Wie das Feld jeweils konzipiert ist, ist also zum einen von der Fragestellung abhängig, zum anderen davon, wie stark es selbst durch Sesshaftigkeit oder Mobilität bestimmt ist. Wenn sich Manager internationaler Konzerne oder Diplomaten (inter-)nationaler Administrationen wie Nomaden verhalten, wird man ihnen folgen müssen; wenn aber Chirurgen 16 Stunden eines Tages im gleichen OP verharren oder Programmierer täglich stundenlang an einer neuen Software tüfteln, dann muss man sich für diesen Arbeitsalltag interessieren und (auch mal) mit den Teilnehmern ausharren müssen. Im Feld zu sein, bedeutet also sehr Unterschiedliches: Es kann erstens bedeuten, sich auf eine soziale Situation zu konzentrieren, die an einem spezifischen Platz innerhalb einer Organisation oder eines Settings stattfindet (etwa Devisenhändler im *trading room*); es kann zweitens bedeuten, den Teilnehmern innerhalb einer Organisation oder eines Settings zu folgen und an verschiedene Plätze zu gehen (etwa zu Schülern und Lehrern in der Schule: Unterricht, Theater-AG, Lehrerzimmer, SMV); es kann drittens bedeuten, dass das Feld nicht mehr mit einer Lokalität identifiziert ist, sondern einen Praxis-Zusammenhang bildet, der in seiner geographischen Streuung an spezifischen Orten stattfindet (Nieswand 2011). Auch hier folgt man den Teilnehmern, aber über die Grenzen von Organisationen oder Orten hinweg.

Neben dem Zuschnitt des Feldes sind eine Vielzahl von weiteren Entscheidungen[17] zu treffen: Jedes Feld bietet eine unerschöpfliche Vielzahl von Beschreibungsmöglichkeiten. Was soll wann beobachtet werden? Mit wem soll gesprochen und was

---

17 Über die Entscheidungen in seiner empirischen Forschung schreibt Bourdieu (1992: 39): »Denn natürlich haben sich die Entscheidungen [...] nicht in vollkommener wissenschaftstheoretischer Transparenz oder völliger theoretischer Klarheit vollzogen. Wer das Gegenteil glaubt oder behauptet, hat nie empirische Forschung betrieben.« Dies gilt – so meinen wir – auch für den ethnografischen Forschungsprozess.

soll wie aufgezeichnet werden? Charakteristisch für Ethnografien ist, dass sich diese Entscheidungen nicht zu Beginn einer Studie im Sinne eines detaillierten Forschungsplans treffen lassen, sondern dass sie während des Feldaufenthaltes getroffen werden müssen. Mit anderen Worten: Sinnvolle Beobachtungseinheiten, Informantenauswahl und Datentypen können nur zum Teil geplant werden und müssen in Anpassung an die Eigenschaften des Feldes erst herausgefunden werden. Dafür braucht es zunächst den Zugang, den das Feld gewährt (oder nicht), sowie Zeit, sich im Feld zu orientieren.

2.2   Der Zugang

Das Problem des Zugangs steht ganz im Vordergrund bei der Aushandlung im Vorfeld einer Untersuchung oder in den ersten Tagen des Feldaufenthalts. Ethnografen sind dann primär mit dem Zugang beschäftigt: mit Briefeschreiben, Telefonieren, Leute kennenlernen. Den Zugang zum Feld zu verschaffen, ist eine Anforderung, die den gesamten Forschungsprozess begleitet. Hierbei geht es um die Sicherung und Gestaltung eines sozialen Kontextes, in dem die Forschung überhaupt stattfinden kann. So ist die Frage des Feldzugangs eine Frage, wie der Beobachter, der »vom Standpunkt der Gruppe aus, welcher er sich nähert […] ein Mensch ohne Geschichte« (Schütz 1972: 60) ist, in den Augen der Teilnehmer in dieser Anfangsphase der Forschung plausibel wird, d.h. an die institutionelle Geschichte oder den feldspezifischen Rahmen anknüpfen kann. Wie in der Kreditwirtschaft geht es um die Erzeugung von Kreditwürdigkeit sowie darum, einen Wechsel auf die Vertrauenswürdigkeit in die Zukunft zu ziehen.

Zunächst, bei der Kontaktaufnahme, ist Zugang zu bekommen eine Frage der Akzeptanz des Eintritts in ein Feld. Für die ethnologischen Forschungen klassischen Zuschnitts ist der Feldzugang mit weiten Reisen zum Feld verbunden. Aber der Zugang ist nicht bloß eine physische, er ist eine soziale Angelegenheit und als solche bildete er einen Moment in einem asymmetrischen Kulturkontakt, der sich in der Geschichte der Ethnologie lange im Kontext des Kolonialismus ereignete. Dabei stand eine Schriftkultur einer oralen Kultur gegenüber, die deren Textprodukte niemals lesen konnte.[18] Im Gegensatz dazu wandte man sich in *soziologischen* Ethnografien schon früh auch Feldern zu, die von mächtigen Gruppen bewohnt sind, etwa von Naturwissenschaftlern, Unternehmensleitungen oder Chefärzten – Leuten also, die den Zugang zu ihren Bereichen sehr gut kontrollieren können und wollen. Ja, schwere

---

18   Eine klassische ethnologische Zugangsgeschichte, die in Abgrenzung vom Kolonialismus als freundschaftliche Annäherung auftritt, ist diejenige, die Clifford Geertz in seiner Studie über den balinesischen Hahnenkampf erzählt (Geertz 1987: 202 ff.; kritisch hierzu Wolff 1992).

Erreichbarkeit gehört geradezu zum sozialen Status von Eliten und das Management ihrer Unzugänglichkeit zur Aufrechterhaltung dieses Status.

Organisationen verfügen über eine breite Palette von Praktiken, um sich neugierige Dritte vom Hals zu halten, um Informationen über sich selbst zu erzeugen, und deren Verwendung zu kontrollieren. Mitunter findet sich in Organisationen auch bereits sozialwissenschaftlich vorgebildetes Personal. Das kann zu freundlichem Entgegenkommen führen, aber auch zu einer hochkompetenten Abwehr von Zugangsversuchen – im Extremfall unter Hinweis darauf, dass die Forscher angeblich Forschungsstandards nicht gerecht würden. Als Standardrepertoire von Abwehrreaktionen listen Thomas Lau und Stephan Wolff (1983) die Folgenden auf:

- *Hochzonen*: Das Ansinnen wird zunächst mal einer höheren Stelle mit Bitte um Prüfung vorlegt;
- *Nachfragen*: Man veranlasst die Forscher zu immer neuen Darstellungen ihres Forschungsziels und Vorgehens;
- *Abwarten*: Man lässt die Anfrage liegen, weil sich erfahrungsgemäß viele Anfragen von selbst erledigen;
- *Zuweisen*: Man akzeptiert die Forschung grundsätzlich, sieht aber Untersuchungsgelegenheiten und Datentypen vor, die ursprünglich nicht vorgesehen waren, aber vom Organisationsstandpunkt günstiger erscheinen;
- *Eingemeinden*: Man macht das Projekt zur eigenen Sache, versucht den Forscher mit einem indirekten Auftrag auszustatten oder ihn als Bündnispartner in organisationsinterne oder -externe Auseinandersetzungen einzubinden.

Diese Widerstände gegen das Beforscht-Werden sollten nicht verwundern, sie sind eher eine Herausforderung. Für den Zugang zu Organisationen braucht es zunächst eine Reihe von Informationen, die man ihren öffentlichen Selbstzeugnissen entnimmt, etwa die Organisationsstruktur: Soll man über die oberen Etagen des Managements oder über die PR-Abteilung Zugang suchen, über die Gewerkschaften oder die Arbeitgeber, über die Zentralverwaltung oder die lokale Leitung? Wessen Zustimmung zählt? Besonders problematisch ist der Zugang, wenn eine Organisation über verschiedene Machtzentren verfügt, womöglich solche, die sich wechselseitig bekriegen, so dass für die Durchführung einer Studie die Zustimmung einer unwahrscheinlichen Koalition von Gegnern nötig wäre. Der Feldzugang kann auch in bestimmten Phasen erschwert sein, etwa wenn eine Organisation gerade das Management gewechselt hat, einen Skandal hinter sich hat oder vor nicht allzu langer Zeit schon sozialwissenschaftliche Kollegen im Hause waren.

Nach dieser Recherche von Zugangsstellen geht es um verschiedene Formen des Antichambrierens: das Formulieren von Briefen, die das Projekt vorstellen, Interesse wecken, Sorgen dämpfen und ein Bild der Ethnografin entwerfen, das Vertrauen erweckt. Dabei sollte der Ungewöhnlichkeit des ethnografischen Anliegens die Struktur der schriftlichen Darstellung im Brief entsprechen: Präsentation und Plausibilisierung des Forschungsprojektes, der empirischen Methode und der Person des For-schers: Man spricht etwa von »stiller Begleitung« (Scheffer 2001) und nicht von Beobachtungsmethode; man betont, dass es um ein Verstehen der Praxis geht, für die man sich interessiert, und man sichert Anonymisierung zu. Solche Briefe sollen anschließende Telefonate oder persönliche Gespräche ermöglichen und vorbereiten. In anderen Fällen können aber andere Kontaktformen besser sein: Bei Feldforschun-gen über deviante Gruppen (etwa Kleinkriminelle oder Drogendealer) oder margina-lisierte Gruppen (zum Beispiel stigmatisierte Ethnien oder ›papierlose‹ Migranten) können offizielle Einstiege, etwa über Sozialarbeiter oder Bewährungshelfer, den Feldzugang leicht verbauen und es müssen andere Wege gefunden werden, Vertrauen und Kontakte zu schaffen.[19] In jedem Fall wird es lohnen, auf Zeit zu spielen: Dadurch, dass die Ethnografin immer wieder an Treffpunkten auftaucht und sich nicht so leicht abwimmeln lässt, setzt oft ein Gewöhnungsprozess ein, der mittelfristig meist Zugänge ermöglicht.

Leichter ist der erste Feldzugang, wenn er sich über persönliche Beziehungen abwi-ckeln lässt. Dies kann sehr vermittelt geschehen: Ein Bekannter, Freund oder Ver-wandter kennt jemanden, der weiß, wen man in einer Organisation anzusprechen hat, ohne sofort abgewimmelt zu werden. Noch einfacher ist der Zugang schließlich, wenn man selbst in einer Organisation beschäftigt ist. Dann braucht man nur noch die Zustimmung der schon bekannten eigenen Kollegen. In den meisten Fällen aber sind Ethnografen auf spezifische Personen angewiesen, die ein Feld öffnen können: sogenannte *Gatekeeper*, wörtlich Türsteher. Gatekeeper sind Schlüsselpersonal einer Einrichtung, von denen Ethnografen (offizielle) Erlaubnisse zum Aufenthalt erhalten oder verweigert bekommen können. Oft reichen die Informationen über die formale Organisationsstruktur nicht aus, um zu wissen, wer wirklich über diese Autorität ver-fügt und es gehört bereits zu den ersten Daten, dies allmählich in Erfahrung zu brin-gen. Die Schwierigkeit besteht also darin, schon einiges über ein Feld wissen zu müs-sen, bevor man an das Feld herantritt, um den Zugang auszuhandeln.

Umgekehrt haben Gatekeeper in der Regel schon ein bestimmtes Image des Eth-nografen, bevor ein Kontakt zustande kommt. Sie können ihm zum Beispiel den Status eines Experten zuschreiben, der Lösungen für ihre Probleme bereithält. Das kann in Führungsetagen Türen öffnen, diese in anderen dagegen rigoros verschließen. Ein mit dem Experten verwandtes Image ist das des Kritikers (Hammersley/Atkinson 2007: 60). Es ist leider eng mit dem Image der Sozialwissenschaften verbunden und für die Aushandlung des Feldzugangs fast immer fatal. Ethnografen werden also mit einem Bild von Wissenschaft konfrontiert, das man ihnen unterstellt und an dem sie

---

19   In einige Fällen haben Ethnografen Normenverstöße, Ordnungswidrigkeiten oder harmlosere Geset-zesverstöße im Beisein der Feldteilnehmer begangen (etwa das Rauchen von Marihuana), um sich von den Ordnungshütern im Umfeld dieser Gruppen abzugrenzen. Damit demonstrierten sie, dass man ihnen vertrauen kann, weil sie selbst gegen die öffentliche Ordnung verstoßen.

gemessen werden. Dies kann etwa durch Bedenken gegenüber der Methode zum Ausdruck kommen, wenn die Teilnehmer sich fragen, wie aus Beobachtungen, Eindrücken und Erlebnissen eine wissenschaftliche Analyse entstehen kann. Daraus folgt: Nicht nur der Ethnograf macht sich ein Bild von ›seinem‹ Feld, sondern auch die Teilnehmer reflektieren den Forschungsprozess.

Als ein Durchbruch beim Feldzugang erscheint oft, wenn man eine explizite Einladung zu einem Gespräch oder zur Forschung durch einen Gatekeeper bekommt. Dann aber tauchen andere Probleme auf, die aus der Auftragsforschung bekannt sind: nämlich Distanz von entsprechenden Erwartungen der Gatekeeper zu gewinnen: etwa praktisch nützliche Ergebnisse zu liefern, die Sicht des Auftraggebers zu teilen und gegen andere Sichtweisen zu verteidigen. Gatekeeper haben in der Regel spezifische Interessen an einer ethnografischen Studie: Wenn sie sagen »wir haben nichts zu verbergen«, soll die Arbeit einer Organisation doch in möglichst vorteilhaftem Licht geschildert werden. Dafür können Gatekeeper entweder den Feldzugang strategisch beschränken und bestimmte Fragerichtungen abblocken, oder sie können die Ethnografin freundlich auf bestimmte Pfade führen, etwa indem sie empfehlen, zu welchen Zeitpunkten es wirklich »was zu sehen« gibt. Solche Versuche, die ethnografische Aufmerksamkeit zu steuern, können interessante Hinweise darauf liefern, welche sensitiven Beobachtungsgegenstände ein Feld enthält. Bleiben sie als Steuerungsversuche unbemerkt, können sie aber auch methodische Artefakte erzeugen: Wenn zum Beispiel Lehrpersonen bereit sind, den Unterricht mit einer Klasse beobachten zu lassen, zu der sie eine pädagogische Beziehung etabliert haben, so kann das dazu führen, die Stabilität von Lehrer/Schüler-Interaktionen zu überschätzen, da genau diejenigen Aushandlungsprozesse und Missverständnisse unbeobachtet bleiben, die in neuen Schulklassen auftauchen können (Hammersley/Atkinson 2007: 52).

Neben den Gatekeepern ist noch eine zweite Sorte von Personen für den Feldzugang wichtig: die *Sponsoren* oder auch Schlüsselinformanten. Das sind Förderer eines Forschungsprojekts, die aus den unterschiedlichsten Interessen heraus mit dem Forschungsinteresse des Ethnografen sympathisieren und ihm nicht nur exquisite Insiderinformationen zur Verfügung stellen, sondern auch ihre sozialen Beziehungen, die den Ethnografen weiter ins Feld hineinführen. Das Feld erschließt sich also über ihre sozialen Beziehungen.[20]

Eine weitere Gruppe sind *Patrone*, die eventuell nicht (mehr) direkt am Geschehen des Feldes teilnehmen, die aber das Vertrauen und die Achtung der Feldteilnehmer besitzen. Wenn wichtige Patrone Ethnografen empfehlen und damit auch für ihre Vertrauenswürdigkeit bürgen, kann dies viele Türen öffnen. Mit anderen Worten:

---

20 Der wohl bekannteste Sponsor in der Geschichte der Ethnografie ist Doc, ein Mitglied der Bande von Jugendlichen in William Foot Whytes Studie über die »Street Corner Society« (Whyte 1967). Ohne die Freundschaft zu Doc wäre es Whyte unmöglich gewesen, in die Clique aufgenommen und in ihre Codes eingeweiht zu werden.

Immer dort, wo eine Organisation oder Institution den Zugang (sehr) stark kontrolliert (wie etwa Eliteschulen oder internationale Großbanken) bietet es sich an, solche *Patrone* zu finden, die durch ihre Empfehlung ihr symbolisches Kapital temporär auf den anfragenden Ethnografen zu übertragen bereit sind; dies können beispielsweise ehemalige Schüler einer Schule sein, Vorstandsmitglieder anderer Unternehmen, Repräsentanten einer Kirche oder Berufsorganisation (Kalthoff 1997b). Diese Patrone können insbesondere in multilokalen Forschungen von Bedeutung sein, weil sie gewährleisten, dass man nicht an jedem Forschungsort wieder ganz von vorne beginnen muss.

Es ist ratsam, in den Aushandlungen über die Feldforschung zu betonen, dass auch andere Teilnehmer (etwa Lehrpersonen, Risikomanager, Migranten etc.), die es direkt mit dem Ethnografen zu tun bekommen, informiert und womöglich in die Aushandlung einbezogen werden. Auch vorbereitende Gespräche mit diesen Teilnehmern sind anzubieten: So reiste Herbert Kalthoff einige Wochen vor seinem Aufenthalt in eine Internatsschule und stand den Lehrpersonen und Erziehern ›Rede und Antwort‹. Der Ethnograf kann versuchen, auf diese Weise die Informationspolitik der Gatekeeper, die selbst immer auch ein Datum für die Ethnografie ist, zu steuern und offener zu gestalten. Ganz allgemein lässt sich sagen: In den Fällen, in denen dies gelingt, trifft die Ethnografin auf ein besser vorbereitetes Feld, als in den Fällen, in denen ihr Kommen nicht kommuniziert und verheimlicht worden ist. Durch eine offene Kommunikation der Gatekeeper rechnen Teilnehmer mit der Ethnografin und wundern sich nicht über ihre Anwesenheit; der andere Fall nährt oft Misstrauen und Verdacht, was vom Ethnografen in vielen Gesprächen erst aus der Welt geschafft werden muss. Zwei Beispiele:

Die Erlaubnis zur Forschung durch eine Schulleiterin wurde in einem Projekt von Georg Breidenstein zum Problem, weil diese das Kollegium gar nicht gefragt hatte und die Beobachter am Anfang in Verdacht standen, Kontrollabsichten der Leiterin umzusetzen. In diesem Fall wurde es wichtig, den betroffenen Lehrkräften zu versichern, dass man ein solches autokratisches Vorgehen der Schulleiterin verwerflich findet und sich mit den Betroffenen solidarisiert. In einer multilokalen Feldforschung über ghanaische Migranten (Nieswand 2011) war der Feldzugang, der durch einen Patron vermittelt wurde, zunächst leicht, weil der Dorfvorsteher ein Freund eines Migranten war, den der Ethnograf aus Berlin kannte. Es stellte sich aber heraus, dass eine Familie im Dorf die Forschung boykottierte, weil sie einen ungelösten Landkonflikt mit dem Dorfvorsteher austrug. In diesem Sinne haben die Patronage und der Einstieg über einen bestimmten Gatekeeper und Patron zwar viele Zugänge ermöglicht, aber auch andere versperrt.[21]

---

21   Weitere Beispiele zum Feldzugang und zum Rapport finden sich in Hammersley/Atkinson (2007).

Gatekeeper, Patrone und Sponsoren sind in der Regel unverzichtbares Personal für eine ethnografische Studie. Zugleich kann es aber auch immer einschränkende Konsequenzen für eine Ethnografin haben, wer ihr einen Feldzugang eröffnet hat und wer die Forschung weiter sponsert und unterstützt. Man wird im Feld mit dieser Person assoziiert wie mit einem Gastgeber und kann sich unter dessen Patronage u. U. eine Weile ausschließlich in den von ihm eröffneten Netzwerken bewegen. Das ist vor allem dann problematisch, wenn Felder hierarchisch in Positionen oder politisch in Seiten aufgespalten sind: Management – Arbeiterschaft, Ärzte – Pflegepersonal, Polizei – Junkies, linke Fraktion – rechte Fraktion, junge – alte Lehrpersonen, Lehrpersonen – Schüler. Auf der anderen Seite können die Untersuchten aber auch auf Distanz zum Ethnografen gehen, weil ihm eine solche Bindung *fehlt*. Schon Georg Simmel (1908) wies in seiner Soziologie des Fremden wie gesagt darauf hin, dass Fremde eine größere soziale Beweglichkeit, d. h. mehr Freiheiten der Kontaktaufnahme haben. Die geringeren Loyalitätsbindungen besonders zu Beginn des Forschungsprozesses ermöglichen Ethnografen gewissermaßen ›interaktive Promiskuität‹. Dies hat vor allem Vorteile für die notwendigen Seitenwechsel in Feldern, die von Konflikten geprägt sind. (Wir kommen darauf zurück). Wenn Ethnografen Partei-, Hierarchie- oder Statusgrenzen innerhalb eines Feldes überschreiten, gewinnen sie zwar Informationen über verschiedene Perspektiven, die den Feldteilnehmern u. U. wechselseitig nicht bekannt sind, sie erzeugen aber auch Irritationen und Ambivalenzen in Bezug auf die Einschätzung ihres eigenen Status im Feld. Dies ist einer der Gründe, warum Ethnografen leicht zu ›bunten Vögeln‹ abgestempelt werden. Ihre Erkenntnisinteressen führen oft zu non-konformem Verhalten, für das es im Feld selbst oft keine Vorbilder gibt.

Ohne unterstützendes Personal kann es zu einem Grenzfall ethnografischer Forschung kommen: dem vollständig abgeblockten Feldzugang. Dann stellt sich die Frage, ob ein Forschungsvorhaben abgebrochen werden muss, oder ob es *verdeckt* durchgeführt werden kann, das heißt in einer Teilnehmer-Position, die nicht zugleich als Beobachtungsaktivität aufgedeckt wird. Selbstverständlich und auch unproblematisch ist dies nur bei Studien in öffentlichen Settings, etwa in Wartehallen, Verkehrsmitteln oder in Kaufhäusern. In geschlossenen Feldern sind verdeckte Beobachtungen dagegen eine praktische und eine forschungsethische Frage, die im Einzelfall zu entscheiden ist. Verdeckte Studien gibt es etwa zu problematischen Aspekten der Polizeiarbeit, zu rechtsextremen Organisationen, zu religiösen Sekten oder zur organisierten Kriminalität. Sie sind aber ein Ausnahmefall, nicht nur wegen der forschungsethischen Probleme, die sie aufwerfen oder wegen des großen Risikos ›aufzufliegen‹, sondern aus forschungspraktischen Gründen: die Qualität der Daten leidet, wenn Aufzeichnungstätigkeiten und Erkundigungen nicht offen durchgeführt werden können.

Auf der anderen Seite ist es aber auch nur ein seltener Grenzfall, dass den Informanten ›die ganze Wahrheit‹ erzählt wird. Dies hat vier Gründe.

Der *Erste* ist, dass die Ethnografin sie selbst nicht kennt: Wenn sich ihre thematischen Interessen und ihre Fragestellungen erst im Zuge der Ethnografie herausstellen können, ist es unmöglich, vor ihrem Beginn etwa zu sagen, welche möglichen praktischen Konsequenzen eine Studie an ihrem Ende haben mag. Der *zweite* Grund ist, dass vollständige Informationen, etwa über den gewünschten Gebrauch von Aufzeichnungsgeräten, Gatekeeper vor Beginn einer Studie abschrecken kann, während sie in späteren Phasen, nach Etablierung einer Vertrauensbeziehung, kein Problem in der Verwendung dieser Geräte sehen würden. Die Bitte um Zugang zu bestimmten Daten vertagt man also besser auf einen Zeitpunkt, zu dem man Informanten von der eigenen Diskretion im Umgang mit solchen Daten bereits überzeugen konnte. Ein *dritter* Grund liegt darin, dass die Darlegung sozialwissenschaftlicher Forschungshypothesen in den meisten Feldern entweder unverständlich oder befremdlich sein wird. In den meisten Ethnografien wird daher mit einer Zugangsgeschichte gearbeitet, die den akademischen Zweck des Aufenthalts auf eine kurze Formel bringt. Diese Erzählungen werden meist schon strategisch im Hinblick auf die vermuteten Erwartungen, Sorgen und Hoffnungen der Feldteilnehmer editiert. Zum Beispiel muss man nicht darlegen, dass durch den Klatsch in Organisationen mikropolitische Beziehungen aufrechterhalten werden, es reicht, darzulegen, dass man sich ›für Kommunikation in Organisationen‹ interessiert. Ein *vierter* Grund liegt schließlich darin, dass detaillierte Methodeninformationen die selbstverständlichen Handlungsroutinen in einem Feld empfindlich stören können. So wird man ein Tonbandgerät schlecht in eine Situation einführen können, indem man über das Interesse an kleinsten Gesprächsdetails aufklärt (Räuspern, Versprecher, Unterbrechungen), man wird eher darum bitten, mit dem Rekorder das eigene Gedächtnis zu entlasten und aufs Mitschreiben verzichten zu können.

Insofern implizieren radikale forschungsethische Forderungen nach ›informierter Zustimmung‹ ein unrealistisches Bild der Forschungspraxis – auch und gerade weil sie voraussetzen, dass die Feldteilnehmer sozialwissenschaftliche Vorgehensweisen und Wissenstraditionen aus der Perspektive von Sozialwissenschaftlern verstehen und beurteilen können müssten. Daher gilt: Der Prozess des Feldzugangs kann nur in Gang kommen, wenn mögliche Nachfragen zurückgestellt werden, also trotz verbleibender Unklarheiten und Unsicherheiten mit der Zusammenarbeit begonnen wird. Der Versuch, völlige Transparenz herzustellen oder einzuklagen, also etwa ganze Forschungsanträge zu überreichen, ist ein sicherer Weg, die Forschung nicht zustande kommen zu lassen. Taylor/Bogdan (zitiert in Wolff 2000: 346) empfehlen: »be trustful, but vague and imprecise«. Sei vertrauenswürdig, aber ungenau.

Ein Beispiel – Zugang zur Sozialverwaltung

Ein schönes Beispiel für die Probleme des Feldzugangs und die Herstellung von Forschungsbeziehungen ist die schon erwähnte organisationssoziologische Studie von Thomas Lau und Stephan Wolff über die Arbeit in einer Sozialverwaltung. Die Autoren beschreiben nicht nur ihre persönliche Assimilation an das Feld, sondern vor allem eine (umgekehrte) Assimilation der Ethnografen *durch* das Feld. Die Soziologen und ihr Anliegen wurden in feldspezifischen Termini begriffen, bearbeitet, angepasst und Instrumentalisierungen ausgesetzt. Die Sozialverwaltung machte sie von ungewöhnlichen Klienten zu ordentlichen Klienten, sie wurden einer amtlichen Prüfung unterzogen, mit den sie ›verschickenden‹ Stellen assoziiert, ihnen wurden Belege abverlangt und Behandlungspläne zuteil. Ihre Studie wurde in Verwaltung genommen.

Wie jeder Klient, der von der Verwaltung etwas möchte, mussten Lau und Wolff zuerst ein legitimes Anliegen vorweisen. Es galt, einen annehmbaren Antrag zu formulieren und ihn an der ›richtigen Stelle‹ abzugeben. Sie versuchten es mit der Leitung des Sozialreferats. Da die Mitglieder einer Forschungsorganisation für eine Behörde ein unbeschriebenes Blatt darstellen, erzeugte dies eine Entscheidungsunsicherheit, der die Verwaltung mit einem verwaltungstypischen Reflex begegnete: dem ›Hochzonen‹ des Entscheidungsproblems, also der Vermittlung an das vorgesetzte Personalreferat. Dieses forderte die Autoren auf, ihr Anliegen doch noch ein bisschen genauer zu erläutern und verwies weiter schon zur Vorbeugung gegen zu hohe Ansprüche darauf, dass Forschungsarbeiten in Kommunen grundsätzlich vom Deutschen Städtetag zu genehmigen seien. Es folgte eine äußerst langwierige Zugangsphase, die über zahlreiche Stellen verlief.

Eine kontinuierliche Erfahrung war dabei, dass den jeweiligen Stellen und Gesprächspartnern der Inhalt und die Methoden des Projektes fast völlig egal waren. Die ständige Darstellungsanforderung für das Projekt erschien Lau und Wolff daher lange als bloße Schikane und Zugangsverweigerung, bis sie bemerkten, dass ihre Gesprächspartner ganz andere Relevanzen verfolgten: Die Darstellung des Forschungsprojektes musste nachweisen, dass das ganze Unternehmen seriös war, dass den untersuchten Einrichtungen kein Schaden drohte, dass man sich in gewissen Grenzen auf die Kooperationsbereitschaft und Verschwiegenheit der Soziologen verlassen konnte, dass sie den Alltagsbetrieb nur in geringem Maße stören würden, und nicht zuletzt: dass man sie in absehbarer Zeit auch wieder los würde. Ein solcher Nachweis ist aber im strengen Sinne nicht vor Beginn der Forschung möglich, also etwa durch eine bloße Beteuerung. Hinzu kam, dass die Autoren es gelegentlich mit erfahrenen Entscheidern zu tun hatten, die bereits wussten, dass textuelle Darstellungen für bestimmte Interessen geglättet und geschönt werden – einfach, weil das Glätten auch zu ihren organisationseigenen Routinen gehörte: etwa beim Abfassen von Rechenschaftsberichten oder PR-Produkten. Man rechnete also auf der soziologischen Seite routinemäßig mit einer gewissen Unzuverlässigkeit von Informationen und versuchte daher über misstrauische wiederholte Nachfragen Brüche in der Darstellung des Projekts zu erzeugen, um aus diesen dann eigene Schlüsse ziehen zu können. Je cleverer und geschlossener diese Darstellung, desto größer daher die Versuchung der Organisation, ihre Entscheidung von der Darstellung einfach abzukoppeln. Lau und Wolff lernten in ihren langwierigen Überarbeitungen nicht nur eine akzeptable Darstellung von Forschungsprojekten vor Nicht-Soziologen, sondern bekamen auch einen ersten Einblick in verwaltungsspezifische Relevanzen: dass in diesem sozialen Feld nicht die Richtigkeit und Wichtigkeit von Informationen an erster Stelle steht, sondern haus-interne Vorstellungen von ›Ordentlichkeit‹ und ›Angemessenheit‹ der Anliegen, die Klienten Staatsdienern vorbringen.

Nach dem Eintritt in die Organisation mussten Lau und Wolff allerdings bemer-ken, welche Kosten dieser Zugangsweg für sie gehabt hatte. Ähnlich wie es für Ärzte hochbedeutsam ist, von welchem Kollegen sie einen Patienten überwiesen bekom-men, ist es für Angestellte von Behörden relevant, welche Stelle einen Klienten geschickt hat. Der Zugangsweg über das Personalreferat erwies sich in dieser Hinsicht als zwiespältig: Einerseits schaffte er in einer strikt hierarchisch geordneten Organisa-tion einen Durchbruch, der an untergebene Stellen weitergereicht wurde; anderer-seits stattete er die Sozialforscher mit dem Makel eines besonderen Misstrauens aus: ›Trau keinem vom Personalreferat‹. Es erschien den Sozialarbeitern wenig plausibel, dass man sich für ihre Arbeit einfach so interessieren könnte. Sie kannten so ein unspezifisches Interesse nur von sehr unangenehmen Situationen: Personalbeurteilun-gen durch ihre Vorgesetzten und Arbeitsplatzbewertungen durch die Fachaufsicht. Also wurde eine ganze Weile ›gemauert‹. Es hieß etwa: »Das ist doch für Sie ganz uninteressant, reine Routinearbeit«. Oder man bot gerne Interviews an, in denen sich öffentlichkeitstaugliche Darstellungen der eigenen Arbeit abgeben ließen, versuchte aber die Alltagspraxis eher vor Blicken zu verschließen. Das Misstrauen abzubauen und die Unabhängigkeit von den Gatekeepern wieder herzustellen, brauchte erneut Zeit und Geduld.

Rückbetrachtet konnten Lau und Wolff am Ende ihrer Studie feststellen, wie sie eigentlich in das Feld gekommen waren und wie dieses Feld versuchte, sich umge-kehrt ihrer Studie zu bemächtigen: Die Verwaltung blockte das soziologische For-schungsanliegen nicht einfach ab, sondern reformulierte es und versuchte, es mit einem indirekten Auftrag zu versehen. Das anstehende *Problem*, Forscher tolerieren und irgendwie sozial integrieren zu müssen, wurde von der Verwaltung als eine mög-liche *Lösung* betrachtet, für die sich u.U. interessante verwaltungseigene Probleme finden ließen. Die Behördenleitung verdächtigte sich zum Beispiel einer gewissen Betriebsblindheit, die sie gegenüber Verwaltungsreformen vielleicht zu skeptisch auf-treten ließ und ließ die Sozialforscher ins Feld in der Hoffnung, auf diese Weise eine Gratis-Beratung zu bekommen. Ferner erhoffte man sich durch eine wissenschaftliche Untersuchung im eigenen Haus einen gewissen Gewinn an Renommee gegenüber anderen kommunalen Behörden. Und schließlich hoffte man, durch die Zulassung von Soziologen anderen Inspektionen durch vorgesetzte Stellen vorbeugen zu kön-nen. Immerhin hatte man ja demonstriert, dass man nichts zu verbergen hatte.

Ausdrücklich wurden die Soziologen beauftragt, ›objektives Wissen‹ über die Ver-waltung zu erzeugen. »Objektiv« meinte dabei keinesfalls die Einhaltung irgendwel-cher methodischer Sorgfaltsregeln, »objektiv« meinte vielmehr eine Ausgewogenheit der Berichterstattung über ein Amt innerhalb der Kommunalverwaltung, die sich einerseits von dessen Perspektive unterscheidet (also als eine neutrale Stimme erkennbar ist), aber andererseits auch verlässlich unangenehme Ergebnisse vermeidet und die Sichtweise des Feldes berücksichtigt. Diese Objektivität besteht also nicht in einer wertfreien Distanz zu einem Untersuchungsobjekt, sondern schließt vielmehr eine gemäßigte Solidarität mit dem Untersuchungsfeld ein. Es ist müßig, hier auf die ›Unwissenschaftlichkeit‹ der Praxis zu verweisen, im Gegenteil: Es sagt etwas über diese Praxis, dass Forschungsergebnisse für sie nicht einfach Wissen sind, sondern günstige oder ungünstige Informationen, die sich an ganz spezifischen Stellen im soziologischen Bericht finden oder nicht finden. Mit solchen Informationen kann man Positionen absichern, Entwicklungen steuern, Zeit gewinnen, Kritik abfedern, Einfluss ausüben usw. – und dies alles, ohne von der Richtigkeit der Informationen überzeugt sein zu müssen. Forschungsergebnisse sind im Feld nicht Wahrheiten, sondern *Handlungsressourcen*. Und diese zu liefern, gehört zur Dealstruktur eines Feldzugangs.

Der Feldzugang und die Konstitution des Feldes

Der Feldzugang ist nicht einfach nur eine lästige Hürde, die es zu nehmen gilt, in seiner Beobachtung und Analyse liegt bereits eine reichhaltige Erkenntnisquelle über ein Feld, eine Gelegenheit, über es zu lernen. Der Feldzugang ist also Bestandteil der Forschung, und zwar deshalb, da das Feld in der Art und Weise, wie es mit dem kontaktsuchenden Ethnografen umgeht, Auskunft über sich selbst erteilt. Man kann etwa relativ schnell erkennen, wie hierarchisch das Feld organisiert ist, ob die Teilnehmer sich trauen, etwas zu sagen oder ob sie lieber auf die höhere Ebene hinweisen, ob Beobachtungen institutionell vorgesehen sind oder eher nicht. Wesentliche Merkmale des Feldes zeigen sich bereits in dessen Umgang mit sozialwissenschaftlicher Forschung, d. h. im Umgang mit den Anliegen einer besonderen Form von Fremden. Ebenso wie sich ethnische Gemeinschaften im Umgang mit Migranten zu erkennen geben und z. T. auch erst als Gemeinschaften herstellen, konstituieren sich auch Milieus oder Organisationen im Umgang mit Fremden. Und sozialwissenschaftliche Beobachter sind in diesem Sinne exemplarische Fremde. Im Zugangsprozess kommt es also nicht nur zur Verortung des Forschers, sondern auch zur Erfahrung und Etablierung einer Grenze, die das Feld in der Begegnung mit einem Fremden um sich selbst zieht. Wer sich nicht sofort in gewohnte lokale Kategorien einordnen lässt, in seiner Loyalität zweifelhaft bleibt und in seinen Kommunikationsformen abweicht, gibt Anlass zu gewissen Schließungen, zur Systembildung. Wir können daher abschließend insgesamt drei Momente unterscheiden, in denen die Feldforschung zu ihren Feldern kommt:

1. *Selbstkonstitution*: Ein Feld konstituiert sich *durch eine selbstorganisierte Grenzbildung*, durch die es sich als Dorfgemeinschaft, als Gruppe, als Organisation usw.

herstellt. Es sind Grenzen, die punktuell geöffnet und temporär neu verhandelt werden, eben zum Beispiel für ethnografische Beobachter.

2. *Analytische Konstitution*: Ein Feld wird *durch analytische Entscheidungen* konstituiert, es so oder so zuzuschneiden. Dies geschieht in Abhängigkeit von Forschungsinteressen, die sich auf eine bestimmte Lokalität richten können, aber auch die Bewegungen bestimmter Personen zwischen Lokalitäten, also die Netzwerke, in denen sie sich bewegen.

3. *Prozesskonstitution*: Ein Feld konstituiert sich auch im Prozess des Zugangs selbst, nämlich *durch Reaktionsbildung auf den Neuling und seine Forschungsaktivitäten*. Im Zugang und im Forschungsprozess wird das Feld dem Beobachter wie den Beforschten als eine soziale Einheit erfahrbar, also als ein Kommunikationszusammenhang, in dem Teilnehmer von Außenstehenden unterschieden werden.

2.3   Der Rapport

Wir haben über den Feldzugang bisher als Problem der Kontakteröffnung gesprochen. Bei genauerer Betrachtung ist das Zugang-Bekommen jedoch eine Anforderung, die den gesamten Forschungsprozess begleitet: eine Daueraufgabe. Man mag zwar als Beobachter offiziell zugelassen sein, aber die wirklich interessanten Dinge bekommt man zunächst nicht zu sehen. Den Zugang zu den Kernzonen des interessierenden Geschehens gewinnt man oft erst nach längeren Feldaufenthalten und auf der Basis des erworbenen Vertrauens. Erst wenn die Teilnehmer sich an den Ethnografen nicht nur gewöhnt haben, sondern auch zu der Einschätzung gelangt sind, dass er ihr Vertrauen nicht missbrauchen wird, bekommt man Zugang auch zu so ›heiklen‹ Veranstaltungen wie Abiturprüfungen (Kalthoff 1996), Zeugniskonferenzen (Zaborowski et al. 2011) oder Therapiesitzungen (Hirschauer 1993).

Die Aufgabe des Feldzugangs beschränkt sich daher nicht auf die Kontaktaufnahme und eine einmalige formelle Aufenthaltserlaubnis. Sie besteht vielmehr in einem kontinuierlichen Werben um Vertrauen, im Gewinnen von Gesprächspartnern, in diplomatischem Einflechten neugieriger Fragen und darin, sich geduldig in Positionen zu manövrieren, in denen sich lohnende Beobachtungen aus der Nähe machen lassen.

Felder sind hier unterschiedlich empfindlich oder offen für Beobachter. Sie erlauben es mehr oder weniger, einen weder störenden noch gestörten Beobachtungsposten einzunehmen, indem die Anwesenheit des Forschers normalisiert wird. Er soll ein unauffälliger Bestandteil des Ausgangskontextes werden. Dies ist relativ unproblematisch in öffentlichen Settings, die jedermann zugänglich sind: Straßen, Verkehrsmitteln, Kneipen. Für die physische Anwesenheit eines Beobachters gibt es hier kein Akzeptanzproblem, da das ›Sehen und Gesehen werden‹ auf öffentlichen Plätzen Teil des üblichen sozialen Verkehrs ist. Die Integrität der Szenerie bleibt von der Beobachtung unberührt.

Allerdings können solche Probleme für die besonderen Aktivitäten eines wissenschaftlichen Beobachters auftauchen: Das Herumlungern an einem Platz kann unangenehm auffallen, wo Personen normalerweise an Passantenströmen teilnehmen; die konzentrierte Aufmerksamkeit und das Notizen Machen widerspricht der Konvention respektvollen Desinteresses, das man sich in der Öffentlichkeit entgegenbringt.

Beobachtungen sind auch dort eher unproblematisch, wo das Setting bereits durch ein Miteinander von Darstellern und Publikum geprägt ist: etwa im Parlament, bei Gericht, in der Kirche, in der Fernsehshow oder im Hörsaal. Der Forscher muss hier allein als ein Zuschauer unter anderen erscheinen. Die Normalisierung ist schon anspruchsvoller in Feldern, wo alle im Raum Anwesenden tragende Rollen ausüben. So ist eine Beobachtung in einer Behörde voraussetzungsvoll, weil es hier im Normalbetrieb keine reine Beobachtungsrolle gibt. Am ehesten kann der Forscher noch als Lernender ins Geschehen integriert werden, zum Beispiel als Praktikant. Auch sind Felder problematisch, in denen Beobachtungs- und Dokumentationspraktiken, wie aufmerksames Hinschauen, Aufschreiben oder der Einsatz von Aufnahmegeräten vor allem mit den Aktivitäten von Überwachungs-, Kontroll- oder Disziplinarinstitutionen verbunden werden, wie Lehrer im Kontext der Schule, die Polizei im Fall von Asylbewerbern oder Unternehmensberatungen im Fall von Unternehmen und Behörden. Am schwierigsten sind die Minimierung und die Reflexion von Beobachtereffekten schließlich gegenüber einsamen Tätigkeiten und gegenüber vertraulicher Zweisamkeit. Die bloße Anwesenheit eines Dritten kann eine psychiatrische Beratung oder eine Arzt-Patient-Interaktion natürlich stark transformieren. Das Vier-Augen-Gespräch wird durch den Zuschauer leicht zur ›talk *show*‹.

Dies muss aber nicht von der Erhebung solcher Daten abhalten. Denn in jedem Fall ist es Aufgabe des Forschers, *die* Situation zu beschreiben, die durch die eigene Beteiligung hervorgebracht wird. Es geht nicht darum, Reaktivität zu minimieren und so zu tun, als sei man unsichtbar (»a fly on the wall«) und nichts als ein neutrales Forschungsinstrument. Mit Reaktivität ist vielmehr zu arbeiten, sie ist immer mit zu beobachten oder gelegentlich auch auszubeuten. Wie Leute auf die Gegenwart des Beobachters reagieren, kann ebenso interessant sein wie jede andere Konstellation: Ist er hier und jetzt ein prototypischer Fremder, der für Öffentlichkeit steht, ist er ein potentieller Bündnispartner, dem man Angebote macht? Beobachter müssen sich einfach beständig fragen, wie ihre eigene Anwesenheit das Verhalten der Teilnehmer modifiziert haben mag. Einen Originalmodus dieses Verhaltens gibt es ohnehin nicht ohne weiteres. Problematisch wären nur Folgerungen, die einen solchen unterstellen.

So gibt es also Felder, die sich fast jeder Beobachtung verschließen und solche, die sich recht leicht öffnen lassen. Bei dem weiten Spektrum zwischen diesen Optionen besteht das Gewinnen von Zugang wesentlich im Gestalten von Forschungsbeziehungen, im sog. Rapport. Rapport heißt nicht nur Bericht, es bezeichnet auch den unmittelbaren Kontakt zwischen zwei Personen, zum Beispiel die enge Arbeitsbeziehung zwischen Patient und Psychoanalytiker.

Die zentrale Frage für den ethnografischen Rapport ist: Wie bringt man Menschen, die Wichtigeres zu tun haben, zur Mitwirkung an Forschung? Als soziale Veranstaltung ist ein Forschungsprojekt ja immer mit Zumutungen für andere verbunden. Sie sollen Zeit für Gespräche erübrigen, Raum zur Verfügung stellen, Anwesenheit dulden, ja eine Art Beschattung ertragen, sich kommunikativen Zwängen aussetzen, evtl. Peinlichkeiten aushalten und die naiv neugierige Infragestellung von Selbstverständlichkeiten akzeptieren. Darüber hinaus sollen sie sich nach Möglichkeit auch noch in die Forscherin hineinversetzen, ihr Vertrauen schenken und Wege zu anderen ebnen, sie über Selbstverständliches belehren, Antworten auf Fragen geben, die sie sich selbst noch nie gestellt haben, eigene Ungestörtheit signalisieren, obwohl sie sich unter Beobachtung wissen usw. Insofern darf man sich nicht wundern, wenn die Motivation zur Forschung bei Forschern und Beforschten höchst ungleich ist.

Forschungsbeziehungen sind fragile Gebilde. Die Beteiligten kommen eher zufällig zusammen, sie verbindet nur eine kurze Geschichte, eine Zukunft ist nicht absehbar. Sie beginnen einen komplexen Kooperationsprozess, für den es kaum Routinen gibt. Beide Seiten müssen sich aufeinander einlassen, ohne »rechte Gründe und Sicherheiten für Vertrauen zu haben« (Wolff 2000: 348). Diese Nähe der Ethnografie zu den Personen in einem Feld hat immer auch eine moralische Dimension, die die Arbeit der Ethnografen gleichzeitig einfacher und komplizierter macht. Schon durch die regelmäßige Präsenz der Ethnografen im Feld und das Teilnehmen an Alltagsritualen, wie Grüßen oder Small Talk, werden moralische Normen in Kraft gesetzt, die allgemein an Bekanntschaftsbeziehungen gebunden sind. Diese können zwar oft ohne größere Sanktionen gebrochen, aber nicht in ihrer Existenz ignoriert werden. So wird es nach einer längeren Zeit des Aufenthaltes im Feld für die Feldteilnehmer interaktiv aufwändiger, Anfragen des Ethnografen unbeachtet zu lassen oder abzulehnen. Weil eine solche Ablehnung in folgenden Begegnungen als Subtext mitlaufen würde, riskieren die Feldteilnehmer dadurch Komplikationen in alltäglichen Interaktionen mit dem Ethnografen, die ihnen lästig oder unangenehm sein können. Umgekehrt können die Feldteilnehmer aber auch versuchen, aus den moralischen Implikationen ihrer Beziehung zum Ethnografen Gewinn zu schlagen. So wird dieser leicht zum Publikum für weitschweifige Selbstdarstellungen instrumentalisiert, die nichts mit seinen Forschungsinteressen zu tun haben. Gerade aber in Feldern, in denen große Macht- und Wohlstandsunterschiede zwischen Feldteilnehmern und dem Ethnografen existieren, wie in der ethnologischen Feldforschung klassischen Zuschnitts, geht es bei der Herstellung des Rapports für die Ethnografen auch oft darum, aktiv zu verhandeln, zu wie viel Reziprozität und Umverteilung sie bereit sind.

Grundsätzlich gehören zu der Beziehung, die Feldforscher zu den Teilnehmern eines Feldes herstellen, mindestens zwei. Daher rückt in der Ethnografie die Person der Feldforscherin in den Mittelpunkt. Als Person verfügt sie aber über eine Reihe von Eigenschaften, aufgrund derer sie ein bevorzugtes Objekt sozialer Zuschreibungen durch die Teilnehmer wird. Sie wird in sozialen Beziehungen verortet und eingeschätzt, zum Beispiel als vertrauenswürdig gehandelt oder aufgrund ihres ersten Forschungskontaktes mit bestimmten Leuten in Verbindung gebracht oder aufgrund ihres Alters oder Geschlechts mit bestimmten Erwartungen konfrontiert. Nicht jeder Ethnograf ist für jede Feldforschung geeignet. Das kann soweit führen, dass die Feldforschung scheitert oder modifiziert werden muss. Lothar Krappmann und Hans Oswald (1995) berichten, dass sie eine Ethnografie zur Gleichaltrigenkultur von Kindern vom Spielplatz in die Schulklasse verlegen mussten. Zwei schon etwas ältere Männer, die unentwegt Kinder beobachten, waren an einem öffentlichen Spielplatz nicht akzeptabel. In der Schule war die Rolle der am Rande sitzenden Beobachter unproblematisch und auch die Schulklasse erwies sich als ein Ort der Kinderkultur.

Die Untersuchten treiben gewissermaßen selbst mittels aller zugänglichen Informationen Sozialforschung über die Sozialforscherin. Sie versuchen, sie zu taxieren und zu einer berechenbaren Größe zu machen. Wie die Gatekeeper schreiben auch andere Informanten der Ethnografin anfänglich eine bestimmte Rolle zu: Polizisten argwöhnen, die Ethnografin sei vom Verfassungsschutz, Walfänger mutmaßen, sie sei eine Versicherungsdetektivin, Psychiatrieinsassen halten sie für eine Therapeutin. Versucht man sich mit dem Etikett der Soziologin vorzustellen, kann das die Lage noch verschlimmern. Ein irischer Polizist erklärte dem englischen Soziologen John Brewer in großer Offenheit: ›Die meisten Polizisten können mit Soziologie überhaupt nichts anfangen. Wissen Sie, uns wird die Welt schwarz/weiß beigebracht: Die Bösen sollen bestraft, die Guten beschützt werden. Soziologen verdrehen das alles irgendwie, so dass es so aussieht, dass die Bösen die Guten sind und umgekehrt. Wenn einer nicht soviel verdient wie ich und klaut, um seine Familie zu ernähren, finden Soziologen das okay. Wenn einer reich ist und sich an die Gesetze hält, sagen Soziologen, er tue das bloß auf Kosten der andern‹ (Hammersley/Atkinson 2007: 65).

Solche und ähnliche Probleme lassen sich kaum jemals dadurch lösen, dass man die Sozialwissenschaften in ein besseres Licht rückt; sie werden vielmehr dadurch gelöst, dass man sich selbst als vertrauenswürdige Person etabliert. Auch dies ist aber keine Sache, die man einfach durch freundliche Anwesenheit erwirbt, es ist vielmehr eine strategische Frage von Identitätsarbeit – mit einem Begriff von Erving Goffman: *impression management* – die Kontrolle des Eindrucks, den man auf andere macht.

Für die Gestaltung der Anwesenheit im Feld ist eine Mimesis der Person erforderlich, eine Passung ins Milieu. Diese Arbeit beginnt mit einer gewissen Angleichung an die Kleidungskonventionen eines Feldes. Wo Krawattenzwang herrscht, kann er nicht ignoriert werden, wo eine Kameradschaft untersucht wird, sollten die langen Haare besser fallen. Eine einfache Anpassung an subkulturelle oder professionelle Kleidungscodes ist aber aus zwei Gründen ebenfalls problematisch. Zum Ersten hat man es in vielen Feldern auch mit gemischtem Publikum zu tun. So benötigte Sara Delamont (2002) in ihrer Studie über eine Eliteschule für Mädchen Kompromisse des Outfits: Die Lehrerschaft wurde mit einem konservativen Mantel adressiert, die

Mädchen dagegen mit dem darunterliegenden Minirock, mit dem die Ethnografin zeigte, dass sie die lokal angesagte Mode kennt.

Der zweite Grund für eine nur moderate Angleichung ist, dass die Kleidung natürlich auf Alter, Habitus und Sprechweise des Ethnografen abgestimmt sein muss, um nicht als eine Maskerade zu erscheinen, so peinlich wie die Aufmachung von ›Berufsjugendlichen‹. Man wird daher in der Regel versuchen, visuell nicht ständig als Fremdkörper aufzufallen, aber in anderen Hinsichten auch Differenzen setzen, die mit der besonderen Art von Teilnahme im Feld harmonieren: dass da jemand Fragen stellt, Notizen macht usw.

Vertrauensstiftende Praktiken können die Beobachterin auch in Kompetenzen fordern, die überhaupt nichts mit ihrem Studium zu tun haben: zum Beispiel sportliche Fähigkeiten, verbale Schlagfertigkeit, hilfreiches rechtliches Wissen, ein Reservoir von Konversationsthemen, das erlaubt, normale Gespräche jenseits der Forschungsfragen zu führen usw. – das übliche Repertoire sozialer Neulinge: Bereitschaft zu signalisieren, sich in die lokal geltenden Spielregeln zu fügen, das nötige Fingerspitzengefühl an den Tag zu legen, und sich im Übrigen offen, nett und verbindlich nach allen Seiten zu zeigen.

Eine besondere Form von Anpassung kann erforderlich sein, wenn es um die Zurückhaltung persönlicher Ansichten geht. Man kann Informanten nicht nach denselben Kriterien suchen, nach denen man Freunde sucht. Und man kann Ethnografien nicht auf Gruppen beschränken, die einem politisch sympathisch sind. Also wird man auch mit ganz eigentümlichen Ansichten konfrontiert werden, die man abnickt und notiert (zum Beispiel rassistischen, sexistischen oder religiös fundamentalistischen). Und man sollte sie allemal wichtiger finden, als die eigenen ›überlegenen‹ Kommentare zu ihnen, mit denen man für gewöhnlich Anerkennung im eigenen Milieu findet.

Das *impression management* der Ethnografin findet nicht in einem luftleeren Raum statt, sondern im Rahmen ihrer so genannten *askriptiven Merkmale*: Alter, Geschlecht, Ethnizität. Die Ethnografin ist kein ›Mann ohne Eigenschaften‹. Wo solche Unterscheidungen Forschungsfelder stark determinieren, kann ein unpassendes askriptives Merkmal den Feldzugang mitunter gänzlich verschließen: zum Beispiel das Alter in Schulen, das Geschlecht in Männerberufen, die Hautfarbe in Apartheidgesellschaften. Auf der anderen Seite erlaubt gerade die randständige Position der Ethnografin sowie die Überlagerung solcher Unterscheidungen auch Aushandlungsmöglichkeiten selbst solcher Zuschreibungen. Nehmen wir die Geschlechtszugehörigkeit: Eine Müttergruppe mit Kleinkindern kann für eine junge kinderlose Frau u. U. weniger zugänglich sein als für einen Ethnografen mit Kindern. Eine Gruppe rechtsradikaler Jugendlicher kann einem Ethnografen mit feinen, akademischen Manieren mehr Misstrauen entgegenbringen als einer durchsetzungsfähigen und aggressionsbereiten Ethnografin. Ähnlich kann auch in Gesellschaften, die stark nach Geschlecht segregieren, eine von den Feldteilnehmern verschiedene Hautfarbe und Herkunft einer

Ethnografin Zugang zu sozialen Räumen ermöglichen, die lokalen Frauen verschlossen sind. Es gibt also verschiedene Dimensionen sozialer Identität, durch die die Geschlechtszugehörigkeit gebrochen werden kann. Daher wird selbst so ein scheinbar statisches Merkmal zu einer Angelegenheit, die in Forschungsbeziehungen ausgehandelt werden kann.

Ein Beispiel dafür ist die Polizeistudie, die Jennifer Hunt in den 1980er Jahren durchführte (Hunt 1984). Sie bemerkte schnell, dass in dieser (damaligen) Männerwelt starke Geschlechtsstereotypen für Ordnung sorgten. Die Polizisten unterschieden zwischen einer häuslichen Domäne mit moralisch ehrbaren Frauen und einer Welt der Straße mit den schmutzigen Geschäften der Männer. Wegen der Unmoral der Aktivitäten wurden diese Männer von den Polizisten allerdings auch als verschwiegen und insofern vertrauenswürdig betrachtet, während die ehrbaren Frauen wegen ihrer Tugendhaftigkeit als allzu mitteilsam galten. Ein Stereotyp, offenkundig, aber eines das für die Ethnografin nicht irrelevant war, weil es sie von wesentlichen Informationen ausschließen konnte. Hunt versuchte daher ein Bild von sich zu etablieren, das zwischen diesen Stereotypen vermittelte, über eine Art moralische Androgynie, mit der sie versuchte, sowohl eine offene und ehrliche Frau als auch ein verschwiegener Mann zu sein, um möglichst beide Formen von Vertrauenswürdigkeit dieser Subkultur beanspruchen zu können. Hunt beschreibt, wie ihre Geschlechtszugehörigkeit situativ ausgehandelt wurde, wenn sie sich durch demonstrative Gewaltbereitschaft und markige Sprüche um die Position eines ›Mannes ehrenhalber‹ bewarb, oder wenn sie es beim gemeinsamen Judotraining für klüger hielt, sich schnell überwältigen zu lassen, um ihre Grenzüberschreitung nicht zu provokativ werden zu lassen.

Auf der anderen Seite können Geschlechtsstereotypen des Feldes oder einzelner Informanten auch Vorteile für die Forschungsbeziehung bieten. Das mitunter anzutreffende Klischee, dass Frauen sich besser für die Feldforschung eignen, gründet sich wahrscheinlich wesentlich auf den sozialen Platz, der Frauen im Allgemeinen zugeschrieben wird: eine Zuständigkeit für Beziehungs- und Gefühlsarbeit, eine unauffällige Position im Schatten von Männern und – insbesondere in Gesellschaften, in denen politische Macht von Männern dominiert werden – ihre relative Harmlosigkeit. Die Beobachtungtätigkeit einer Ethnografin wird in manchen Settings u. U. besser toleriert, weil sie sich etwa zusammen mit Sekretärinnen und Krankenschwestern in eine relative Unsichtbarkeit von Dienstpersonal einreiht, dessen Arbeit als weniger wichtig erachtet wird als die von Männern.

Eine Faustregel für den Umgang mit Geschlechtsstereotypen in Forschungsfeldern lautet daher: Nutze solche aus, die für den Forschungsprozess funktional sind, und distanziere dich nach Möglichkeit von solchen, die ihn behindern. In den meisten Feldern wird die Zeit, also der Aufbau von individualisierten Beziehungen, kategoriale Zuschreibungen wie Geschlechtsstereotypen zu einem bestimmten Maße korrigieren und durch personenspezifische Zuschreibungen von Vertrauenswürdigkeit ersetzen.

Auch bei der Altersdifferenz gibt es Klischees wie Aushandlungsmöglichkeiten. Beim Versuch, statushohe Personen oder solche mit spezifischen Anerkennungsproblemen zu kontaktieren, kann ein jüngeres Alter Probleme bereiten, weil sich die Feldteilnehmer dadurch nicht genügend wertgeschätzt fühlen. Ansonsten spricht aber einiges dafür, dass jüngere Ethnografen einen gewissen Vorteil für das Aufbauen von Forschungsbeziehungen haben. Sie sind etwa in Lebensstilfragen weniger festgelegt, offener und anpassungsbereiter für die Prägungen unterschiedlicher Felder, und es ist für Jüngere auch leichter, in die Rolle eines lernwilligen *Neulings* zu schlüpfen. Es ist vor allem diese Rolle, mit der Ethnografen sich am besten in Felder einführen können. Sie haben die gleichen Orientierungsprobleme wie Neulinge, sie verhalten sich so – sie beobachten, fragen, probieren aus und machen Fehler – und die Kategorie des lernenden Neulings ist für die Informanten vertraut, in der Regel kennen sie ähnliche Figuren bereits: Referendare an Schulen, Hospitanten in Kliniken, Lehrlinge in Betrieben, Volontäre in Zeitungen, und viele andere Anfänger-Rollen, die sich auch für die Position eines neugierigen Gastes, wie Ethnografen es sind, nutzen lassen. Es geht also zunächst darum, akzeptable Inkompetenz zu etablieren und auf dieser Basis allmählich »Mitspielkompetenzen« (Reichertz 1989: 92) zu erwerben.

2.4   Die soziale Position des teilnehmenden Beobachters

Bis zu diesem Punkt haben wir erläutert, wie Zugänge und soziale Beziehungen in der Feldforschung gestaltet werden. Der Begriff der Mitspielkompetenz verweist dabei auf die eigentümliche Ambiguität der sozialen Position des *teilnehmenden Beobachters*. Man möchte schon angesichts dieses schillernden Begriffes fragen: ja was denn nun? Teilnehmen oder Beobachten? Die Antwort auf diese Frage ergibt sich z. T. in Abhängigkeit vom jeweiligen Feld. So ist eine vollständige Teilnahme in manchen Ethnografien zwangsläufig, etwa in verdeckten Studien oder wenn man sein eigenes Berufsfeld untersucht, in anderen ist sie phasenweise unvermeidlich, etwa weil man situativ für bestimmte Handlangerdienste gefordert wird. Die starke oder schwache Teilnahme sind aber nicht nur eine *Anforderung*, die jeweilige Felder stellen und denen man sich situativ anzupassen hat, sie sind auch zwei gesuchte *Beobachtungsmodi*, zwischen denen die Ethnografin nach Möglichkeit changieren sollte. Man kann die Ambiguität der Rolle eines teilnehmenden Beobachters folgendermaßen systematisieren (siehe Tabelle S. 67).

Eine *starke* Teilnahme gibt exquisite Einblicke in die Binnenperspektive eines Feldes, aber sie geht auch auf Kosten von Aufzeichnungsaktivitäten und analytischen Distanzierungen. Als ständig engagierter Teilnehmer wird der Beobachter daher der Teilnehmer-Perspektive verfallen, im Feld aufgehen und der Forschung verloren gehen. Er verliert die Fähigkeit, Differenzen zu den Selbstbeobachtungen des Feldes zu machen – und auf diese Weise Wissenswertes zu erkennen und anderen mitzuteilen.

Teilnehmende Beobachtung als laufender Registerwechsel

	Starke Teilnahme	Schwache Teilnahme
Vorteil	Guter Einblick in Teilnehmerperspektive	Gute Aufzeichnungs-gelegenheiten
Nachteil	Schlechte Aufzeichnungschancen	Äußerliche Beobachtungen ohne Verstehen
Gegenmaßnahme	Analytische Distanzierungen	Involvieren lassen

Geringe Teilnahme-Anforderungen machen das Beobachten und Aufzeichnen dagegen leicht, aber sie können auch dazu verführen, dass der Beobachter dem Geschehen ganz äußerlich bleibt. Was vor sich geht, bleibt ihm in seiner Logik unverständlich und unzugänglich. Stattdessen wird wesentlich das Vorwissen der Ethnografin in das Feld projiziert, ohne dass sich die Beobachtung von der Empirie beeindrucken ließe. In solchen Fällen verharren Forschungsprojekte lernunfähig bei ihren Voreinstellungen. Beobachtungen mit geringer Teilnahme-Anforderung müssen daher u. U. durch Einmischungen angereichert werden, mit denen sich der Ethnograf stärker in das Geschehen verwickeln lässt, um es von innen verstehen zu können. Als bloßer Beobachter wird er eine verständnislose Darstellung liefern.

Den Unterschied zwischen einer stark und einer schwach teilnehmenden Beobachtung kann man sich an einer Situation aus der Ethnografie von Helga Kelle und Georg Breidenstein zur Praxis der Geschlechterunterscheidung unter Schulkindern klarmachen. Sie beobachteten zu zweit während einer Klassenfahrt ein Spiel namens ›Knutschpacken‹, bei dem Mädchen nur Jungen fangen dürfen und umgekehrt und der oder die Gefangene dann wählen darf, ob ein Handkuss oder Wangenkuss vollzogen werden soll. Die Beobachtung vom Rande aus enthüllte die Regeln des Spiels und bis zu einem gewissen Grad auch die Aufregung, die damit verbunden war. Als Helga Kelle jedoch zum Mitspielen aufgefordert wurde, um das zahlenmäßige Verhältnis zwischen Mädchen und Jungen auszugleichen, war sie dadurch in die Lage versetzt, grundlegende Erfahrungen mit diesem Spiel in einer Weise zu beschreiben, wie es dem bloß zuschauenden Beobachter nicht möglich gewesen wäre: Das war zunächst die frustrierende Erfahrung *nicht* gejagt zu werden, denn solange niemand hinter einem herläuft, ist man nicht nur nicht drin im Spiel, sondern muss sich auch fragen, ob man nicht attraktiv genug ist, um gejagt zu werden. Wenn man dann gejagt wird, besteht die nächste schwierige Frage darin, ob man sich fangen lässt und schließlich die Wahl der Kussart. Das sind Entscheidungen, von denen man sich in der Situation klarmacht, dass sie von den anderen Beteiligten interpretiert werden und dass sie keineswegs unverfänglich sind. Nun ist natürlich in diesem Beispiel zu beachten, dass die Erfahrung, die eine erwachsene Ethnografin mit dem Spiel macht, nicht dieselbe ist, wie die der Kinder, dennoch hatte sie ganz andere Einblicke in die handlungspraktischen Vollzüge und die damit verbundenen Erfahrungen als der Beobachter, der vom Rande aus zuschaute.

Teilnehmende Beobachtung heißt, zwischen zwei Registern wechseln zu können, die in Konkurrenz zueinander stehen, aber auch beide unverzichtbar für den ethnografischen Forschungsprozess sind. Dieser steht eben unter den einander widerstrebenden Maximen von Annäherung und Distanzierung: Einerseits muss man sich *dem Prozess überlassen*: Gelegenheiten ergreifen, abwarten, auf der Lauer liegen und den Relevanzen der Teilnehmer folgen. Andererseits muss man *den Prozess gestalten* im Sinne der Präzisierung und Fokussierung der Forschung: Man muss Entscheidungen treffen, sich konzentrieren, auch weglassen und Optionen verwerfen.

Die teilnehmende Beobachtung widerspricht damit zwei Mythen der Entstehung sozialwissenschaftlichen Wissens: dass nur der Außenstehende die nötige Objektivität und emotionale Distanz für eine korrekte Darstellung von Gruppen habe; und dem Mythos, dass nur der Insider das intime Verständnis für eine realitätsgetreue Darstellung haben kann (Merton 1972; Styles 1979). Die Ethnografie besteht wesentlich in einem konstanten Wechsel zwischen interner und externer Perspektive, zwischen Vertrautheit und Fremdheit, einer allmählichen wechselseitigen Durchdringung dieser Sichtweisen. In der Ethnologie spitzt sich diese Problematik in der Frage zu, ob es angemessener ist, wenn Mitglieder einer Gesellschaft selbst deren Ethnografie verfassen oder ob es notwendigerweise Mitglieder anderer Gesellschaften dazu bedarf. Vor dem Hintergrund des Gesagten kann man darauf verweisen, dass diese Frage in dieser Form unbeantwortbar ist, weil weder Nähe noch Distanz an sich eine gute Ethnografie garantieren können. Vielmehr begründet sich die Qualität einer ethnografischen Analyse gerade in einer Doppelbewegung von Annäherung und Distanzierung. Dieser Anforderung haben sich beide Ethnografen, der ›einheimische‹ und der ›fremde‹, nur von unterschiedlichen Ausgangspunkten zu stellen.

Die verschiedenen Rollen, die Ethnografen in Forschungsbeziehungen einnehmen, werden immer um diese hybride Position des teilnehmenden Beobachters zentriert sein, für die es auch noch andere Begriffe gibt: etwa »professioneller Fremder« (Agar 1980) oder »marginal native« (Freilich 1970). Sie entspricht auch erneut dem, was Georg Simmel vom Fremden sagte: Er ist durchaus Teil einer Gruppe, aber an deren Rand, zugleich innen und außen. Die teilnehmende Beobachtung ist also eine soziale Form der Integration von Fremden in eine Lokalität. Die Aufrechterhaltung einer marginalen Position im Feld bedeutet, gleichzeitig in zwei Welten zu leben. Hammersley/Atkinson (2007: 89) nennen diese Anforderung an die Feldforscherin »managing marginality«. Dies ist, bei aller Bereicherung und Anregung, die Felderfahrungen mit sich bringen, immer auch mit Ambiguitäten und Verunsicherungen verbunden. Viele Ethnografen fühlen sich zwischen gespaltenen Loyalitäten hin- und hergerissen oder empfinden ihre Forschungstätigkeit mitunter als ›Verrat‹ am Feld. Andere kämpfen vehement gegen die sozialisatorischen Einflüsse, die das Feld auf sie hat und ringen um ihre Identität als Sozialwissenschaftlerin – oder wie man aus den Tagebüchern Malinowskis weiß – auch um die Überzeugungen und Vorurteile, die sie aus ihren Herkunftsländern mitbringen.

In den Forschungsbeziehungen wirken also zwei starke Kräfte gegeneinander: eine Vereinnahmungsdynamik, mit der sich ein Feld des Ethnografen bemächtigt, und der er sich auch freiwillig ausliefert; und eine Trennungsdynamik zugunsten sozialwissenschaftlicher Wissensproduktion, für die alle sozialen Beziehungen, an denen der Ethnograf für seinen Feldzugang arbeitet, nur *Vehikel* eines Forschungsprojektes sind. Die sozialen Beziehungen des Ethnografen sind gewissermaßen seine primären ›Datenträger‹. Es ist vor allem dieser soziale Stress, auf dessen Basis forschungsethische Skrupel entstehen.

Insbesondere in längeren Forschungen entstehen in aller Regel auch intimere Formen von sozialen Beziehungen. Aber es ist das Schicksal von Ethnografen, ein oftmals anstrengendes doppeltes Wissensspiel spielen zu müssen und diese Beziehungen immer auch im Sinne sozialwissenschaftlicher Wissensgewinnung zu nutzen. Vor diesem Hintergrund scheinen vor allem Ethnologen auf die schwierigen Bedingungen postkolonialer Ethnografie zu reagieren, indem sie vielfach dazu tendieren, ihre Informantenbeziehungen in Freundschaften umzudeuten und damit das instrumentelle Moment der Ethnografie zu kaschieren. Dies scheint auch eine Form der Bearbeitung der moralischen Skrupel der Feldforscher zu sein.

Einerseits muss es klare Begrenzungen für ihre Neugier und ihre analytischen Interessen geben – etwa einen konsequenten Informantenschutz. Andererseits muss, damit Forschung überhaupt stattfinden kann, auch eine Enthemmung dieser Neugier stattfinden. Nicht einmal ein Interview wäre möglich, wenn man nicht Fragen stellen könnte, die man sonst eher nicht stellen würde. Insofern sind forschungsethische Fragen keine von Zugang und Rapport unabhängigen Probleme. Unsere Skrupel sind innere Zugangswiderstände. Es gehört zu Forschungsbeziehungen dazu, dass gute, selbst freundschaftliche Kontakte, die im Verlauf von Ethnografien entstehen, immer auch sozialwissenschaftlich *genutzt* werden. Gemildert wird dieser Konflikt weniger durch freundschaftliche Umdeutung des Rapports als dadurch, dass Ethnografen auch für Interessen ihrer Informanten oft profitabel sind.

In diesem Sinne sollten forschungsethische Fragen eher nach möglichen Formen der Reziprozität gestellt werden, als die Feldforschung mit starken moralischen Ansprüchen zu belasten. Was kann die Ethnografin selbst geben? Problematisch wird es, wenn ethnografisches Wissen den Feldteilnehmern schaden könnte, weil es etwa die Sicherheitsbehörden auf den Plan ruft oder innerhalb eines eskalierenden Konfliktes instrumentalisiert werden kann. In solchen Fällen gilt es sorgfältig abzuwägen, inwieweit und aus welchen Gründen welches Risiko in Kauf genommen werden kann bzw. vermieden werden sollte. Patentrezepte für solche Situationen gibt es keine.

Wir haben in diesem Kapitel die Konstitution des Feldes betrachtet. Dies ist ein Prozess, der sich nicht nur vor Beginn der Feldforschung abspielt, sondern zum Teil tief in diese hineinreicht, etwa über die Gestaltung des Feldzugangs durch den Rapport; und es ist auch ein Prozess, der in Interaktion mit dem Feld stattfindet, eine Interaktion und Reaktivität, die sich schon im Begriff des teilnehmenden Beobachters wiederfindet.

Nach einer Weile Feldaufenthalt muss man auch registrieren, wann es Zeit ist, wieder zu gehen – für eine Phase des Rückzugs oder auch für den Abschied vom Feld: entweder wenn man von der Fülle der Erlebnisse überrollt wird und in der Unübersichtlichkeit des Feldes die Forschungsfrage zu verlieren droht, oder wenn die Aufmerksamkeit erlahmt, alles so angenehm vertraut erscheint, alle sozialen Beziehungen konfliktfrei und komfortabel sind, vieles geschieht, ohne dass man das Bedürfnis verspürte, mehr aufzuschreiben als ein nichtssagendes ›Alles wie immer‹. Dann beginnen dem Forschungsprozess die nötigen Distanzierungen vom Feld zu fehlen.

3.　Praktiken der Datengewinnung

Auf der Basis etablierter Forschungsbeziehungen lassen sich nun alle möglichen Typen von Daten gewinnen. Wir haben im Kapitel über die Merkmale der Ethnografie bereits festgestellt, dass es sich um eine multimethodische Forschungsstrategie handelt, in deren langandauernden Feldkontakten variantenreiches und umfassendes Datenmaterial anfällt. Es werden vielfältige Dokumente gesammelt oder erzeugt: von den Teilnehmern erstellte Artefakte und Schriftstücke, Interviewdokumente, Konversationsmitschnitte, Videotakes, Beobachtungsprotokolle. Aber auch wenn nur einzelne solcher Abschöpfungsverfahren eingesetzt werden, ist das, was sie zur Ethnografie macht, ihre *Einbettung* in den Kontext einer andauernden teilnehmenden Beobachtung. Beginnen wir daher unsere Übersicht über die Praktiken der Datengewinnung mit der teilnehmenden Beobachtung.

3.1　Teilnehmen und Beobachten

Was ist genau unter Beobachtung zu verstehen? Gelegentlich wird Beobachtung sehr eng aufgefasst, als visuelle Wahrnehmung des ablaufenden Geschehens. Diesem Begriff entgegengesetzt findet sich eine sehr weite kommunikationstheoretische Verwendung, die unter Beobachtung alle Formen systemeigener Prozessierung von Informationen versteht. Beobachtung ist hier dann eine Metapher für den Gebrauch von Unterscheidungen, mit deren Hilfe soziale Systeme Informationen über sich selbst und ihre Umwelt gewinnen (Luhmann 1984: 63).

Der für die Ethnografie relevante Begriff der Beobachtung liegt zwischen der engen und der weiten Verwendungsweise. Beobachtung umfasst zunächst alle Formen der Wahrnehmung unter Bedingungen der Ko-Präsenz: also alle Sinneswahrnehmungen, die sich per Teilnahme erschließen. Beobachten ist also die Nutzung der kompletten Körpersensorik des Forschenden: das Riechen, Sehen, Hören und Ertasten sozialer Praxis. Aber auch der *soziale Sinn* der Forscherin, ihre Fähigkeit zu verstehen, zu fokussieren, sich vertraut zu machen, fällt in ihre Aufnahmekapazität. Und schließlich gehört zu einer ethnografischen Beobachtungshaltung auch eine Distanzierung vom sinnlich Erfahrenen, die nach fortlaufender Explikation und Reflexion verlangt. Dies beinhaltet die antrainierte Kompetenz, Situationen quer zu den vordergründigen Relevanzen der Akteure zu lesen und scheinbar Hintergründiges oder Abseitiges ins Zentrum der Beobachtung zu rücken. Vergleicht man die Beobachtung mit dem Interview, so lässt sie sich dadurch charakterisieren, dass die Daten hier erstens zeitgleich mit dem sozialen Geschehen und zweitens aus seiner lokalen Verortung heraus produziert werden. Man gewinnt Informationen ›aus erster Hand‹, aber auch nur aus der Situation, in der die Beobachtung selbst stattfindet – und nicht wie bei Interviews über Ereignisse zu anderen Zeiten und Orten.

Für die so umrissene teilnehmende Beobachtung gibt es in der Geschichte der qualitativen Forschung unterschiedliche Formen, die sich auf verschiedene Weise zu Beobachtungsgelegenheiten verhalten. Bei der unsystematischen *Gelegenheitsbeobachtung* werden im Alltag einer Forscherin auftauchende Beobachtungsgelegenheiten einfach spontan ergriffen und ausgebeutet (wir haben schon auf Erving Goffman verwiesen). Bei den *Krisenexperimenten* der Ethnomethodologie wurden Beobachtungsgelegenheiten systematisch erzeugt, indem durch eine Missachtung elementarer Verhaltensregeln Reaktionen hervorgerufen werden, an denen sich studieren lässt, wie Teilnehmer kulturelle Basisannahmen reparieren. Bei der *visuellen Soziologie* wird die Videokamera als Aufzeichnungstechnik der Interaktionsanalyse eingesetzt, um eine ausgewählte Szene detailliert zu dokumentieren und in der Datenanalyse maximal ausschöpfen zu können. In einer Ethnografie kann all dieses vorkommen, charakteristisch ist aber, dass in ihr Beobachtungsgelegenheiten nicht nur zufällig und spontan genutzt werden, sie werden auch nicht (wie beim Krisenexperiment) selbst erzeugt, und sie werden nicht (wie in der visuellen Soziologie) vor allem maximal ausgebeutet – sie werden eher aus dem großen Pool einer längerfristigen Feldforschung systematisch ausgewählt und aufgesucht. Hinter dem Begriff der Kopräsenz oder der Teilnahme verbergen sich forschungspraktisch nun aber zahllose Beobachtungspositionen. Was soll man nur von wo aus und wie beobachten?

Eine schöne Illustration dessen, was teilnehmende Beobachtung *nicht* ist, bietet der norwegische Film *Kitchen Stories*. Eine Handvoll Sozialforscher wird im Auftrag eines schwedischen Küchenherstellers losgeschickt, um zu erkunden, welche Fußwege alleinlebende norwegische Männer in ihren Küchen zurücklegen, um mit Hilfe der Daten Küchen mit optimierten Fußwegen konstruieren zu können. Die Forscher werden alle mit einem Hochsitz ausgestattet – vergleichbar dem erhöhten Schiedsrichterstuhl im Tennis – und stellen diesen Hochsitz über einige Wochen in eine Ecke der Küchen, um von dort oben, unparteiisch, schweigsam und gewissenhaft, das einsame Leben der männlichen Singles festzuhalten und ihre Laufwege grafisch zu visualisieren: das Schlurfen vom Herd zum Waschbecken, das Suppe Löffeln, das aus dem Fenster stieren, das stumme Herumhocken. Dann lässt es der Film zu einer dramatischen Zuspitzung dieses öden Einerlei kommen: Dem Forschungsobjekt gehen die Streichhölzer für seine Pfeife aus und es passiert dem Forscher, dass er wie im Reflex seine eigenen Streichhölzer anbietet. In den folgenden Tagen ist es um die angenommene Wissenschaftlichkeit des Unternehmens noch schlimmer bestellt: Man fängt an, Worte zu wechseln, lernt sich kennen usw. Am Ende des Films stirbt das Forschungsobjekt und der Sozialwissenschaftler nimmt aus lauter Empathie dessen Platz in der Hütte ein, in der er fortan leben wird, um das entschwundene Leben zu ersetzen.

Man kann die beißende Ironie von *Kitchen Stories* auf verschiedene Aspekte sozialwissenschaftlicher Forschung beziehen: auf den Reaktivitätshorror standardisierter

Formen von Beobachtung, auf das Konzept einer positivistischen Beobachtung oder auf den allgemeinen ›Willen zum Wissen‹, der alle Sozialwissenschaftler umtreibt. Für unsere Zwecke ist die Vorrichtung des *statischen Hochsitzes* instruktiver: Er symbolisiert, was teilnehmende Beobachtung gerade nicht ist – keine Immobilisierung des Forschers, keine künstliche Sonderstellung im Raum, keine Über-Sicht über die Ereignisse. Vielmehr *bewegen* Beobachter sich ›auf Augenhöhe‹ im Feld, tummeln sich im Geschehen und sind mitunter als Beobachter gar nicht auszumachen. Aber wie geht das? Hierfür lassen sich keine allgemeinen methodischen Regeln aufstellen, die zu befolgen wären, etwa: wie stark die Beobachtung teilnehmen soll. Dies entscheidet sich erst vor Ort und im Forschungsverlauf. Wir hatten oben schon dargestellt, dass es variieren kann, wie stark der Beobachter in das Feld selbst eingebunden ist. Betrachten wir ein paar Beispiele:

Wenn man in einer Schlange im Supermarkt steht, hat man gleichzeitig genügend Zeit, die Praxis des Schlangenstehens zu beobachten. Für die Kassiererin zur Hauptgeschäftszeit ist dies dagegen weitaus schwieriger, weil ihre mentalen Ressourcen von der Ausübung ihrer Rolle im Feld bereits weitgehend absorbiert werden. Allerdings mag es durchaus sinnvoll sein, im Rahmen einer Ethnografie eines Supermarktes selbst als Kassierer zu arbeiten. Dann müssen aber wiederum zu anderen Zeiten Freiräume gefunden oder geschaffen werden, etwa wenn wenig Kundenandrang ist oder während der Pause, die die Reflexion des Erlebens und dessen Verschriftlichung erlauben.

Wenn man dagegen Beobachtungen in einem Fahrstuhl macht (Hirschauer 1999), kommt es vor allem zu starken Selbstbezüglichkeiten: Fahrstuhlfahrer sind ihrerseits teilnehmende Beobachter, und zwar in einem spezifischen Sinn: der Konzentration auf das Lokale, der unausweichlichen Teilnahme, und der laufenden Distanzierung von dieser Teilnahme. Insofern stößt eine Beobachtungsstudie im Fahrstuhl auf zwei Grenzen eines objektivistischen Beobachtungsbegriffs, der Forschungssubjekt und Forschungsobjekt säuberlich zu trennen versucht: Zum Ersten muss man akzeptieren, dass soziale Realität selbst aus Verhältnissen wechselseitiger Beobachtung und ihrer Regulierung durch Blickkonventionen besteht, in die man sich einzuklinken hat. Zum Zweiten ist die Beobachtung unter den Bedingungen einer massiven physischen und sozialen Beschränkung des Augensinnes zwangsläufig wesentlich Selbstbeobachtung, das heißt etwas, das kaum mit den Augen vollzogen wird: Viele der proxemischen Phänomene, leiblichen Zustände und Interaktionsmuster, die im Fahrstuhl gedeihen, ließen sich auch von einem blinden Ethnografen beobachten.

Wenn sich ethnografische Beobachtungen derart immer in schon vorhandene Beobachtungsverhältnisse einklinken müssen, so kann dies einerseits zum Zugangsproblem werden, weil ein beobachteter Beobachter nicht mehr so ungestört beobachten kann; andererseits eröffnen die vorhandenen Blickmuster auch Chancen, zu lernen, wie denn die Teilnehmer ihrerseits Gebrauch von ihren Augen machen. Das folgende Protokoll stammt aus einer Studie über die Arbeit von Sicherheitskräften im Schwimmbad, die im Folgenden als *Watcher* bezeichnet werden (Jakobsen 1997: 120):

Wir – ein Watcher und ich – stehen an der Kasse und unterhalten uns. Durch die Drehtür kommen drei junge Männer, dunkle Hautfarbe, zwischen 16 und 20 Jahren. Ich sehe sie wohl, schenke ihnen aber keine besondere Beachtung, bin in unser Gespräch vertieft. Plötzlich nimmt der Watcher sein Funkgerät und gibt durch: »Watcher-Kasse an Watcher-Streife. Gleich kommen ein paar Patienten runter.«

Hier lernt die Forscherin, wie Sicherheitspersonal auf mögliche Gefahren aufmerksam wird: Personen werden wiedererkannt, nach spezifischen Merkmalen selektiert und durch Benennung von anderen Badegästen unterschieden. Methodisch beobachtet die Beobachterin in diesem Fall also, wie andere Beobachter bei ihren Beobachtungen vorgehen.

Schließlich betrachten wir nochmal ein Beispiel aus der Studie von Thomas Scheffer (2001) über das deutsche Asylverfahren. Die folgende (leicht gekürzte) Beschreibung ist aus einer Serie von Situationsbeobachtungen zusammengesetzt. Es geht um die ersten Schritte der Bearbeitung eines Falles in einer Ausländerbehörde.

Vor dem Büro: Wartende stehen herum. Die zwei Stühle an der Wand neben der ersten Bürotür bleiben leer. Die Fenster sind vergittert. Die Gardinen machen es ein wenig freundlicher. Neben jeder Tür eine Hinweistafel mit dem Titel des Sachgebiets und dem Namen der Amtsperson.

Einlass geben: Von draußen: »Allgemeines Ausländerrecht«, erst anklopfen, dann warten, ob sich im Raum wer regt. Es ist im Milchglas der Tür schwerlich zu erkennen, was drinnen vor sich geht: »Ist jemand drin? Muss ich noch warten?« Zaghaftes Klopfen. »Herein!«
Von drinnen: Die Amtsperson blickt (wie ich) erwartungsvoll zur Tür. »Endlich Kundschaft!«, grinst sie mich an. Ich sitze daneben, mein Notizbuch auf den Knien. Wir verfolgen gemeinsam in der Mattscheibe die Bewegungen einer Silhouette. »Warum kommt diese Person nicht rein?« Noch mal das Signal, jetzt lauter: »HEREIN!«.

Positionen: Hinter dem wuchtigen Schreibtisch thront die Amtsperson. Aufrecht, die Hände vor sich auf dem Tisch, die Sinne gerichtet, empfängt sie den Eintretenden. Der Schreibtisch ist freigeräumt. Akten und Papiere hat sie in großen Schubladen verschwinden lassen. Die wenigen Ordner und Bücher sind zu einer Reihe vorgestellt. Vor dem Schreibtisch zwei Holzstühle. »Bitte setzen Sie sich!«

Ort und Inventar: Alles ist bereit: die leergeräumte Arbeitsplatte, die aufmerksame Amtsperson dahinter und der hingesetzte Behördengänger davor, seine Akte in der Hängeregistratur und die Formulare in der Ablage. Der schlichte Raum wird zur Kulisse: die vergilbte Tapete, die zwei Leuchtstoffröhren, die hohen Fenster mit Blick auf die Eisenbahnböschung, das Telefon, der Urlaubskalender, der Stahlschrank für die Karteikarten, der Meldecomputer in der Ecke, die Aktenwand. Der Schreibtisch rückt jetzt ins Zentrum des Büros.

Die Eröffnung: Die Sachbearbeiterin dirigiert: »Ich brauche einmal Ihren Pass, bitte. – Jaja Ihren Pass!« Erst einmal kommt die Passvorlage. Auch wenn der Sitzende mit einem Anliegen losstürmt (»Ich will doch nur fragen, ob …«), sie fordert den Ausweis. »Da ist sie eisern«, grinst ihre Kollegin von nebenan. Eisern überhört sie die Fragen des Bürgers, so als könne sie nur mit seinem Ausweispapier die Fragen verstehen. Der Behördengänger ist nur Anhängsel dieses gewichtigen Papiers. »BITTE den Pass!« Die Amtsperson streckt ihre Schreibhand über den Tisch und fixiert diesen Menschen, der sich doch tatsächlich ziert: »Warum muss ich IHNEN meinen Pass geben?« – »Wer in eine Behörde kommt, hat seinen Pass vorzulegen. Das ist in jeder Behörde so!« Widerwillig und verärgert reicht der ›Ich-helfe-doch-nur-meinem-Kollegen‹ oder der ›Ich-hab-ja-nur-eine-Frage‹ schließlich das Papier.

Die Identitätsfeststellung: Die Amtsperson blättert den Ausweis von vorne nach hinten und zurück. Ihr prüfender Blick studiert ihn mit Sorgfalt. Das Gesicht des Klienten verrät Verunsicherung: »Was will die von mir?« Solange sie den Ausweis liest, hängt die Situation in der Schwebe. Schließlich verkündet sie, den Ausweis noch beiläufig blätternd, dem beunruhigten Ausweisträger das Ergebnis ihrer Schau: »Ihr Aufenthalt ist ja abgelaufen!« oder »Das ist ja ein altes DDR-Papier. Den muss ich einbehalten« oder »Das ist doch nicht Ihr Pass [...] Das sind Sie doch nicht, oder?«. Nicht selten überrascht sie uns – den hingehaltenen Behördengänger und den befremdeten Zuschauer – nach dem Ausweisstudium mit einem (entwaffnenden) »Na und? Was wollen Sie jetzt?«. Sie reicht den Ausweis zurück über den Schreibtisch und erteilt das Wort.

Die Beschreibung ist ersichtlich komponiert: aus verschiedenen Beobachtungseinheiten und amtlichen Fällen, und aus verschiedenen *Perspektiven*: Es gibt Ortsbeschreibungen vor dem Büro und im Büro wie mit einer Kamerarundfahrt; es gibt Schilderungen aus der Sicht des Asylbewerbers und der Amtsperson, mitunter durch plötzliche Kameraschwenks verbunden; und es gibt Seitenblicke auf den verunsicherten Beobachter, dessen Erleben zwischen dem entgegengesetzten Erleben der Teilnehmer oszilliert. Entscheidend bei all dem ist: Die teilnehmende Beobachtung folgt dem Geschehen, passt sich ihm an, und es ist nicht ein Geschehen, das einfach mit sich identisch wäre – so *erschiene* es höchstens, wenn anstelle des teilnehmenden Beobachters eine fest installierte Videokamera stehen würde.

Die der Beschreibung von Scheffer zugrundeliegenden Operationen lassen sich in vier Strategien systematisieren (hierzu Scheffer 2002):

1. *Wiederholung:* Ein Problem für die Beobachtung vor Ort ist die Komplexität und Geschwindigkeit des situativen Geschehens. Oft bleibt schleierhaft, was hier eigentlich vor sich geht. Dies gilt nicht nur für weit entfernte Orte mit ›fremder‹ Kultur und Sprache, sondern auch für jene vertrauteren Lokalitäten, an denen Scheffer und Jacobsen teilnehmend beobachtet haben. Auf die Begrenzung der situativen Aufnahmekapazität wird in der Regel mit dem Einsatz technischer Aufzeichnungsgeräte reagiert, die ein wiederholtes ›Abspielen‹ der elektronisch gespeicherten Signale erlauben. Eine andere Form der Wiederholung lässt sich aber auch durch die Positionierung des Beobachters selbst erzeugen. Ein Beobachter kann das gleiche Geschehen mehrmals aufsuchen und studieren, um Wissenslücken zu schließen, Varianten zu entdecken, fehlende Details zu ermitteln oder den gesamten Ablauf mehr oder weni-

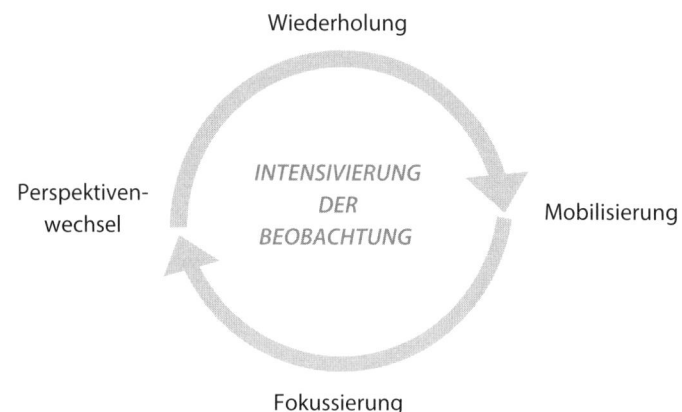

Abb. 3: Intensivierung der Beobachtung

ger zu komplettieren. In Kliniken etwa können zu verschiedenen Zeitpunkten des Tages und der Woche ganz unterschiedliche Beobachtungen gemacht werden: Pausen, Schichtwechsel, Stress- und Ruhezeiten.

Um diese unterschiedlichen Phasen abzudecken, ist eine Rund-um-die-Uhr-Beobachtung kaum empfehlenswert: nicht nur, weil sie körperliche Grenzen an der Kondition des Ethnografen findet, sondern, weil sie nicht genug Zeit für die Dokumentation der Beobachtung lassen würde. Eine Vollzeit-Teilnahme geht daher in der Regel mit schwacher Qualität der Daten einher. Wenn man sich aber für die Einheit eines Tagesablaufs interessiert (zum Beispiel weil man wissen will, wie schlaflose Patienten einen Kliniktag erleben), beobachtet man unterschiedliche Phasen an verschiedenen Tagen und komponiert die Befunde über die Abschnitte später zu einem typischen Tagesablauf zusammen.

Für dörfliche Gesellschaften, die von der Landwirtschaft abhängen, ist es charakteristisch, dass sich das Alltagsleben innerhalb des Jahreszyklus und der damit verbundenen Variation von Arbeitslasten sowie der unterschiedlichen Verfügbarkeit von Ressourcen verändert. Die Rhythmik des sozialen Lebens kreiert auch jeweils unterschiedliche Anforderungen an das Verhältnis von Zeiten der Beobachtung und der Verschriftlichung. In Zeiten, in denen das soziale Geschehen sich verdichtet, kann die Verschriftlichung oft nur noch auf Kosten der Beobachtung relevanter Informationen gewährleistet werden. Allerdings ist für die Ethnografie die Annahme zentral, dass die meisten sozialen Ereignisse nicht singulär sind, sondern sich wiederholen. Dies entlastet Ethnografen von der Verpflichtung alles auf einmal zu dokumentieren.

Im eben gezeigten Beispiel von Scheffer wird durch Wiederholungen die Aufmerksamkeit von der einzigartigen Fallgeschichte abgelenkt und stattdessen auf die Ordnung des Geschehens gerichtet: Wie schreitet eine solche Fallbearbeitung voran? Die Wiederholung richtet die Aufmerksamkeit auf die lokale Soziologik. Die Sprechstunde lässt sich in obligatorische Bestandteile, Schritte, Verrichtungen zerlegen und als Ablaufordnung – unabhängig vom Einzelfall – rekonstruieren. Es ergeben sich statt bloßer Narrationen realtypische Muster, die als Beobachtungsschemata an weiteren Situationen getestet werden können. Der Normalablauf gerät dabei schärfer in den Blick, wenn Störungen auftreten, der Normalbetrieb ins Stocken gerät und Korrekturen und Reparaturen versucht werden. So verdeutlicht erst die seltene Weigerung, den Pass vorzulegen sowie die Reaktion auf derlei Widerständigkeit, wie massiv und nachhaltig die lokale Ablaufordnung wirkt. Wir haben hier ein Beispiel dafür, wie in Ethnografien ›natürliche Krisen‹ forschungsstrategisch genutzt werden. Oft werden Bestandteile selbstverständlicher Alltagsordnungen erst wahrnehmbar, wenn etwas Unvorhergesehenes passiert, das die Feldteilnehmer dazu zwingt, zu reflektieren und gegebenenfalls zu explizieren, wie etwas normalerweise geschehen würde (Spradley 1980: 70 f.).

2. *Mobilisierung:* Soziale Situationen entziehen sich der Beobachtung durch Fremde nicht nur durch Zugangskontrollen. Auch im Zuge von Interaktionen bleiben Feldforscherinnen zuweilen außen vor. Nicht nur, weil Teilnehmer gelegentlich ein Geheimnis oder eine Mitwisserschaft teilen, von der sie den Ethnografen ausschließen, sondern, weil sie auch ohne das zu beabsichtigen, ein Hintergrundwissen teilen, das sich der Ethnograf erst erwerben muss. So entsteht etwa beim Beobachten von religiösen Zeremonien das Problem, dass Vieles in der jeweiligen Situation implizit bleibt, weil Rituale oft auf eine lange Geschichte rekurrieren und viele Teilnehmer den Ablauf eines solchen Ereignisses schon seit ihrer Kindheit kennen. Ähnliches gilt für die Diagnose eines Arztes am Krankenbett. Kennt man die Vorgeschichte des Kranken nicht oder die Bedeutung bestimmter Fachausdrücke, versteht man mitunter nur schwerlich was passiert, weil es in der Situation nicht mehr erklärt wird, zum Beispiel weil dies bei einem früheren Treffen erläutert wurde oder weil es sich der Krankenakte entnehmen lässt.

Um solche Hintergründe in Erfahrung zu bringen, greifen Ethnografen auf ganze Beobachtungsserien zurück. Sie werden dabei mobil – anders als bei der wiederholenden Beobachtung vom gleichen Posten aus. Sie *folgen* – wie schon oben erläutert – den zeit- und raumgreifenden Aktivitäten. Zum Beispiel kann man eine Patientin durch den Behandlungsprozess verfolgen, eine Ärztin über einen Arbeitstag, eine Lehrerin durch ihre Klassen, einen Risikomanager in seinen Meetings. Oder man kann beobachten, wie eine Zeremonie von unterschiedlichen religiösen Experten durchgeführt wird, um im Wechselspiel von Wiederholung und Abweichungen typische Strukturmerkmale von willkürlichen Variationen unterscheiden zu lernen. Oder man akkumuliert Behördengänge eines und desselben Falles und wird auf diese Weise gewahr, wie die Behörde Fallgeschichten schreibt. Verglichen mit der ›sässigen‹ Beobachtung macht derlei Verfolgung die dauernde Wissensakkumulation erfahrbar. Sie

kann sich auf ein Hintergrundwissen beziehen, auf das Teilnehmer in Beobachtungssituationen höchstens knapp hinweisen. Ein derart mobilisierter Beobachter kann per
Spurensuche aufschlüsseln, wie Situationen zusammenhängen, was woran anschließt,
was worauf aufbaut und was wie zueinander in Beziehung steht. Die Beobachtung
verlässt hier die reine Situationsanalyse und verkoppelt sie mit der Analyse von *Prozessen und Verfahren,* also situationstranszendierenden Zeiteinheiten.

3. *Fokussierung:* Neben der Wiederholung und der Beobachtungsserie hilft die
Fokussierung, die Beobachtungsfähigkeit zu verbessern. Sie liegt auf der Linie der
Organisation des gesamten Forschungsprozesses, da dieser ja, wie wir oben darstell-
ten, mit einer weiten Perspektive beginnt. Das bedeutet für Beobachtungen, dass sie
sich zu Beginn der Forschung noch auf alles Mögliche richten wird, es in Betracht
zieht, weil es der Beobachterin noch an spezifischen Relevanzen fehlt. Fokussierung
bedeutet demgegenüber, dass die Wahrnehmung allmählich intensiviert, justiert und
auf den Punkt konzentriert wird. Fokussierung kann dabei thematisch, zeitlich,
räumlich oder personal angelegt werden (ausführlich: Spradley 1980: 10 ff.). Eine
thematische Fokussierung im Fall der Ausländerbehörde kann zum Beispiel die Frage
sein, auf welche Weisen dort eigentlich ein Pass verwendet wird: als Eintrittskarte in
die Bearbeitung, als Anhaltspunkt für begründete Zweifel, als Pflichtübung für den
›ordentlichen‹ selbst-verwalteten Ausländer, als Erlaubnis, befugt für den Fall sprechen zu dürfen oder auch als mitgeführte Karteikarte des Falles, die den genauen
Aufenthaltsstatus enthält. Eine *zeitliche Fokussierung* bezieht sich auf Stufen im Inter-
aktions- oder Verfahrensablauf, einen Zeitpunkt in der sozialen Karriere, bestimmte
Sequenzen in Begegnungen oder auf Passagepunkte in einem weiteren Prozess. So
kann sich der Beobachter in einem multiethnischen Kontext ganz auf die Begrüßung
und Verabschiedung von Personen konzentrieren und herausarbeiten, was sich die
Teilnehmer damit gegenseitig anzeigen und was an diesen Stellen für die Herstellung
von Wir-Gruppen etwa innerhalb eines Stadtviertels geleistet wird.

Räumliche Fokussierungen sind insbesondere bei translokalen Prozessen wichtig.
Zur Beobachtung werden solche Orte gewählt, die in der Praxis als relevante Schnitt-
stellen oder entscheidende Nadelöhre dienen, da an ihnen Zugangsrechte erkennbar
werden (zum Beispiel der Eintritt in die Amtsstube, oder ein Bewerbungsgespräch).
Teilweise sind es Orte, an denen zentrale Ereignisse stattfinden, die für die verschiedenen lokalen Teile des Feldes von Bedeutung sind (etwa Beerdigungen oder Hochzeiten in Verwandtschaftsbeziehungen). Teilweise handelt es sich um Hinterbühnen,
auf denen für das Publikum unzugänglich die entscheidenden Verhandlungen stattfinden, die das Geschehen auf der Vorderbühne bestimmen. Derartige analytische
Positionen können aber auch von offiziellen Zuschreibungen abweichen. Zum wichtigen Ort wird dann nicht das Chefzimmer, sondern der Pausenraum (Peters 1997),
nicht der Konferenzsaal, sondern die Empfangstheke.

Personale Fokussierungen sind angebracht, um ein ansonsten unübersichtliches,
unzugängliches und sperriges Feld über eine Schlüsselperson zu erschließen (zum Bei-

spiel ein Gefängnis aus der Sicht eines Inhaftierten oder einen Gottesdienst aus Sicht der von ihren Eltern mitgebrachten Kinder). Die Beobachtung folgt ihren Protagonisten auf Schritt und Tritt und lernt auf diese Weise, sich im Feld zu orientieren. Ein möglicher positiver Aspekt dieser Strategie ist, dass sich durch den festen personellen Bezug Vertrauen aufbauen lässt, was wiederum den Zugang zu Daten erleichtert. In der unübersichtlichen und überkomplexen Situation schulischen Unterrichts hat es sich immer wieder bewährt, auf einzelne Schülerinnen zu fokussieren, um den Umgang von Schülerinnen mit den Anforderungen tatsächlich konzentriert und detailliert beschreiben zu können (Bennewitz 2004).

Ob und wie es gelingt zu fokussieren, ist insgesamt betrachtet ein entscheidendes Qualitätsmerkmal der sich entwickelnden Beobachtungen: Man lernt *genauer* hinzuschauen, *mehr Details* wahrzunehmen und präziser *auszuwählen*.

4. *Perspektivenwechsel:* Der Perspektivenwechsel ist eine weitere Strategie, die Beobachtbarkeit eines Feldes herzustellen. Beobachter werden hier nicht nur körperlich mobilisiert, sondern auch mental mit divergierenden, parteilichen Wahrnehmungsweisen konfrontiert. Durch den Wechsel nicht nur der Orte, sondern der sozialen Seiten lässt sich ein *eigener, neuer* Blick auf das Geschehen richten. Perspektivenwechsel können die Parteigrenzen – etwa die Ärzte- und Patientensicht, die Erwachsenen- und die Kindersicht – in einem Feld überschreiten, ein Blick, der ›beheimateten‹ oder ›solidarischen‹ Teilnehmern verwehrt ist. So wechselt die Beschreibung von Scheffer vor dem eigentlichen Eintritt ins Büro zwischen der Perspektive des Behördengängers und der Amtsperson. Mal sieht der Wartende von außen nicht, ob sich drinnen noch ein Vorgänger befindet; mal sieht die Amtsperson von drinnen, dass draußen ein neuer Behördengänger um Einlass sucht. Betont wird so zugleich die Perspektivität jeglicher Beobachtung.

Perspektivenwechsel können dem Beobachter vermitteln, wie schwer sich die Verständigungsarbeit zwischen zwei Seiten darstellt. Die Parteien mögen mit gänzlich unterschiedlichen Erwartungen, Aussichten, Zielvorstellungen in eine Begegnung gehen, in der sie erst nach und nach aufeinander eingestellt werden. Ihr Wissen kann unterschiedlich ausgeprägt sein, auch ihre Vorstellung von der Relevanz einer Veranstaltung oder von dem Ergebnis einer Verhandlung. Perspektivenwechsel machen daher auch die Kluft deutlich, die mittels Aushandlungen zu überbrücken ist. Oder sie machen deutlich, wie verschiedene Professionen (etwa in einer Klinik) Kompetenzen abstecken und einander streitig machen oder wie verschiedene ethnische Gruppen (etwa nomadische Viehzüchter und sesshafte Ackerbauern) in Konflikten um Landnutzung unterschiedliche Argumentationsweisen und Begründungskontexte bemühen, um ihre jeweiligen Ansprüche geltend zu machen.

Beobachtungsintensivierung durch:
1. Wiederholung von Beobachtungen: Schnitte setzen, Zeitpunkte variieren.
2. Mobilisierung des Beobachters: Positionen wechseln, Akteuren folgen.

3. Fokussierungen: thematisch, zeitlich, personell zuspitzen.
4. Seitenwechsel: verschiedene Perspektiven einnehmen.

Neben diesen vier Intensivierungen der Beobachtung setzen Ethnografien auf Ergänzungen durch andere Datentypen: Sie erweitern die körperliche Sensorik des Beobachters durch elektronische Aufnahmegeräte (Bild- oder Tonspeicher), sie holen per Interviews Insiderinformationen ein und greifen auf oral tradierte Geschichte(n) zurück; sie rekurrieren auf Dokumente, also das Gedächtnis von Organisationen: auf Handbücher, Akten, Dateien und andere Artefakte. Es geht dabei nicht darum, per Abgleich und Kombination von Daten die (unhintergehbare) Perspektivität einzufangen und festzustellen, was denn nun wirklich der Fall ist. Es geht darum, durch eine *weitere* Variation von Beobachtungsweisen die Beobachtbarkeit des Feldes herzustellen. Wir kommen hierauf zurück. Beginnen wir mit Interviewdaten.

3.2   Gespräche führen: Auskünfte und Erzählungen

Im Rahmen ethnografischer Forschung können alle möglichen Formen von qualitativen Interviews geführt werden, etwa Leitfaden- und Experteninterviews (Hopf 1978; Schensul et al. 1999), narrative und ethnosemantische Interviews (Bernhard 2002; Herrmanns 1995; Schütze 1983; Spradley 1979). Wir wollen deren Techniken hier nicht im Detail darstellen, sondern uns darauf konzentrieren, wie der ethnografietypische *Einsatz* solcher Verfahren ist.

Interviews *begleiten* die ethnografische Feldforschung und finden in der Regel in zwei Formen statt: zum einen ethnografische Interviews als *informelle* Gespräche, die sich in verschiedenen Situationen der teilnehmenden Beobachtung ereignen; zum anderen als *explizite* Interviews, die mit Teilnehmern vereinbart werden. Im ersten Fall ist das Interview eine »friendly conversation« (Spradley 1979: 55 ff.), die sich als Unterhaltung selbst trägt und nicht dadurch gekennzeichnet ist, dass Ethnografen ihre Fragen abspulen. Interviews als informelle Gespräche geschehen oft in Zwischenräumen von Institutionen, etwa wenn der Ethnograf Lehrpersonen von einer Unterrichtsstunde zur nächsten begleitet und den gerade vergangenen Unterricht mit der Lehrperson in fünf Minuten Revue passieren lässt. Oder sie finden in der Teeküche von Unternehmen oder Krankenhäusern statt, wo die Ethnografin auf schon ihr bekannte Teilnehmer trifft und wo sich dann für wenige Minuten ein Gespräch entwickelt. Zu dieser Beiläufigkeit kann auch gehören, dass Zugänge eröffnet, aber auch verschlossen werden, sich also der Rapport in ihnen entscheidet. Im zweiten Fall führt der Ethnograf Interviews durch und orientiert sich dabei an sozialwissenschaftlichen Interviewformen, wie Leitfaden- oder narrative Interviews, Experten- oder biografische Interviews. Diese Interviews finden in der laufenden Feldforschung, insbesondere in späteren Forschungsphasen statt. Mit ihnen organisiert die Ethnografin eine höhere

Themenkontrolle in distinkten Erhebungssituationen, die unter Umständen auch von einer räumlichen Auslagerung profitieren. Das kann den trivialen Grund haben, dass die Vereinbarung eines Interviewtermins auch insofern eine Art Feldzugang ist, als sie einem Manager, Lehrer, Arzt oder Politiker auch die Konzentration abverlangt, die er in der Arbeitsplatzsituation – unterbrochen durch Schüler, Telefon oder Sekretärin – oft nicht aufbringt. Es kann aber auch den substantiellen Grund haben, dass ein Treffen an neutralerem Ort, zum Beispiel in einem Restaurant, den Sprecher auch etwas von Loyalitäten distanziert, die manche Auskünfte im Feld blockieren.

Die Teilnehmer an diesen, die teilnehmende Beobachtung begleitenden Interviews sind oft Personen, die der Ethnograf durch seine Forschung schon kennt. Für Ethnografen stellt sich immer das Problem, welche Fragen aus Sicht der Teilnehmer passende und angemessene, das heißt adäquate Fragen sind. Ein interviewender Ethnograf kann sich als Lernender vorstellen und klarmachen, dass er von bestimmten Vorgängen im Feld keine Ahnung hat. Rekurriert er aber auf vorab konzipierte Fragen, so bergen diese das Risiko, dass es für die ortsansässigen Informanten Fragen sind, die in ihrer lokalen Welt gar keinen Sinn machen – etwa so wie die Frage eines Schach-Laien, wie man beim Schach ein Tor schießt, sinnlos ist. Ein Problem des ethnografischen Interviews ist daher, schon über Wissen verfügen zu müssen, das das Interview erst verschaffen soll. Für das Erlernen richtiger Fragen, die weiter in ein Wissenssystem hineinführen und Zugänge verbessern, gibt es verschiedene Möglichkeiten: Man fragt Informanten, was für sie eine interessante Frage wäre oder orientiert sich an Beobachtungen; man lässt sich innerhalb des Gesprächs von den Antworten leiten und stellt Verständnisfragen zu Vorgängen, die man im Feld beobachtet. An dieser Stelle kommt der Verschriftlichung von Beobachtungen eine wichtige Rolle zu, denn durch sie werden Lücken in der Beobachtung und auch Wissensdefizite erkennbar. Ein Ethnograf kann beispielsweise in seinen Protokollen festhalten, dass er Risikomanager beobachtet hat, die ein Kalkulationstool nutzen, um wichtige Kennziffern eines Unternehmens zu berechnen. In der Beschreibung dieser Praxis mit Artefakten stößt er unweigerlich auf Fragen wie: Was muss man wissen, um das Tool bedienen zu können? Wer hat die Software entwickelt und erprobt? Dürfen Risikomanager vor Ort die Vorgaben (etwa Formeln) ändern oder nicht? Ein anderer Fall ist die Beobachtung von Lehrpersonen im Lehrerzimmer, die gegenseitig ihre Tafelbilder kommentieren und bewerten. Über diese Beobachtung alltäglicher Konversation kann die Ethnografin für das Thema sensibilisiert werden und Fragen generieren, wie etwa: Wo entsteht das Tafelbild? Was macht ein schönes Tafelbild aus? Was wird an die Tafel geschrieben und was nicht?

Die Darstellungen, die Teilnehmer in Interviews geben, lassen sich auf verschiedene Weise mit den Beobachtungen der Ethnografin verbinden. Zunächst können sie insofern unmittelbare Ergänzungen bieten, als Teilnehmer natürlich selbst unsystematische Beobachtungen machen und von vergangenen Vorgängen berichten können, an denen die Ethnografin selbst nicht teilnahm und vielleicht auch grundsätzlich

nicht teilnehmen kann. Außerdem können diese Darstellungen zur Kontrolle der
Interpretation der eigenen Beobachtungen eingesetzt werden: Die Teilnehmer-Pers-
pektive auf ein Geschehen kann besonders in frühen Forschungsphasen ein wichtiges
Korrektiv der eigenen Schlussfolgerungen sein. Beobachter behelfen sich daher zuweilen mit Auskünften von Informanten, wo sich ihnen das beobachtbare Geschehen
nicht unmittelbar erschließt und um das eigene Vor-Verständnis zu überprüfen. Fragen wie »Und was macht ihr *jetzt gerade*?« oder »Warum habt Ihr nicht *das* getan ...?«
können zeigen, ob der Beobachter noch auf der Höhe der Ereignisse ist. Diese Ver-
mengung verweist auf das Problem der *Wahrnehmbarkeit sozialer Praxis*, insbesondere
in hochspezialisierten Sinnprovinzen. Nicht alles, was vor sich geht, zeigt sich Außenstehenden ohne weiteres. Vieles bleibt für den Beobachter *implizit*. Aktivitäten werden nicht weiter erläutert, wo sie als bekannt vorausgesetzt werden. Das folgende
Beispiel zeigt, wie eine aufgrund von Beobachtungen naheliegende ad-hoc-Deutung
sich mit dem nötigen Hintergrundwissen als unzutreffend erweist.

»Als ich um 12 Uhr 50 auf die Fläche komme, sitzen Karin (die Lehrerin) und die Jungengruppe
auf dem Teppich. Ich sehe das erst, als ich schon daneben stehe und sage: »Ah, ihr habt Jun-
genkonferenz, dann gehe ich wieder.« Die Gruppe verneint das aber und Arne sagt, ich könne
mich ruhig dazusetzen. Die Mädchen seien »beim Nähen«. Laut Stundenplan ist jetzt Förderunterricht« (Breidenstein/Kelle 1998: 54 f.; H.i.O.).

Die Beobachterin sieht hier eine Jungengruppe sitzen. Junge-Sein ist hier aber nicht
das Kriterium der Gruppenbildung. Das nötige implizite Wissen ist, dass alle Jungen
der Klasse Förderunterricht für ihre Rechtschreibschwächen brauchen, aber kein
Mädchen. Was wie eine Jungengruppe aussieht, ist also tatsächlich eine Rechtschreib-
gruppe. Die Beobachtung ist aber geneigt, das Geschlecht der Kinder unangemessen
hervorzuheben, weil dieses eben leicht sichtbar ist, nämlich visuell dargestellt wird.
Die Beobachterin erkennt sofort eine Geschlechtszugehörigkeit (»Jungengruppe«),
während Schwächen in der deutschen Sprache nicht so leicht zu sehen sind.[22]
    Schon solche kurzen Wortwechsel lassen sich also als Subtext oder Kommentie-
rung für Fremdbeobachtungen nutzen. Das geäußerte oder gezeigte Teilnehmerwissen verbessert die Beobachtungsfähigkeit. Der Beobachter kann dann das Geschehen
mit anderen Augen sehen. In diesem Sinne hat das *ethnografische Interview* einen
anderen Bezug zur Praxis als gängige Interviews über Ereignisse, die Fragesteller und
Befragter *nicht* teilen. Das ethnografische Interview kann Eindrücke stiften oder verdichten, während isolierte Interviews Aufschluss geben über Erfahrungsschatz und
Selbstkonzept eines Teilnehmers.

---

22 Natürlich kann es eine sekundäre Verknüpfung von Rechtschreibschwächen mit Geschlechtszugehö-
    rigkeit geben, die aber in anderen Situationen verfolgt werden müsste, etwa in Elternhäusern oder im
    Deutschunterricht.

Auf der anderen Seite haben Äußerungen in isolierten Interviews immer auch zwei Schwächen: Zum Ersten sind es oft rationalisierte Darstellungen für einen spezifischen Adressaten, den Ethnografen. Es sind so genannte »solicited statements« (Becker/Geer 1979) – speziell eingeholte Auskünfte und nicht spontan (*unsolicited*) auftretende Darstellungen. Der Ethnograf ist dabei ein sehr spezifischer Adressat. Die Orientierung an seinen Relevanzen ist einerseits erwünscht: Wir suchen keine Sensationsgeschichten wie viele Reporter und profitieren insofern davon, wenn sich Informanten auf unsere Fragestellungen einlassen. Andererseits üben wir damit auch einen spezifischen und unter Umständen erheblichen Einfluss auf Darstellungen von Teilnehmern aus. Dies ist etwa der Fall, wenn sie das Klischee des »Sozialforschers« bedienen. Diese Publikumsorientierung gilt nicht nur für Interviews, sondern auch für beobachtetes Verhalten. Die Teilnehmer betreiben eben auch *impression management*, sie entwerfen ihre Praktiken also immer auch im Hinblick darauf, was Beobachter von ihnen wissen und denken sollen. Dies wird aber in Interviews aus zwei Gründen besonders problematisch: Zum einen weil verbale Darstellungen vergleichsweise gut kontrollierbar sind, zum anderen weil Interviews dyadische Interaktionen sind, in denen der Ethnograf eine konkurrenzlose Präsenz für sein Gegenüber hat, während er in Beobachtungssituationen in der Regel einer unter mehreren Anwesenden ist, und zwar einer, der für die Lösung praktischer Probleme eher marginal ist. Während in vielen teilnehmenden Beobachtungen von Alltagssituationen die spezifische Rolle und das Forschungsanliegen der Ethnografin nach einer Weile in den Hintergrund der sozialen Interaktion rückt, wird im Interview die Besonderheit von Forschungssituationen zum zentralen Element der Interaktion.

Die zweite Schwäche von Interviewdaten liegt darin, dass sie natürlich Darstellungen aus der Perspektive eines *spezifischen* Teilnehmers liefern. Dies ist nicht so problematisch wie die Sicherung von Repräsentativität in standardisierten Erhebungen: Da es der Ethnografie nicht um individuelle Meinungen geht, sondern um kulturelle Wissensbestände, ist im Prinzip zunächst jeder Ansässige ein gleich guter Informant. Trotzdem ist natürlich kein Feld sozial homogen. Darstellungen von Informanten weisen typische Variationen je nach ihrer sozialen Platzierung in diesem Feld auf. Diese wird weniger durch allgemeine demografische Kriterien bestimmt (welches Alter, Geschlecht und Einkommen hat ein Orchestermusiker?) als durch feldspezifische Unterscheidungskriterien (welches Instrument spielt er an welchem Pult?).

Darüber hinaus sind Darstellungen nicht einfach nur Informationen, die eine soziale Welt repräsentieren, sie sind auch ein Teil dieser Welt und von ihr bestimmt. Daher unterzieht man Interviewdaten in der Ethnografie immer auch einer zweiten Lektüre, die sie als Informationen über den Informanten betrachtet: über das Wissenssystem einer Person, die auf spezifische Weise im Feld platziert ist, über bestimmte Einblicke verfügt, andere verweigert, den Ethnografen vielleicht auf eine Seite zu ziehen versucht usw. Man kann so die Darstellungen aus Interviews sowohl als Ressource (als Information) als auch als Untersuchungsgegenstand (als Darstellung) behan-

deln.[23] Man kann also eine Geschichte mit etwas Vorsicht als Ergänzung eigener
Beobachtung verwenden – oder man kann sie im Konzert mit anderen Geschichten
als ein feldtypisches Genre, als eine diskursive Praxis, betrachten, zum Beispiel als
Aufschneidergeschichten erkennen.

Betrachten wir für diese Lesart von Interviews als Geschichten noch einmal ein
Beispiel aus der Studie von Lau und Wolff über die Sozialverwaltung. Während die
Sozialarbeiter einerseits gegenüber zu großer Beobachterneugier auf Distanz gingen,
waren sie andererseits gern bereit, etwas über ›richtig spannende Fälle‹ zu berichten,
oder zu schildern, was ›gute Sozialarbeit‹ sein könnte, oder auch über Skandale zu
erzählen, die für Außenstehende vermutlich doch interessant seien, aber wegen der
Verschwiegenheitsverpflichtung auch nicht weiter mitteilbar wären. Auf dem Hintergrund ihrer Vorstellungen also, was Dritte an ihrer Arbeit interessieren sollte, produ-
zierten die Sozialarbeiter in Interviews Daten, wie sie sie auch Vorgesetzten oder Journalisten zur Darstellung der Richtigkeit ihres Tuns zur Verfügung stellen würden.
Nimmt man solche Schilderungen beim Wort und betrachtet sie (wie in manchen
Experteninterviews) als repräsentative Einblicke in das Feld, so trägt man nur zur
soziologischen Verbreitung kleiner Rechenschaftsberichte und Klatschgeschichten
bei. Stattdessen müssen solche Schilderungen als ein situationsbezogenes Handeln im
Kontext der Organisation ernstgenommen werden, und zwar ganz unabhängig davon,
ob die geschilderten Begebenheiten sich zugetragen haben oder erfunden wurden.
Allein schon die Mitteilung der Geschichte, ihre Empörungsträchtigkeit, Zustim-
mungspflichtigkeit etc. macht im Gespräch mit Soziologen wie mit Kollegen deutlich, was abgelehnt und was akzeptiert wird, was also als Wirklichkeit der Organisation gelten soll. Solche verbalen Darstellungen im Interview geben also nicht einfach
Realität im Sinne einer falschen oder richtigen Beschreibung wieder, sie konstituieren
sie vielmehr, indem sie gesprächsweise zeigen, was normal und was außergewöhnlich
ist, was akzeptabel und was abweichend.

Ob man Interviews als Teil kursierender Geschichten nimmt oder als Bericht über
Ereignisse, an denen der Beobachter nicht teilnehmen konnte, hängt nicht nur von
Annahmen über Interviewdaten ab, sondern auch davon, wie viel Vertrauen die Ethnografin in die Auskünfte ihrer Informanten hat und inwieweit man Informationen
etwa durch den Vergleich mit anderen Quellen oder durch weitere Interviews validie-
ren kann. Bei der Auswahl von Schlüsselinformanten gibt es im Wesentlichen zwei
Kriterien: die Reflexionskompetenz und die Motiviertheit. Zum einen kann es sich
um Personen handeln, die besonders gute Beobachter und Kenner des Feldes sind.
Das können besonders reflektierte ›alte Hasen‹ sein, die Interesse an der Fragestellung
des Ethnografen entwickeln; es können aber auch Außenseiter sein, die wie der Eth-

---

23 Diese in der Ethnomethodologie entwickelte Unterscheidung von Thema und Ressource haben wir
     schon einmal verwendet (siehe Kapitel 1.1). Eine Darstellung findet sich in Zimmerman/Pollner
     (1976).

nograf am Rand platziert sind, oder auch andere Neulinge, die seine Überraschungs-fähigkeit teilen und vieles noch nicht als selbstverständlich hinnehmen. In ethnologi-schen Feldforschungen waren Schlüsselinformanten oft lokale Intellektuelle (wie rituelle Experten) oder Personen, die Erfahrungen im Umgang mit westlichen For-men des Wissens haben (etwa Lehrer), weil sie kulturelles Wissen besser als andere Akteure in die Denkweise und Sprache der Ethnografin übersetzen konnten bzw. weil sie sich auf indigene Traditionen der Reflexion der Selbstverständlichkeiten der eige-nen Gesellschaft berufen konnten, die an die Fragen der Ethnografen anschlussfähig waren. In diesem Sinne ist es auch und gerade die Operation des Zweifels, die den Glauben an die Unumstößlichkeit der Selbstverständlichkeit einer Kultur stets beglei-tet, und die Figur des lokalen Skeptikers, die für Ethnografen von besonderem Inter-esse sind. Skeptiker sind oft weniger loyal bezüglich der normativen Ordnung einer Gesellschaft und verfügen aufgrund ihrer eigenen Positionalität über eine größere Übung in der Reflexion von Selbstverständlichem.

Zum anderen braucht man natürlich bereitwillige Informanten, die möglichst von sich aus (also ohne die Bitte um ein formelles Interview) Informationen preisgeben. Auch dies können sehr verschiedene Personen sein: Mitteilungsbedürftige, die gerne jeden am neuesten Klatsch teilhaben lassen; Ehemalige, die über exzellentes Wissen verfügen und nicht mehr an alte Loyalitäten gebunden sind; naive Menschen, die nicht gut kontrollieren können, wem sie da was erzählen; marginale Teilnehmer, die auf der Suche nach Bündnispartnern oder Aufmerksamkeit sind usw.

In jedem Fall profitieren Ethnografien davon, wenn Informanten für die Relevan-zen des Ethnografen zu gewinnen sind, nämlich selbst Neugier auf ihre Lebensformen entwickeln, Beobachtungen anstellen und mitteilen. Es ist gewissermaßen die soziale Annäherung, die das Feld in Richtung des Ethnographen macht, gegenläufig zu sei-ner partiellen Sozialisation in das Feld. Beiden Seiten wird eine Distanzierung von ihren Herkunftsmilieus abverlangt: Nicht nur die Sozialforscher lassen sich auf Un-vertrautes ein, auch die Beforschten können eigene Selbstverständlichkeiten wenigs-tens zum Teil als frag-würdig behandeln. Das Arbeitsbündnis, der Rapport, bewegt sich in einer Randzone zwischen den beiden Bezugskulturen, zwischen Feld und For-schung. Ethnografien setzen statt einer scharfen Trennung von Forschungssubjekt und Forschungsobjekt auf eine partielle Hybridisierung beider Seiten. Wie gesagt: Die primären Datenträger des Ethnografen sind nicht seine Aufzeichnungsmedien (so wichtig diese sind), es sind seine sozialen Beziehungen.

3.3 Dokumentieren

Neben dem Teilnehmen, Beobachten und Gespräche führen gehört zu den Praktiken der Feldforschung das Dokumentieren. Es handelt sich nicht bloß um eine lästige Verpflichtung jenseits des Eigentlichen, im Gegenteil: Erst durch Dokumentationspraktiken werden Erlebnisse und Erfahrungen, wie sie z. T. alle Neulinge – vom Auszubildenden bis zum Touristen – machen, zu *Daten*.

Solche Daten entstehen in der Ethnografie im Prinzip auf drei Wegen: durch das Sammeln von vorhandenen Textdokumenten des Feldes, durch technische Aufzeichnungen (Ton- und Bildmitschnitte) von Ereignisabläufen (Gespräche und andere Interaktionen) und deren Verschriftlichung sowie durch Aufschreiben, das selektive Notieren von Eindrücken, Äußerungen, Abläufen und Anordnungen. Das Dokumentieren verlangt insofern ganz unterschiedliche Leistungen von der Feldforscherin: vom bloßen Auflesen (das heißt aber auch: klugen Auswählen!) von vorhandenen Dokumenten, über das bloße Aufzeichnen (das heißt aber auch: treffsichere Auswählen!) von einzelnen Situationen, bis hin zum fortwährenden Aufschreiben, das heißt eigenhändigen Versprachlichen von Sinneseindrücken. In jedem Fall gilt es, sich klarzumachen, dass es solche und andere Praktiken sind, mit denen wir ein Datum – wörtlich etwas »Gegebenes« – *erzeugen*. Das Gegebene ist also etwas Gemachtes. Die wesentliche Funktion all dieser Praktiken besteht darin, ein Textmaterial zu schaffen, das man *analysieren* und Lesern *zeigen* kann. Wir kommen weiter unten auf den prekären Status selbst erzeugter Daten zurück.

Aufschreiben: Feldnotizen

Das Notizen machen ist eine elementare Dokumentationstätigkeit mit vergleichsweise primitiver Technik: Stift und Notizblock. In der Frühzeit der Ethnografie stand dieser Dokumentationsaspekt ganz im Vordergrund, weshalb vor allem sprachliche Kategorien und Gesprächssequenzen zum Notieren anempfohlen wurden. Aus heutiger Perspektive erscheint die Dokumentationsleistung der handschriftlichen Notiz im Vergleich etwa zur Tonaufzeichnung defizitär, nämlich lückenhaft und oft fehlerhaft. Dennoch bleibt die Dokumentationsleistung des Notierens aus vier Gründen bestehen: Erstens geht die Primitivität der Technik in vielen Forschungssituationen auch mit leichteren *Einsatzmöglichkeiten* einher. Notizen sind daher in den meisten Ethnografien immer wieder Substitute für die technische Aufzeichnung, da wo diese keinen Zugang findet oder die Situation zerstören würde. Zweitens bieten Notizen notwendige *Ergänzungen* von Aufzeichnungen: Akustische Aufzeichnungen werden durch Beschreibungen nonverbaler Ereignisse ergänzt, der auf einen Fokus fixierte Blick der Kamera durch Kontextbeobachtungen im Raum. Solche Kontextbeobachtungen müssen übrigens nicht die Form von Beschreibungen haben, sie können auch in Skizzen münden: kleine Zeichnungen von räumlichen Arrangements, Sitzordnungen usw. Drittens dokumentieren Notizen Aspekte aus einer *Langzeitperspektive*, die Momentaufnahmen weniger ausgewählter Situationen mit technischen Medien gar nicht erfassen können. Beschreibungen erfassen den Moment nicht so vollständig wie ein technischer Speicher, aber sie sind flexibler in der Addition und Überschreitung von Momenten. In diesem Sinne ist es insbesondere die Skalierung des Beobachtungsfokus und der Zuschnitt der zeitlichen und räumlichen Ausschnitte, die sich in den Feldnotizen flexibler handhaben lassen als bei technischen Aufzeichnungsformen. Viertens schließlich ist die Selektivität oft eine unverzichtbare *Leistung* von Notizen: der fokussierende Beobachter kann auch in Situationen sinnvolle Notizen machen, wo das Tonbandgerät nur überkomplexes und unverständliches Material liefern würde (in der Disco, auf den Zuschauerrängen eines Fußballstadions, auf dem Pausenhof einer Schule).

Diese elementare Dokumentationsfunktion richtet sich auf das erste Bezugsproblem des ethnografischen Schreibens: die *Flüchtigkeit* der Ereignisse bzw. ihr *Vergessen*. Das Notieren löst ein Gedächtnisproblem, Notizen sind eine Mnemotechnik. Sie schaffen Erinnerungsstützen und Merkposten, zusätzlich zu den Gedächtnisleistungen des Beobachters. Die schriftlichen Notizen unterstützen den Beobachter bei der späteren beschreibenden Rekonstruktion eines routinemäßigen Ablaufs oder eines besonderen Ereignisses. Er bedient sich dann aus zwei Speichern. Diese können sich auch wechselseitig unterstützen: Einerseits erzeugt schon die Antizipation eines Aufschreibzwanges (beobachten-um-aufzuschreiben) eine andere Form von Wahrnehmung und mentaler Speicherung – eine Bewusstseinshaltung des Registrierens: Abläufe so wahrzunehmen, dass man sie zu einem späteren Zeitpunkt erinnern und zu Papier bringen kann. Andererseits kann die aktuelle Wahrnehmung von Situationen plötzlich auf Lücken früherer schriftlicher Aufzeichnungen aufmerksam machen, die dann nachträglich geschlossen werden. Manche Ethnografen können auch ein Gespür dafür entwickeln, in welchen Hinsichten das eigene Gedächtnis in Bezug auf visuelle, akustische oder affektive Wahrnehmungen stark oder schwach entwickelt ist, und können das Schreiben dementsprechend kompensatorisch einsetzen (Emerson et al. 1995: 34).

Darüber hinaus stehen Feldnotizen auch in späteren Lektürephasen in einem komplexen Verhältnis zu den Erinnerungen der Ethnografin. Einerseits sind sie das Gedächtnis des Forschungsprozesses, in dem festgehalten wird, was nicht vergessen werden soll. Andererseits sind uneditierte Feldnotizen meist nur für die Ethnografen selbst nachvollziehbar, weil sie in der Regel bezogen auf deren Wissen und normales Erinnerungsvermögen hin verfasst wurden. Neben ihrer Funktion als Speicher von Erinnerungen *stimulieren* Feldprotokolle daher oft auch Erinnerungen. Sie bilden eine Brücke zu einem Horizont von Erfahrungen, die nicht verschriftlicht wurden, aber auch ohne die Verschriftlichung nicht abrufbar wären. In diesem Sinne bilden Protokolle eine Schnittstelle zwischen dem Korpus verschriftlichter Erinnerungen und dem weitaus größeren Horizont nicht-verschriftlichter Erinnerungen.

Aber wann und was soll man aufschreiben? Für die Frage des Wann gilt die Grundregel ›sobald wie möglich‹. In der Forschungssituation ist dies natürlich eine Frage von Gelegenheiten. Die Praxis des Notierens befindet sich grundsätzlich in einer gewissen Konkurrenz zu den zwei anderen Anforderungen der Feldforschung: der Teilnahme und der Beobachtung. Wer schreibt, kann aktuelle Szenen nicht weiterverfolgen und ist als Interaktionspartner weitgehend untauglich. Daher können die

Dynamik und der Erlebnisreichtum des Feldes eine konstante Versuchung darstellen, Schreibphasen hinauszuzögern, um nichts zu verpassen. Dies wird aber zwangsläufig zu schlechterer Datenqualität führen. Hier sind also Kompromisse zu machen und auch laufend Entscheidungen über das Timing zu treffen. Die meisten Settings verfügen aber über eigene Fahrpläne, eine rhythmische Wiederkehr von Ereignissen, an die sich die Phasen des Beobachtens und Schreibens anpassen lassen. Wo sie kollidieren, entsteht ein Zeitdruck, unter dem in allen möglichen Kurzformen notiert wird: stenografisch, mit Stichworten und privaten Abkürzungen.

Die Gelegenheiten des Notierens variieren außerdem erheblich mit den Eigenschaften eines Feldes. Problematisch ist es in Feldern, die Verschriftlichungspraktiken mit sozialer Kontrolle assoziieren. Eher unproblematisch ist es in Feldern, in denen das Schreiben selbst ständig praktiziert wird wie in Schulen und Behörden, oder in Feldern, in denen Teilnahmeanforderungen sehr gering sind, etwa auf öffentlichen Plätzen (Fußgängerzonen, Bahnhöfen etc.). Bei höheren Teilnahmeanforderungen an den Beobachter gibt es zwei Alternativen: Einerseits kann für das Notieren ausreichend Akzeptanz vorhanden sein, so dass es hingenommen und nicht als störend empfunden wird. So kann der Ethnograf explizit als Notizenmacher akzeptiert sein, dessen Schreibtätigkeit zum Beispiel im Gespräch wie ein Zuhörersignal als Bestätigung der Wichtigkeit von Äußerungen aufgefasst wird. Er kann mitunter sogar explizit aufgefordert werden, sich Dinge, die in den Augen der Teilnehmer relevant sind, nicht entgehen zu lassen: »Schreib das auf!«. Teilnehmer erwarten vom Ethnografen also auch, dass er die Dinge, die sie sagen und praktizieren, durch seine Notizen zu etwas Bedeutsamen macht. Vorbereiten lässt sich diese Rolle am besten mit Hinweis auf den eigenen Novizenstatus: Man lernt halt schreibend.

Andererseits gibt es in jeder Feldforschung immer wieder Situationen und Phasen, in denen sich der Beobachter primär als guter Teilnehmer, als Gesprächs- und Interaktionspartner zu erweisen hat, sich also primär um seinen Zugang kümmern muss. Dies gilt vor allem, wenn Szenen durch *Action* oder starke Affekte aufgeladen sind (wie der oben dargestellte Fall des ›Knutschpackens‹). Dann muss das Schreiben notwendig aus der beobachteten Situation in die Nischen des Beobachtungsalltags (stille Orte wie Flure, Treppenhäuser, Autos, Toiletten) oder in die allabendliche Klausur, in der Feldnotizen aus dem Gedächtnis vervollständigt werden, ausgelagert werden. Durch diese Justierung steuern Ethnografen sowohl ihre Beobachtungen als auch ihre eigene Sichtbarkeit.

Schwieriger als die Frage des »Wann soll aufgeschrieben werden?« ist die Frage des »Was soll überhaupt notiert werden?«. Im Prinzip kann man ja alles aufschreiben, endlos und beliebig. Hier sind also Selektionen gefragt, aber welche? Die Antwort auf diese Frage lautet: Das kommt auf die eigenen Fragestellungen und die Eigenschaften des Feldes an. Der Beobachter muss sich von den Relevanzen der Teilnehmer steuern lassen, allmählich herausfinden: Was sehen sie? Was beschäftigt sie? Worüber reden sie? Was haben sie für praktische Probleme?

Solange man darüber noch nicht viel weiß, notiert man vor allem die anfänglichen Eindrücke, die man haben kann, bevor grundlegende Eigenschaften des Feldes in der eigenen Wahrnehmung normalisiert werden und in vorsprachliches Wissen verschwinden. Der erste Eindruck des Fremden und Neulings ist also maximal auszubeuten. Hier gilt es auch und gerade, sinnliche Eindrücke, wie Gerüche, Farben, Atmosphären etc. festzuhalten, welche oftmals in späteren Forschungsphasen nicht mehr im gleichen Maße beobachtbar und explizierbar sind. Daran anschließend macht man erst einmal eine Weile weit gestreute, unfokussierte Beobachtungen, die eine Bandbreite von Begebenheiten festhalten. Die dafür angemessene Haltung entspricht jener ›freischwebenden Aufmerksamkeit‹, die Freud für die Psychoanalyse beschreibt, bei der es darauf ankommt, gerade nicht zu fokussieren, sondern alle Details wichtig zu nehmen. Dazu gehören anfänglich auch Dinge, die man nicht gleich versteht, die aber eine spätere Lektüre entdecken und aufschlüsseln kann. Die Maxime früher Beobachtungsphasen heißt also: im Zweifelsfall aufschreiben. Solche frühen Beschreibungen strukturieren spätere vor; sie helfen dabei, allmählich zentrale Ereignisse, Personen, Objekte und Aktivitäten herauszukristallisieren, auf die man intensivere Schreibarbeit verwendet.

Ferner verdienen zwei Typen von Informationen besondere Aufmerksamkeit: Zum einen Kontextinformationen, die man später zur Rekonstruktion von Abläufen brauchen wird: Wer war anwesend? Worum ging es? Was geschah vorher und nachher? Zum anderen Teilnehmer-Kategorien und Äußerungen, also verbales Material, das nicht vom Beobachter, sondern von den Untersuchten produziert wird. In Beobachtungsstudien beschränkt man sich dabei nicht auf die Sammlung sprachlicher Taxonomien, wie man sie gut in isolierten Interviews erheben kann, sondern man achtet auf den situativen Gebrauch solcher Kategorien in Redewendungen, die unter spezifischen Kontextbedingungen verwendet oder nicht verwendet werden. Über diese spezifischen Hinweise hinaus ist das Was des Aufschreibens aber, wie gesagt, vollständig feldspezifisch und abhängig vom Forschungsinteresse.

Das hastige Notieren im Feld ist eine Praxis, die die Ethnografin definitiv von den Relevanzen der Teilnehmer unterscheidet – ein zentraler Bestandteil ihrer gelebten Fremdheit und Marginalität. Es steht für einen Bruch mit der Teilnehmer-Loyalität. Das Aufschreiben indiziert bereits einen ersten *Rückzug* von der Praxis, deren Nähe man sich aussetzt. Kaum angekommen, ›verabschiedet‹ man sich zeitweise in eine hochgradig selbstbezogene Aktivität. Dieser Widerspruch wird uns noch beschäftigen.

Aufzeichnen: Ton- und Bildmitschnitte

Aufzeichnungen von Ton und/oder Bild sind immer dann nützlich, wenn die Komplexität, Detailliertheit und Geschwindigkeit des Geschehens – die Flüchtigkeit und Pausenlosigkeit des Sozialen – auch wiederholte und fokussierte Beobachtungen überfordert. *Gesprächsmitschnitte* etwa sind unverzichtbar, wenn man sich für Kommunikationsprozesse in einem Feld interessiert, zum Beispiel Mitarbeiterbesprechungen in einer Arbeitsorganisation, *small talk* unter Jugendlichen oder die Redewechsel zwischen Pfarrer und Gemeinde in der katholischen Liturgie. Aufzeichnungen haben hier den besonderen Vorteil eines »registrierende(n) Konservierungsmodus« (Bergmann 1985: 309), der soziale Ereignisse zeitgleich, detailreich und relativ deutungsfrei festhält und sie der späteren Datenanalyse zum wiederholten Nacherleben anbietet.

In der Ethnografie haben auditive oder audiovisuelle Aufnahmen aber noch einen weiteren Vorzug: Sie unterstützen die körpereigene Beobachtungskapazität und erleichtern es so, sich auf die Qualitäten des Feldes einzustellen. Durch solche Aufnahmen ist der (körperliche) Aufnahmeapparat des Forschers entlastet. Statt zum Beispiel allein einem Wortwechsel zu folgen, kann er sich ganz den nonverbalen Aktivitäten widmen, kann Eindrücke und Besonderheiten notieren. Mithilfe elektronischer Aufnahmen lassen sich Beschreibungen mit Details anreichern, die sich Sinnen entziehen würden, die mit Orientierung und Fokussierung mehr als beschäftigt sind. Es gibt hier Limitierung und Potential in einem: Wo das Tonbandgerät Laute in ihrer Erscheinungsfolge festhält und die Analyse auf die Oberfläche der Ereignisse fixiert, da versucht der Forscher als Erhebungsinstrument – wie die anderen Situationsteilnehmer auch – zu erfassen, »was hier eigentlich gespielt wird«. Den Forscher als Instrument zeichnet seine Aufmerksamkeit aus, sein Empfinden und Gespür für Relevanzen. Er registriert je nach Position und Involviertheit aufkommende Stimmungen, mitschwingende Untertöne, wechselnde Intensitäten oder implizite Spannungen.

Eine weitere Entlastung des Beobachtergedächtnisses kann durch Fotografien oder Videotakes erfolgen, die der Beobachtung zur Seite gestellt werden. Der Videoeinsatz ist sozial massiver als das Tonbandgerät und kann den Charakter von Situationen stark transformieren. Im schlechtesten Fall zerstört ein Insistieren auf den Einsatz einer Kamera den Feldzugang. Etwas anderes ist es, wenn die Videokamera bereits fester Bestandteil der Situation ist: etwa bei einer Studie über Videokonferenzen (Meier 2000). Die Oberfläche des Geschehens aus der Perspektive der installierten Kamera ist allerdings keineswegs identisch mit dem Geschehen, wie es die Teilnehmer erleben: ein Geschehen, bei dem der Fokus sich laufend verschiebt, sich Blicke kreuzen, Nebenschauplätze entfalten, sich Dokumente einmischen oder Körper sich beiläufig berühren. Während der Forscherkörper diese wandernden situativen Aufmerksamkeiten teilt, kann das Kameraauge unbeirrt dem Fluss der Erscheinungen in einem Fokus folgen. Während seine Sinne fokussieren, zoomen, umschalten, umherschweifen – aber auch abschweifen, abgelenkt werden, dahindämmern – starrt die Kamera konzentriert vor sich hin. Und beide Blickweisen können sich ergänzen: Interessierte wie desinteressierte Beobachtung können einander auf die Sprünge helfen, wenn es darum geht, das Geschehen in seiner Entfaltung zu analysieren.

Ein gegenläufiger Vorschlag zum Kameragebrauch stammt von Klaus Amann und Elisabeth Mohn (1998), nämlich der Einsatz einer reaktiven Kamera, die sich in das

Geschehen hineinbegibt, die fokussiert, die an spezifischen Blicken arbeitet. Eine solche Handhabung der Videokamera folgt tatsächlich der Methodologie der teilnehmenden Beobachtung und versteht die Kamerafrau als Feldforscherin, die ihrerseits versucht zu verstehen und Relevanzen des Feldes zu erfassen, um entsprechend fokussierte Bilder zu erzeugen: eine »Kamera-Ethnografie« (Mohn 2010). Solche Bilder ermöglichen dann sehr detaillierte Beobachtungen von Handlungsabläufen oder auch von minimalen Verhaltenselementen wie etwa Gesten oder Blickverhalten. Im Falle der Kamera-Ethnografie erfolgt die Analyse zumindest zu relevanten Teilen auf der Ebene der Bilder: Die Beobachtungen werden geschnitten, montiert, verlangsamt, neu zusammengesetzt und so arrangiert, dass bestimmte Analysen daran *gezeigt* werden können.

Im Prinzip könnte man auch mit Tonaufzeichnungen so verfahren und sie, etwa im Rahmen von wissenschaftlichen Vorträgen, als ausgewählte Tondokumente des Feldes einspielen. Gängiger ist jedoch in fast allen Ethnografien eine Assimilation von Tondokumenten an die *Schriftlichkeit* der anderen Datentypen und des eigenen sozialwissenschaftlichen Diskurses: Tonaufzeichnungen werden *transkribiert*. Dies bietet der späteren Datenanalyse nämlich den großen Vorteil, sich eine mündliche Kommunikation als einen Textkorpus vor Augen führen zu können, den man im selbst gewählten Lesetempo, in selbst gesetzten Zäsuren und Ausschnitten mit selbst gesteuerten Sprüngen inspizieren kann.

In der qualitativen Sozialforschung haben sich verschiedene mehr oder weniger komplizierte Transkriptionssysteme entwickelt, welche hier nicht im Detail diskutiert werden. Zu beachten ist immer, dass der Aufwand der Transkription im Verhältnis zum analytischen Nutzen steht. Eine präzise Wort-für-Wort Transkription, die auch Pausen und paraverbale Signale mit verzeichnet, ist sehr aufwändig und kann schon bei kurzen Sequenzen viele Stunden oder Tage verschlingen. Das bedeutet erstens, dass man sorgfältig auswählt, welche Passagen der Aufzeichnung man verschriftlicht: Es sollten Passagen sein, von denen man sich tatsächlich Aufschluss über den Forschungsgegenstand erwartet. Zweitens muss man über das Niveau der Transkription entscheiden: Es gilt, nur so genau zu transkribieren, wie man nachher auch analysieren will. Man braucht beispielsweise eine Verschriftlichung von Versprechern, Stockungen oder Stimmschwankungen nur, wenn man sich auch analytisch für diese Mikroebene der Kommunikation interessiert. Im Übrigen gilt die Regel, zunächst eher sparsam zu transkribieren, denn man kann später immer noch weitere Passagen aus den Aufzeichnungen transkribieren oder den Grad der Genauigkeit der Transkription erhöhen, und zwar dann, wenn sich das als sinnvoll herausstellt.

Ethnografie kann also Mündlichkeit behandeln, indem sie das, was nur praktisch in der Interaktion vollzogen werden kann, aufzeichnet und durch Verschriftlichung vor unsere Augen bringt, das heißt materialisiert. Wichtig ist festzuhalten, dass weder die Aufzeichnung mit ihren technischen Parametern noch die Verschriftlichung von (digitalen) Audioaufnahmen eine interpretationsfreie Zone ethnografischer Forschung darstellen, so als bildeten Ethnografen das Gespräch so, ›wie es wirklich stattgefunden hat‹, nur technisch und schriftlich ab. So gilt für das Abhören und Abschreiben von Audioaufnahmen durch Ethnografen, dass sie Laute, die sie hören, Schriftzeichen zuordnen, von denen sie annehmen, dass sie die Laute entsprechend abbilden. Dies aber ist ein im hohen Maße interpretativer Vorgang, der bei schwierigem Material offen zutage tritt, etwa bei der Transkription von Dialekten (Kalthoff 2003).

Auflesen: Textartefakte

Dokumentenerhebungen finden in den meisten Ethnografien statt, weil sich in den meisten Forschungsfeldern nicht nur mündliche, sondern auch schriftliche Teilnehmer-Darstellungen finden lassen. Deren Berücksichtigung ist für die Ethnografie insofern relativ neu, als sie durch ihre Entstehungsgeschichte lange nur mit oralen Kulturen beschäftigt war: Die ethnologische Feldforschung hatte es mit schriftlosen Gesellschaften zu tun, deren Gedächtnis wesentlich aus mündlichen Überlieferungen besteht, die Forschung der Chicago School befasste sich wesentlich mit Subkulturen, in denen die Schriftlichkeit allenfalls eine untergeordnete Rolle spielte. Schriftliche Dokumente nehmen in modernen Gesellschaften aber eine sehr prominente Stellung ein und sind auch längst Teil der meisten Gesellschaften geworden, mit denen sich Ethnologen klassischerweise beschäftigen. Buchdruck, Bildungseinrichtungen und Massenmedien, die Verrechtlichung und Organisationsförmigkeit von Lebensbereichen haben eine gewaltige Masse und Mannigfaltigkeit von Dokumenten einer Schriftkultur angehäuft, die von immer mehr Personen auf dem Globus gelesen werden können: *Publikationen* aller Art: Belletristik, wissenschaftliche und massenmediale Publikationen. *Amtliche Dokumente* in Organisationen, in Schulen und Kliniken, Behörden und Unternehmen: Gesetzestexte, Verträge, Identitätsnachweise, Gutachten, Urkunden, Zeugnisse, Akten, Karteikarten, Dossiers, Protokolle, Berichte, Bulletins usw. *Persönliche Dokumente* wie Briefe und Tagebücher und völlig unscheinbare *Gebrauchsdokumente* des Alltags wie Quittungen, Rezepte, Formulare, Gebrauchsanweisungen, Fahrpläne und Kassenbons.

Solche Dokumente konstituieren eine ganz eigene Sinnschicht sozialer Wirklichkeit, die Anlass zur Entstehung der Diskursanalyse gegeben haben (Mills 2004; Potter 1996). Dass diese Sinnschicht in Ethnografien nicht völlig vernachlässigt werden kann, sollte auf der Hand liegen: Es ist eine Sache, das Schreiben, Lesen, Diktieren und Tippen als eine lokale Aktivität zu beobachten, eine ganz andere ist es, die Inhalte von Schriftkommunikation für den Zusammenhang eines Feldes zu berücksichtigen. Wo schriftliche Kommunikationen in die Situation hineinragen, sieht sich der Beobachter mit anderen Raum-Zeit-Dimensionen konfrontiert (Scheffer 2008). Mit der Schriftlichkeit verändert sich der Rahmen von Aktivitäten: der Wirkungskreis von Sprechakten bzw. Schreibakten. So kann mittels Anschreiben ›die Rede‹ an Nicht-

Anwesende gerichtet werden oder aber ›die Rede‹ Nicht-Anwesender Gehör finden; Daten können zirkulieren und an verschiedenen Orten gleichzeitig überarbeitet werden und wieder zusammenfließen. Die reine Anwesenheit am Ort des Geschehens garantiert also nicht schon den Einblick in alle relevanten (Kommunikations-)Praktiken. Wie bei Interviews fragt sich aber, wie man im Rahmen von Ethnografien mit solchen Daten umgeht. Eine naheliegende Möglichkeit besteht darin, sie ähnlich wie Historiker als Quellen auszuschöpfen. Wir sind oft abhängig von den Schilderungen, Berichten, Aufzeichnungen, die Teilnehmer von ihrer vergänglichen Praxis bereits gemacht haben. Daher stützen sich Sozialwissenschaftler auf Zeitungsartikel, Organisationsberichte, amtliche Statistiken usw. Textdokumente werden dann als *Quellen* genommen, die auf andere, hinter ihnen liegende Phänomene verweisen, die sonst nicht wissenschaftlich zugänglich wären: vergangene Ereignisse, verborgene Zusammenhänge, entlegene Situationen. Die Quellenausschöpfung nutzt Texte als *Berichte über* etwas, man könnte sagen: als Beobachtungsäquivalent. Wie in der historischen Quellenkritik stellt sich diesem Gebrauch vor allem die Frage, wie glaubwürdig eine Quelle ist. Schätzt man diese Glaubwürdigkeit hoch ein, nutzt man die Quelle wie einen wissenschaftlichen Bericht, der über einen Sachverhalt informiert.

Dass ein solcher Gebrauch zwar zeitökonomisch praktisch, aber methodisch naiv sein kann, zeigt eine Studie von Harold Garfinkel (1967: 186 ff.) über Patientenkarrieren in einer Klinik. Ihm war aufgefallen, dass die Patientenakten alle lückenhaft und ungenau ausgefüllt waren, die er als Quellen verwenden wollte. Für ihn war das ärgerlich, weil es ihm Einblicke verwehrte, dem Klinikpersonal dagegen erschien das ganz normal. Er fragte sich daher, ob es vielleicht *gute* soziologische Gründe für die Produktion von *schlecht* geführten Akten geben könnte. Er stieß mit dieser Frage zunächst auf die situativen Herstellungsbedingungen von Patientenakten: Knappe und schlampige Angaben werden dann rational, wenn man die Zeitnot des Klinikpersonals berücksichtigt. Es hat Wichtigeres zu tun, als ordentliche Dokumentationen zu erstellen. Ferner gibt es bestimmte Rezeptionsbedingungen bzw. Folgen zu berücksichtigen: Eine gewisse Vagheit der Aktenführung ist rational, weil Akten immer auch zur Kontrolle des Personals durch Vorgesetzte herangezogen werden können. Geschieht dies einmal, können fehlende Angaben im Zweifelsfall durch die situativ geforderten mündlichen Erläuterungen und Rechtfertigungen ergänzt werden. Für alle Organisationsmitglieder war es jedenfalls völlig selbstverständlich, dass ihre tatsächliche Arbeit an den Patienten und das, was sich in den Akten pflichtschuldig darüber berichtet fand, nur einen ganz losen Zusammenhang hatte. Das ›Ärgernis‹ des Soziologen entpuppte sich daher als eine für die Teilnehmer rationale Form der Gestaltung von Textdokumenten. Die Bedeutung der Einträge in Krankenakten kann nur verstehen, wer über die Umstände, unter denen die Eintragungen gemacht werden und über die Beziehungen der Verfasser zu den erwarteten Lesern Bescheid weiß. Anstatt davon auszugehen, die Akten würden die Ordnung der Interaktion zwischen Ärzten und Patienten widerspiegeln, stellte sich heraus, dass erst eine Kenntnis dieser lokalen Ordnung auch ein treffendes Verständnis der Akten erlaubte. Ihre Produktion und Rezeption ist situativ eingebettet.

Angesichts ihres hergestellten Charakters lassen sich Dokumente also nur sehr beschränkt als Belege oder Hinweise für die Sachverhalte lesen, die *in ihnen* angesprochen werden. Akten und andere Texte sind keine Informationscontainer, sie führen ein Eigenleben, sind – wie die Geschichten aus Interviews – ein Gegenstand eigenen Rechts. Als Informationsquelle betrachtet sind Dokumente nur eine transparente Folie, durch die hindurch wir soziale Realität wahrnehmen können; als Gegenstand ernst genommen handelt es sich dagegen um eine eigenständige Schicht sozialer Wirklichkeit, die ihre eigene Wirkung entfaltet.

Der tatsächliche Stellenwert der Dokumente für die Ethnografie entscheidet sich, wie bei anderen Daten auch, erst im weiteren Verlauf des Forschungsprozesses. Erst später wird man sehen, welche Daten in welcher Form Eingang finden in die Analysen. Dies macht den Prozess der Datengewinnung so schwierig: dass man zunächst sehr Vieles sammelt, ohne schon genau zu wissen, was man gebrauchen wird, worin also sein möglicher Wert besteht. Aber auch der Prozess der Datengewinnung wird mit zunehmender Dauer der Feldforschung eingegrenzt und damit fokussiert (hierzu Spradley 1980: 100 ff.). Zu Beginn der Forschung sammelt man sehr breit und umfassend; alles erscheint wichtig und wird notiert; im Verlauf der Feldforschung lernt man dann, wichtige Situationen oder Personen, Praktiken oder Verfahren zu erkennen und sich auf sie zu konzentrieren.[24]

3.4   Darstellen und Explizieren: Arbeit an Protokollen

Das Anlegen von Forschungsdokumenten aller Art – Transkripte, Protokolle, Fotos, Zeitungsausschnitte usw. – schafft mit der Zeit einen Datenkorpus, für den eine Ordnung geschaffen werden muss, um Zugriffsmöglichkeiten zu erhalten. So ein Archiv kann zum Beispiel nach Datentypen differenzieren, meist wird es chronologisch geordnet sein und etwa Schnappschüsse mit Beobachtungsprotokollen verknüpfen, um den Zusammenhang der Situation, in der beide entstanden sind, nicht in der Datenverwaltung aufzutrennen.

Neben dieser eher technischen Seite der Archivierung gibt es für den Datentyp des Beobachtungsprotokolls aber noch einen anspruchsvolleren Schritt *zwischen* Datengewinnung und Datenanalyse, der nach einer besonderen Darstellung verlangt. Im ersten Kapitel hatten wir als eines der Merkmale der Ethnografie darge-

---

24   Zur Dokumentenanalyse in der qualitativen Forschung siehe Prior (2011). In diesem vierbändigen Werk werden ganz unterschiedliche Fragestellungen an Dokumente herangetragen, u. a. wie Dokumente produziert werden und in Institutionen zirkulieren, wie sie von Individuen für ihre Zwecke verwendet werden und wie Dokumente auf Individuen wirken und was sie mit ihnen tun.

stellt, dass sie als Beobachtungsverfahren die schweigsame, stumme Dimension des Sozialen versprachlicht, indem diese beschrieben wird. Man kann sich diese Aufgabe als ein Übersetzungsproblem vorstellen. Die Sozialwissenschaften bestehen wesentlich aus sprachlicher Kommunikation, aus Diskursen also. Und das Problem aller Datenerhebungsverfahren der empirischen Sozialforschung besteht darin, wie soziale Wirklichkeit in diesen Diskurs hineinkommt, *wer* nämlich soziale Wirklichkeit für den wissenschaftlichen Diskurs *verbalisiert*. In den meisten Fällen können wir uns auf eine vorgängige Versprachlichung durch die Teilnehmer stützen. In Interviews und Gruppendiskussionen erheben wir Darstellungen immer schon im Medium der Sprache, bei Dokumentenerhebungen und Gesprächsanalysen ebenfalls. Die Datenanalyse besteht in der Weiterverarbeitung sprachlichen Materials für den wissenschaftlichen Diskurs. Ein Beobachter hat dagegen zuerst einmal eine Übersetzung in das Medium der Sprache vorzunehmen. Viele Beobachtungsgegenstände sind eben stumm: nonverbales Verhalten, Architektur, Kleidungscodes, aber auch Unaussprechliches (Tabus) und vor allem implizites, praktisches Wissen, das die Teilnehmer haben, ohne dass *sie* es ohne weiteres verbalisieren könnten.

Ethnografie meint in diesem Sinne auch die professionalisierte Kompetenz, Nichtsprachliches zu versprachlichen. Man kann sich diesen Vorgang als einen multiplen Übersetzungsprozess vorstellen: Ethnografen schreiben Ereignisse nieder, die sie gerade noch erlebt und beobachtet haben, sie wechseln von der körperlichen Teilnahme und der Mündlichkeit zur Schriftlichkeit, von der Interaktion vieler zur einer einsamen Interaktion mit den eigenen Notizen. Es ist ein Wechsel der Kommunikationskanäle: von den geräuschvollen Geschehnissen der beobachteten Situation zum schweigsamen Dialog mit sich selbst. Kurz und abstrakt gesagt: Ethnografie treiben ist ein Forschen mit dem Körper im Medium der Schrift.

Zur Veranschaulichung betrachten wir einmal eine Beschreibung, in der eine Teilnehmerin *selbst* das Problem zu lösen hat, wie sie eine Praktik in Worte fassen soll. Sie muss sie nämlich jemandem beschreiben, der sie selbst nicht bezeugen kann. Es handelt sich um den Versuch einer Blindentrainerin, einem Blinden zu erklären, wie man ein Eis isst.

»Eine Trainerin und ein Klient sitzen in einer Eisdiele. Der herbei eilende Kellner erhält von der Trainerin den Auftrag »wir brauchen für den jungen Mann etwas mit Schirmchen und Sahne, wir machen Unterricht hier.« Der Kellner nickt und eilt zur Theke. Nach kurzer Zeit kommt er mit dem Eis zurück und stellt es auf den Tisch. Eine Hand tastet sich langsam an dem Glasrand nach oben, bis sie auf einen Keks trifft. Die Trainerin eröffnet:»Taste mal elegant mit dem Keks, wie hoch der Sahneberg ist!« Der Keks streicht langsam den Sahneberg nach oben und wieder nach unten. Die rechte Hand greift nach dem Löffel. »Geh jetzt mal bei sechs Uhr ran in die Waagerechte, du bist jetzt ja senkrecht, merkst du dass da Masse ist? Der Löffel hat das zu machen, was du möchtest. Halte den Daumen parat auf sechs Uhr – genau! Und halte mal deinen Körper gerade an die Senkrechte an der Tischkante.« Der Löffel schiebt und stochert in der Eismasse, er dreht und krümmt sich. Die Trainerin antwortet: »Machen wir mal eine ganz krasse Drehung!« Die Eismasse rutscht unruhig auf der Löffelinnenseite hin und her. Die Trainerin: »Halte dich am Keks fest, super, ganz klasse, dann hast Du ne ganz tolle Orientierung.« Der Löffel bewegt sich auf die Eismasse zu, sucht, dreht sich langsam, trennt ein Stück aus der Creme und wird, etwas wackelig ob der schrägen Haltung der Sammelfläche, Richtung Mund befördert. »Ja, genau: iss erst das Flüssige, von oben nach unten abschieben. Bei sechs Uhr runter, Widerstand spüren, einstechen, den Löffel drehen und hoch.« Der Löffel hält sich zunehmend sicherer in seiner vertikalen Balance, die Trainerin fragt: »wie schmeckt das Zitroneneis?«. Der Klient stutzt: »woher weißt Du, dass ich gerade Zitroneneis esse?« Die Trainerin feixt: »weil die Eiskugel weiß ist.« Der Klient reagiert fast erleichtert: »Ach so!« Der Löffel arbeitete weiter, stoppt kurz, als der Klient anmerkt: »Ich habe noch gar nicht gekleckert!« Die Trainerin beugt sich nach vorn und begutachtet zwei kleine Sahnehäubchen und einige Eisrinnsale auf dem Tablett. Sie erwidert: »Nur ein wenig – das konntest du nicht hören. Das passiert auch vielen Sehenden. Das ist aber auch ein ganz schweres Eis, das man dir da gebracht hat. Die reinste Rutschpartie. Möchtest du mal eine Pause machen?« Der Klient: »Nö, will fertig essen.« Der Löffel schabt, beschließt ein Ende zu setzen. Er wird an der Seite des Tabletts abgelegt, der Körper wird bewegungslos. Die Trainerin beschließt: »Okay. Also iss immer so wie eben. Die Technik noch mal: bei sechs anfangen, aufgestellter Löffel, einstechen, runter bis an den Teller, nur ein kleines Stückchen waagerecht werden, Daumen als Gegenhalt, weit vornüber beugen und essen« (Länger 2002: 55 f., leicht gekürzt).

Die Trainerin löst ihr Beschreibungsproblem u. a. durch die Erfindung einer neuen Beschreibungssprache sowie durch die Übertragung von Begriffen aus der Navigation (»sechs Uhr«). Die Soziologin ebenfalls: Um die Aufmerksamkeit der Leser auf das erhebliche materielle Problem dieser Praktik zu lenken, werden die Dinge selbst (etwa der Löffel) als Akteur beschrieben. Wir als Leser des Textes sind dabei in einer ähnlichen Position wie der Blinde in der Situation: Wir sind visuell abwesend und daher auf die Beschreibung einer schweigsamen Praktik angewiesen.

Diese Schweigsamkeit und diese Abwesenheit bilden nach der *Dokumentation*, die wir oben behandelt haben, das zweite Bezugsproblem ethnografischen Schreibens. Wenn der Leser nicht dabei war und wenn Praktiken nicht ihr eigene Beschreibung liefern (›verworten‹), dann muss der Beobachter für die *Versprachlichung* der Vorgänge sorgen. Dies geschieht nun nicht allein dadurch, dass Beobachter etwas in Worte fassen, zum Beispiel erzählen. Es geschieht vielmehr in schriftlicher Form. Diese Schriftlichkeit enthält Lösungen nicht nur für das Dokumentationsproblem – das Speichern von flüchtigen Erfahrungen –, sondern auch noch für ein drittes Bezugsproblem des ethnografischen Schreibens: die *Explikation* des implizit Gewussten. Man könnte auch sagen: Es geht beim Schreiben zugleich ums Aufschreiben, Verbalisieren und Ausbuchstabieren. Das Aufschreiben ist ein Speicherungsprozess, der mit der Zeit einen Textkorpus erzeugt, der wiederholt inspiziert werden kann, so wie man auch andere Datenkonserven (Aufzeichnungen, Archive) wiederholt inspizieren kann.

Die Explikation steht dagegen für wichtige analytische Funktionen des Schreibens. Das beginnt mit der Verlangsamung, nicht nur durch Schreib- und Lesetempo, sondern auch durch Detaillierungszwänge. Erst wenn man etwas aufschreibt, merkt man, wie viel man sagen muss, damit ein anonymer Leser folgen kann. So wie ein Erzähler durch die Reaktionen eines konkreten Zuhörers zur Vervollständigung von Details angehalten wird, so muss sich ein einsamer Schreiber durch die Imagination eines anonymen oder beliebigen Lesers selbst zur Explikation von Details anhalten und wortweise feststellen, was es ist, das hier gerade geschieht.

Diese drei Funktionen – Versprachlichung, Speicherung und Analyse von ethnografischen Erfahrungen – werden nun nicht ›auf einen Streich‹ vollzogen, in einer spontan aufs Papier geworfenen Beschreibung. Eine Beschreibung wie die eben gezeigte ist kein Geniestreich, sondern eine handwerkliche Leistung, die durch verschiedene Genres hindurch allmählich entwickelt wird. Vor allem zwei Genres sind hier zu unterscheiden: Die in der Beobachtungssituation oder jedenfalls im Forschungsfeld hingeworfenen *fieldnotes* haben wir schon behandelt. Nun soll es um die am Schreibtisch entstehenden Protokolle gehen. Zwischen diesen Genres findet zugleich eine Verschiebung der Schreibfunktionen vom Speichern zum Analysieren statt.

Aufschreiben und Beschreiben

Schauen wir also, wie die Feldnotizen weiterverarbeitet werden. Am Schreibtisch wird das Schreiben eine konkurrenzlose Praxis. Hier werden die *fieldnotes* nicht nur in eine besser konservierbare Form – in Maschinenschrift – gebracht, aus ihnen wird auch ein anderes Genre, eben Protokolle. In der Klausur des Arbeitszimmers muss dabei unter Umständen ebenso viel oder auch mal doppelt so viel Zeit wie für die Beobachtungsphase eingesetzt werden. Als eine Faustregel kann gelten, dass jede Stunde Beobachtung auch eine Stunde Schreiben ist. Und bei Schlüsselszenen kann es passieren, dass eine fünfminütige Beobachtungsphase mehrere Stunden Beschreibungsarbeit erfordert. Protokolle werden aus Erinnerungen geschaffen, die durch Feldnotizen und ›Kopfnotizen‹ angeregt werden. Dabei lassen sich zwei Phasen unterscheiden:

In einer ersten Phase des Protokollierens steht die Gedächtnisfunktion noch ganz im Vordergrund. Das Protokollieren ist also zunächst wie bei der Anfertigung von *fieldnotes* ein Aufschreiben, das sich auf den Erinnerungsprozess konzentriert: Man schreibt hastig und ohne Rücksicht auf Stil, Orthografie und Chronologie gegen das Verblassen der Erinnerung an. Ein mentaler Redakteur, der Wortwahl oder Satzbau prüft, würde hier nur vom Nacherleben ablenken (Emerson et al. 1995: 47). Die Rohfassung von Protokollen wird also möglichst so spontan wie ein mündlicher Tagesbericht zu Papier bzw. auf den Bildschirm gebracht. Man tut dies am besten unmittelbar nach Verlassen des Feldes. Dann ist der Schreibprozess oft eine Entlastung von Erfahrungen. Schiebt man ihn auf, kann er eher zu einer unlustvollen

Pflichtübung werden. Außerdem empfiehlt es sich, seine frischen Erinnerungen zuerst dem Protokoll und nicht einem Zuhörer anzuvertrauen, der nach den Tagesereignissen fragt: Die erzählerische Energie sollte sich aufs Papier ergießen, um nicht nur schale Nacherzählungen zu produzieren.

Welche Textmengen diese erste Verschriftung von Erfahrungen erzeugt, hängt davon ab, wie brisant eine Situation war und welche Qualität ihre Beobachtung hatte: die Positionierung, die Aufmerksamkeit und das Verstehen des Beobachters. Eine weitere alte Faustregel für die Ausführlichkeit gibt es hier nur für die Gedächtnisfunktion: Protokolle müssen so vollständig sein, dass sie auch noch Monate später ein lebendiges Bild des Ereignisses beim Leser wachrufen können.

Ebenso wenig gibt es feste Regeln für die Unterscheidung von Wichtigem und Unwichtigem. Zum evolutiven Charakter einer Beobachtungsstudie gehört, dass man das Wissen um diese Unterscheidung erst mit der Zeit erwirbt. Man ist also anfangs auf eine möglichst umfassende Protokollierung angewiesen, die erst später fokussiert werden kann. Man weiß lange nicht, ob etwas bedeutsam ist, kann durch die Dokumentierung aber in späteren Forschungsphasen überraschende Entdeckungen in älterem Datenmaterial machen. Protokolle werden nicht einfach wie isolierte Samples, etwa von Audioaufnahmen, gesammelt. Sie haben durch ihre Bindung an die ethnografische Erfahrung selbst einen evolutiven Charakter: Sie verändern sich mit der Zeit, knüpfen aneinander an, verschieben ihren Fokus.

Da Beobachtungsprotokolle und die ihnen innewohnende Selektivität immer auf die gegenwärtigen Relevanzen und das Wissen der Beobachter bezogen bleiben, heißt das, dass vieles nicht oder viel zu unvollständig dokumentiert wird, was im späteren Forschungsverlauf wichtig werden wird. Dieser Mangel lässt sich nicht verhindern, man kann aus seiner Antizipation aber eine weitere Faustregel fürs Aufschreiben ableiten: In Bezug auf den Grad der Detailliertheit und den Umfang dessen, was beschrieben wird, sollten Protokolle immer etwas über das Ziel hinausschießen, also immer ein bisschen mehr beschreiben und ein bisschen genauer, als man es in der Gegenwart für notwendig hält, weil man noch nicht weiß, was in Zukunft von dem Beschriebenen wichtig werden wird.

In der zweiten Phase des Protokollierens geht man vom Aufschreiben zum Beschreiben über. Wichtig ist dann nicht nur, was erinnert wurde, sondern auch *wie* etwas versprachlicht wurde. Protokolle müssen soziale Situationen so beschreiben, dass sie nicht nur der Beobachter erinnern, sondern auch ein anderer Leser, der nicht anwesend war, nachvollziehen kann. Dabei können zwei Sorten von Publikum unterschieden werden: reales und imaginäres. Zu den realen Lesern gehört zunächst immer der Autor selbst, der entscheiden muss, ob ein Protokoll nur einige Wochen oder auch noch in zwei Jahren für ihn Sinn machen soll. Er ist der erste Empfänger seiner eigenen Niederschrift, Autor und Leser in einer Person. Weitere reale Leser können Betreuer einer Qualifikationsarbeit sein oder Teamkollegen in einem Forschungsprojekt. Zum imaginären Publikum können Vertreter der öffentlichen Meinung oder der

Untersuchungspersonen gehören. Zumeist werden es aber Vertreter der eigenen Disziplin sein: Ihre Fragestellungen und theoretischen Relevanzen sitzen dem Beobachter immer schon auf der Schulter. Es sind fiktive Mitbeobachter.

Für diese kommunikative Funktion von Protokollen braucht es Beschreibungen konkreter Handlungen, sinnlicher Erfahrungen, Gesten, von Gesichtsausdrücken und Äußerungen statt bloß allgemeiner Kommentare, ungefährer Urteile, tiefsinniger Motivzuschreibungen. Sie mögen alle triftig sein, aber sie helfen nicht bei der Rekonstruktion eines Ablaufs. Für das Wie der Beschreibung gelten also die Maximen: Details statt Zusammenfassungen, konkrete Eindrücke statt Generalisierungen. Hier ein Beispiel einer sog. Doppler-Sonografie, das ist ein akustisch unterstützter Ultraschall während der Schwangerschaft. Die Autorin, Birgit Heimerl, hat im Protokoll auch ihre eigenen subjektiven Eindrücke geschildert, um sich selbst später genauer als Teilnehmerin der Situation erkennen zu können:

Dr. F. drückt auf eine Taste an der Konsole, daraufhin wird die 2D-Darstellung auf die obere Bildschirmhälfte verschoben, am unteren Displayrand erscheint eine Pulswelle mit niedrigen Amplituden, zeitgleich ist ein leises rhythmisches Rauschen zu hören. Die Ärztin bedient einen Regler, worauf die Amplitude etwas größer wird, parallel dazu wird auch das Strömungsgeräusch lauter. Ein stetiges an- und abschwellendes Zischen nimmt nun den Raum ein (ich habe das Gefühl, als säße ich mitten in einem Herz). Der Blick der Ärztin ist hochkonzentriert, mit der rechten Hand hält sie den Transducer in Position auf Jolantas Bauch, die linke Hand liegt auf der Konsole. Auch Jolanta beobachtet den Schirm. (Ich empfinde eine Art ›sakrale Ruhe‹ im Raum. Und dies nicht, weil keiner spricht, sondern gerade aufgrund des lauten, rhythmischen Rauschens. Eigenartig. Ich traue mich nicht, mich zu bewegen – nicht dass ich noch ein Geräusch verursache, das diese Ruhe stören könnte … Ich muss ständig auf die Kurve schauen, so als wäre sie ein Magnet). Dr. F., die mit durchgestrecktem Rücken auf ihrem Hocker sitzt, schaut immer noch mit starrem Blick zum Schirm und beobachtet die Kurve, den Schallkopf hält sie ruhig auf Jolantas Bauch. Auch Jolanta liegt ganz ruhig und schaut unentwegt zum Schirm … Dann schaltet Dr. F. kurz den Ton ab (nur die Kurve ist jetzt zu sehen, doch ohne Ton fehlt ihr irgendwie was), wenig später aktiviert sie den Ton wieder. Er ist jetzt als ein dumpfes lautes Dröhnen zu hören, da sie erneut den Schallkopf kippt und die Pulswellen daraufhin noch mehr abflachen (das hat jetzt was Gespenstisches. Jetzt habe ich nicht mehr den Eindruck, mitten in einem Herz zu sitzen. Ich höre nur noch ›Krach‹, der mir in den Ohren weh tut). Dr. F. zieht dann abrupt den Schallkopf vom Bauch, was mit einem kurzen, sehr lauten Quietschgeräusch begleitet wird. Jolanta erschrickt und zuckt zusammen (ich ebenfalls, es hörte sich an, als würde ein Hund aufjaulen). »Entschuldigung«, sagt Dr. F., und steckt den Schallkopf in die Halterung zurück (Heimerl 2013: 86).

Es gibt unterschiedliche Schreibstrategien, die darauf zielen, Lesern Erfahrungen zu vermitteln (Emerson et al. 1995): Beispielsweise lassen sich Räumlichkeiten lebendiger beschreiben, wenn man über eine Auflistung ihrer äußeren Merkmale hinausgeht, und sie aus der Perspektive ihrer Bewohner beschreibt, etwa ein Büro in der Sicht einer Sekretärin, die hier jeden Tag die von ihrem Chef erzeugte Unordnung an ihrem Arbeitsplatz wieder beseitigen muss. Ähnliches gilt für Personen, die man nicht nur durch eine deskriptive Momentaufnahme, sondern auch durch ihre Interaktion mit anderen (etwa dem Beobachter) charakterisieren kann. Ein Beispiel:

In Kims Gegenwart denkt man nicht leicht ›sie‹, obwohl er noch keine Hormone genommen hat und die Stimme relativ hoch ist. Er hat schwarze Haare mit Seitenscheitel, darunter ein weiches Gesicht mit einem kurzen Mackerlachen, eine schwere Jacke und einen etwas unberechenbaren Gang. Ich habe schon auf dem Hinweg die Schwierigkeit, laufend an seinen Arm zu stoßen (wir gehen nebeneinander, Geräte tragend), weil er erstaunlich viel Platz zum Gehen braucht: die Füße stark nach außen setzend, wankt er fast mit seinem massigen Körper. Auf dem Rückweg bin ich gewarnt, gerate dafür aber an schmalen Bürgersteigecken leicht ins Trippeln neben dem dahintrottenden Typ. Wir gehen zu seinem Auto, er schließt mir die Beifahrertür auf und ich begreife nicht gleich, dass es ans Einsteigen geht. Offenbar haben wir bereits verabredet, was ich glaubte, erst als mein Interesse angemeldet zu haben: ein anschließendes Gespräch über ihn. Kim fährt uns mit lässigen Gesten an Zigarette und Schaltknüppel, die Musik laut aufgedreht, in die Innenstadt (Hirschauer 1993: 56).

Neben solchen und anderen Verfeinerungen einer Beschreibung geht es in der Überarbeitung der Rohfassung von Protokollen um die Organisation verstreuter Textfragmente zu kohärenten Einheiten. Bietet sich zunächst ein Tag als zeitliche Einheit der Organisation von Protokollen an, so sind innerhalb dieser chronologischen Ordnung des Datenkorpus sinnhafte Einheiten zu schaffen, die Situationen oder Ereignisabfolgen zusammenfassen. Einige dieser Einheiten drängen sich durch die zeitliche und räumliche Selbststrukturierung eines Feldes auf: eine Dienstleistungsinteraktion, eine Schulstunde, ein sportliches Match. Andere Einheiten müssen durch den Autor entschieden werden. Die kleinste solcher Einheiten sind *Skizzen*, die sprachlich oder auch grafisch ein Setting charakterisieren, wie es ein Schnappschuss tut. Sie dienen als Hintergrundinformationen für das Schreiben von *Episoden*, kurzen Ereignis- oder Handlungssequenzen.

»Die Narkose kann stufenweise eingeleitet werden und vor der Intubation eine beruhigende Prämedikation, eine Injektion und die Inhalation umfassen. Die letzten Worte, die zu Patienten gesprochen werden, sind Aufforderungen, tief einzuatmen, Ankündigungen wie ›Sie werden jetzt langsam müde‹ und evtl. eine Verabschiedung ›bis gleich‹. Dann entschwindet die Schicht beruhigenden Redens und es bleiben die kühlen Handgriffe. Sie können nun mit erhöhtem Tempo und vermehrter Effizienz durchgeführt werden. Es ereignet sich eine Art Gestaltswitch: sobald die Patienten (als Personen) ›weg‹ sind, bricht das Reden ab, der Anästhesist presst die Atemmaske auf das Gesicht, entfernt sie nach kurzer Zeit, ruckt mit einem Handgriff den Kopf zurück in den Nacken, wackelt an der Kinnlade, schiebt das hakenförmige Laryngoskop in den

Rachen und den Tubusschlauch in die Luftröhre, so dass sein Ende seitlich aus dem Mundwinkel wieder herausragt. Der Patientenkörper zuckt und windet sich oft dabei. Was noch nicht getan wurde, kann nun ohne zeitraubende Erläuterungen erledigt werden: Der Tubus wird auf den Wangen festgeklebt oder mit einem knebelartigen Lederriemen fixiert, das Hemd ausgezogen, die Beine festgeschnallt, ein Katheter gesetzt, Elektroden für das EKG auf dem Brustkorb befestigt, feuchte Läppchen auf die Augen gelegt, ein Arm genommen und umgelagert, der weggekippte Kopf wieder aufgerichtet. Dann wird der Operationstisch mit dem Patientenkörper unter dem Geleitschutz der Anästhesisten und des Beatmungsgeräts in den Operationssaal gefahren und auf den Bock geschoben« (Hirschauer 1993: 257).

Die Beschreibung von Skizzen oder Episoden ist unausweichlich synekdochisch. Die Synekdoche ist eine rhetorische Figur, bei der ein Teil für das Ganze steht, so wie eine Hauptstadt für ein Land, ein protestierender Schüler für den Protest der gesamten Klasse (Kalthoff 1997a). Sie ist unvermeidlicher Bestandteil jeder Beschreibung, da keine Beschreibung eine erschöpfende Auflistung aller Merkmale eines Phänomens leisten kann. Sie wird immer eine hochspezifische Auswahl von Details darbieten, die als Charakteristika eines Phänomens oder als typisches Beispiel einer Sorte von Phänomenen dient. Jede Beschreibung ist fragmentarisch, aber ihrem Anspruch nach eben auch exemplarisch: Sie präsentiert Einzelheiten als Fälle oder Illustrationen ›von etwas‹.

Wenn man im Tagesrückblick Beziehungen zwischen einzelnen Episoden feststellt, die sich als Entwicklungsprozess darstellen lassen, wird man fast zwangsläufig auf jene narrativen Konventionen zurückgreifen, mit denen *Geschichten* erzählt werden. Narrative schaffen auf spezifische Weise Ordnungen: Sie enthalten Schauplätze, Charaktere, Umstände, Absichten, Ereignisse und vor allem eine zeitliche Abfolge. Sie haben einen Spannungsbogen, der etwas passieren lässt, einen Höhepunkt, und sie schildern Handlungen als Taten, die unvermeidliche Konsequenzen haben. Narrative können Erwartungen des Lesers aufbauen, nur um sie zu durchkreuzen, sie können Alltagsbegebenheiten als menschliche Triumphe oder Tragödien darstellen, die Vereitelung von Absichten in eine Moral kleiden, ländliche Idyllen oder zwielichtige Gestalten auftreten lassen usw. Man muss solche Erzählkonventionen beim Verfassen von Ethnografien auf zwei Weisen auffassen: zum einen als *Herausforderung*, das Geschichtenerzählen als handwerkliche Aufgabe der Organisation fast aller Texte ernst zu nehmen; zum anderen als *Versuchung*, viele inkonsistente Details im Datenmaterial der rhetorischen Eigendynamik einer kommunikativen Gattung (Luckmann 1986) zu opfern.

Alltagsszenen entwickeln sich nämlich viel strukturloser und zufälliger als dramatische Geschichten, sodass ihre Darstellung in einem kohärenten Plot einen starken interpretativen Eingriff bedeuten würde. Ethnografische Geschichten sollten daher eher die Form lose verkoppelter Episoden haben, die Platz für abweichende Handlungsstränge lassen, scheinbar irrelevante Details enthalten und deren Ende oft im

Sand verläuft. Dies hat den Vorteil, dass Lücken im Handlungsgefüge auch Spielräume für abweichende Interpretationen offen halten. Einerseits soll durchaus interpretativ Kohärenz erzeugt werden, andererseits soll die Eigendynamik bestimmter Schreibkonventionen (wie der Geschichte) nicht von vornherein die Vieldeutigkeit von beobachteten Details einem einzigen Plot subsumieren.

Für diese Zurückhaltung gibt es mindestens zwei gute Gründe: Zum einen kann sich das durch einen starken Erzähler beanspruchte Verständnis der Handlung erst im Verlauf einer Feldstudie entwickeln. Das offene Ende einer Geschichte bietet daher auch die Chance ihrer späteren Revision. Zum anderen werden die Einheiten einer Beschreibung wesentlich durch die zufällige Präsenz der Beobachterin in Situationen und den Zeitpunkt ihres Feldeintritts bestimmt. Viele Episoden haben aber Vorgeschichten und Spätfolgen, die außerhalb des Beobachtungszeitraums liegen. Die Zeit des Feldaufenthalts, also die Anwesenheit eines Beobachters, ist zwar wie oben festgestellt viel länger als die einer technischen Aufzeichnung, also eines aufzeichnenden Rekorders, aber sie ist ebenfalls selektiv, erfasst also nur einen kleinen zeitlichen Ausschnitt der Geschichte eines Feldes.

Explizieren

Neben der Aufgabe der Darstellung für ein Publikum – dem Beschreiben – hat das ethnografische Schreiben auch analytische Leistungen zu bringen. In einem elementaren Sinn tritt die analytische Funktion des Schreibens schon mit dem Einsatz von Sprache in Kraft. Auf den ersten Blick könnte die mnemotechnische Seite des Protokollierens es als eine Abschrift sozialer Prozesse erscheinen lassen, eine 1:1-Abbildung, die zumindest idealerweise mit einem tatsächlichen Geschehen korrespondiert. Dies ist aber aus zwei Gründen nicht der Fall.

Erstens ist jede Beschreibung von vornherein selektiv, perspektivisch und interpretativ. Wenn man zwei Beobachter eine Szene beschreiben lässt, erhält man zwei verschiedene Beschreibungen mit einigen thematischen Überschneidungen, aber auch mit ganz unterschiedlichen Ausführungen, Auslassungen, Akzentsetzungen. Dies liegt daran, dass diese Beobachter gar nicht das Gleiche sehen, da es eine mit sich identische Szene gar nicht gibt. Ferner sind die Möglichkeiten, soziale Situationen mit sprachlichen Mitteln festzuhalten und zu beschreiben, unerschöpflich. Alles Mögliche lässt sich auf verschiedene Weisen in den Blick nehmen und beschreiben. Der Ethnograf ist also unausweichlich mit Selektionsnotwendigkeiten konfrontiert. Entsprechend der Logik des ethnografischen Forschungsprozesses haben diese Selektionen zwei Merkmale: Zum ersten sind sie anfangs schwach, Fokussierungen werden erst durch den Forschungsprozess selbst ermöglicht (die Maxime der Offenheit). Zum zweiten orientieren sie sich nicht an vorfabrizierten analytischen Kategorien, sondern an den situativen Relevanzen der Teilnehmer.

Zweitens hatten wir schon festgestellt, dass diese Selektivität, Perspektivität und Interpretativität nicht einfach ein Manko menschlicher Beobachter ist (im Gegensatz zu Aufzeichnungsgeräten), es ist vielmehr eine Eigenschaft sozialer Situationen. Sie sind nämlich auch für die Teilnehmer nicht einfach 1:1 abbildbar. Befragt man sie, so wird man ihren Beschreibungen exakt die gleichen Qualitäten entnehmen können. ›Dieselbe‹ Situation ist auf multiple Weise beschreibbar, es gibt keine ›einzig richtige‹ Beschreibung für sie, sondern nur *Versionen* – zwischen denen man Qualitätsunterschiede machen kann.

Schon wegen dieser unaufhebbaren Interpretativität leisten Protokolle weit mehr als Aufzeichnung und Erinnerung. Das Verfassen von Protokollen ist ein aktiver Prozess, der schon durch Wortwahl und Sequenzierung, durch Hervorhebung und Weglassung, durch die Schaffung von Ordnung und Kohärenz zur *Analyse* der untersuchten Gegenstände gehört. *Im* Schreiben werden zugleich Daten konstituiert *und* Erfahrungen analysiert. Sie werden gedeutet, sprachlich gestaltet, pointiert, arrangiert und sequenziert. Der analytische Beitrag der Schriftlichkeit zeigt sich übrigens schon dann, wenn man zur Verbesserung der quantitativen Dokumentationsleistung auf Diktiergeräte statt auf Protokolltexte zurückgreift: Einerseits kann man schneller sprechen als schreiben, andererseits fehlt die eingesparte Zeit dann auch für die analytische Durchdringung. Der zeitraubende Schreibprozess fixiert die Aufmerksamkeit gründlicher auf ein Ereignis. Er ist auch ein Lernprozess, der das Verständnis der eigenen Erfahrungen vertieft.

Diese elementare analytische Funktion des Schreibens lässt sich nun in späteren Phasen der Bearbeitung von Protokollen steigern. Beim Verfassen von Protokollen werden wie beim Transkribieren von Gesprächen fast zwangsläufig eigene Ideen entstehen. Das Anregungspotential empirischen Materials ist oft sehr viel höher als das der Lektüre sozialwissenschaftlicher Texte. Solche Ideen werden ebenfalls in einer besonderen Textsorte festgehalten: *analytical notes*. Mit analytischen Bemerkungen zieht sich der Beobachter für kurze Momente von der Beschreibungsarbeit zurück, sowie er sich vorher mit der Wendung zum Schreibtisch von der Beobachtungsarbeit zurückzog. Konkret handelt es sich um Nebenbemerkungen oder auch kleine Absätze innerhalb von Beschreibungen, die besonders markiert werden können. In ihnen kann vieles festgehalten werden: persönliche Reaktionen, spontane Einfälle, Fragen, die sich stellen oder offenbleiben, kurze Kommentare, Überlegungen, Hinweise auf andere Protokolle usw. Ein Beispiel:

Protokollnotiz: Der Fahrstuhl ist fast voll. Bei einem Zwischenstopp zwängt sich noch jemand hinein. Als der Fahrstuhl mit einem ungewöhnlich scharfen Rucken wieder anfährt, sagt er in entschuldigendem Tonfall: »Äh schwere Knochen«. Alles lacht.

Analytical note: Was ist hier komisch? Einmal langsam: Der Zusteigende hat andere aufgehalten und ihnen Platz geraubt. Seine Bemerkung zum ruckenden Fahrstuhl überzeichnet wohl diese Beeinträchtigung des Komforts zu einer physischen Bedrohung. Er entschuldigt sich insofern für den tatsächlichen Komfortverlust, indem er sich für etwas viel Gravierenderes verantwortlich behauptet – nämlich ein Sicherheitsrisiko zu sein. Dieses Risiko ist natürlich fiktiv oder genauer: Es muss unbedingt fiktiv sein! Nach dem Lacher gehört er jedenfalls ›dazu‹.

Darüber hinaus können *analytical notes* auch über die Gefühle und den persönlichen Zustand des Beobachters berichten, etwa in Form eines Feldtagebuchs. Auch wenn diese Daten in der Regel nicht zur Publikation gelangen, haben sie mitunter eine wichtige analytische Funktion: Da in Beobachtungsstudien die Person des Beobachters das zentrale Forschungsinstrument ist, sind dessen Meinungen, Affekte, Vorurteile wichtige Beobachtungsgegenstände, die über die Eichung und Entwicklungen des Instrumentes Auskunft geben. Dies kann einerseits die Validität von Beschreibungen in ein bestimmtes Licht rücken: Warum glaubte man der Darstellung von A eher als der Darstellung von B? Weil man anfänglich viel größere Sympathien für A hatte … In diesem Sinn entlasten solche Notizen den Beobachter von seiner notwendigen Involvierung ins Feld: sich etwas ›von der Seele zu schreiben‹ verschafft Distanz. Andererseits sind die Affekte des Beobachters nicht nur Kontaminationen, sondern auch ein wichtiger Monitor, auf dem affektive Prozesse des Feldes sichtbar werden können, jedenfalls dann, wenn der Beobachter nicht bei der Behauptung eigener Gefühle stehenbleibt. Also nicht: so wie ich es erlebt habe, war es. Sondern: Wie war das Ereignis beschaffen, so dass es dies bei mir ausgelöst hat?

Solche *analytical notes* sind Nebenprodukte der Beschreibungsarbeit, ihre Produktion gerät oft in Konkurrenz mit dem Dokumentieren von Erinnerungen und man muss spontan entscheiden, welchem Arbeitsmodus man in einem Moment Priorität geben will, damit einem weder Erinnerungen noch Ideen verloren gehen.[25] Als kognitiver Prozess sind Beschreibung und Analyse aber ununterscheidbar: Protokollieren heißt, analytische Beschreibungen anzufertigen (so wie Beobachten immer schon Beschreiben heißt). Und es sind diese analytischen Beschreibungen, die die Folie für weitere Beobachtungen abgeben werden: Sie strukturieren und fokussieren das, was man am nächsten Tag wahrnehmen wird. Ohne analytische Fokussierung wären Beschreibungen eine ideenlose Notizensammlung. Die Datenanalyse würde zu einer unüberwindbaren Schwelle. Dabei finden sich in den *analytical notes* oft wiederkehrende analytische Motive, theoretische Gedanken und Explikationen von Erkenntnisinteressen, die teilweise einfach nur wiederholt, teilweise aber auch anhand konkreter Beobachtungen weiterentwickelt werden. Das analytische Schreiben erweist sich auch und gerade in seinen Wiederholungen als eine den Forschungsprozess begleitende praktische Einübung von analytischen Perspektiven und Interpretationsformen. Die durch das Schreiben vorproduzierten analytischen Blicke und Zugriffe werden zu inkorporierten und schnell abrufbaren Wissenswerkzeugen, die mit zunehmender

---

25 Dagegen sind Memos ausführlichere Analyseabschnitte, die nach der Lektüre größerer Texteinheiten entstehen. Wir kommen in einem eigenen Abschnitt (4.5) auf sie zurück.

Benutzung immer leichter in Situationen abrufbar werden und damit allmählich den Weg von der Beobachtung zum wissenschaftlichen Analyseprodukt bahnen. Analytisch angereicherte Protokolle lassen die Datenanalyse demnach bereits in die Datenproduktion hineinragen, wie schon der Aufschreibzwang in die Wahrnehmungsprozesse hineinwirkte.

Besteht das ethnografische Schreiben in der Forschungssituation vorwiegend aus der anfangs dargestellten Aufzeichnungsarbeit, die nur den Autor selbst zum Leser hat, so wird es in späteren Phasen also immer mehr zu einer adressatenbezogenen Vermittlungsarbeit: dicht an naiv Erlebtem entlang zu formulieren, mit einem Begriff einen Eindruck wirklich zu treffen, genau so viele Details zu verdichten, dass eine Beschreibung weder interpretativ überzogen noch paraphrasierend leer ist.

Ethnografische Beschreibungen haben etwa den Stellenwert, den das Zeigen in anderen Disziplinen hat: das Zeigen von Tabellen und Grafen in der quantitativen Sozialforschung oder von technischen Bildern in den Naturwissenschaften. Dichte Beschreibungen sollen allerdings nicht nur die Nachvollziehbarkeit einer theoretischen Interpretation sichern, sondern auch die Möglichkeit eröffnen, eine Erfahrung und eine Praxis sekundär mit zu vollziehen. Sie sollen also nicht nur ein Datenmaterial in eine disziplinäre Kontrolle einschließen, sondern auch umgekehrt die disziplinäre Kommunikation für fremde Sinn- und Erfahrungszusammenhänge öffnen.

Ein Vorgehen, das auf einen starken Empiriebegriff setzt, muss sich deshalb in Texten repräsentieren, die auf die Sinne (und nicht nur den Verstand) der Leser zugreifen. Dabei darf man sich sensuelle Unmittelbarkeit nicht als naturalistische Abbildung vorstellen: die textuelle Verdichtung – also die Herstellung von Gleichzeitigkeit, die Sequenzierung, die Komposition von Szenen – bildet nicht Beobachtungen ab, sie überbietet sie eher, indem sie Protokollnotizen, Sinneseindrücke und situative Assoziationen zusammenkomponiert. Das ist eher ein Unterfangen der *Simulation* von Erfahrungsqualitäten.

Ziehen wir ein Zwischenfazit für die Modellierung des Forschungsprozesses: Das ethnografische Schreiben ist weit entfernt davon, wie eine Aufzeichnung mittels Tonband nur Speicherungsfunktionen zu haben. Deshalb lässt es sich auch nicht in einem einfachen Phasenmodell unterbringen, wo es die Stelle der Aufzeichnung einnimmt. Also etwa: Beobachten – Aufschreiben – Analysieren – Kommunizieren. Über das Schreiben wird vielmehr eine dichte Kontinuität zwischen den Phasen des Forschungsprozesses hergestellt. Das Formulieren und Vertexten ist ein Prozess, der sich in zwei Richtungen verfolgen lässt: In der einen Richtung macht er aus Erfahrungen Daten. Diese haben wegen der Versprachlichung durch den Beobachter zugleich analytische und interpretative Qualitäten und sind an der kommunikativen Darstellung gegenüber Lesern orientiert. In der Gegenrichtung greifen gerade Verschriftlichung, sprachliche Formen und der Aufschreibzwang in die Erfahrung ein und verändern sie. Ebenso lässt die Publikumsorientierung des Schreibens die Leser und ihre analytischen Interessen gewissermaßen schon neben dem Schreibtisch sitzen, wenn nicht manchmal gar schon in der Beobachtungssituation.

Fassen wir die drei Funktionen des ethnografischen Schreibens noch einmal zusammen:

Genre	Fieldnotes	Protokolle	Analytical Notes, Memos
Schreibpraktik	Aufschreiben	Beschreiben	›Ausschreiben‹
Bezugsproblem	Flüchtigkeit	Schweigsamkeit	Implizität
Funktion	dokumentarisch: Speicherung	kommunikativ: Darstellung	analytisch: Explikation

Die drei Funktionen des ethnografischen Schreibens folgen daher nicht einfach auf die Durchführung von Beobachtungen, sie durchdringen vielmehr von vornherein die ethnografische Erfahrung. Wie gesagt: Der analytische Prozess ragt bereits in die Datenproduktion hinein, wie auch der Aufschreibzwang in die Wahrnehmungsprozesse hineinwirkt. Man kann die drei Funktionen des ethnografischen Schreibens daher in der Gleichzeitigkeit ihrer Wirkung darstellen:

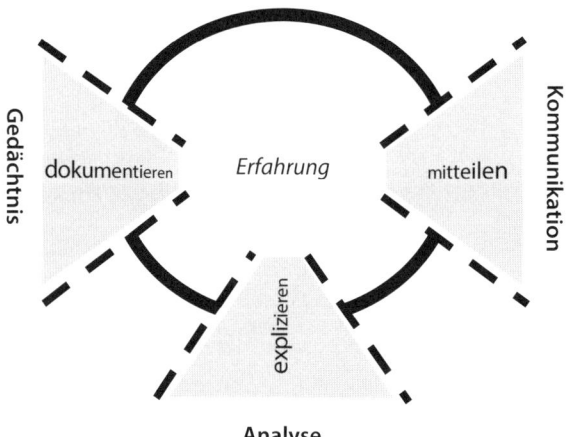

Abb. 4: Hineinragen der Schreibfunktion in die Empirie

Die analytische Funktion des Schreibens ist durch und durch von der Ambivalenz der teilnehmenden Beobachtung bestimmt. Während die Datengewinnung darauf setzt, dass sich ein Beobachter in die Dynamik sozialer Situationen verstricken lässt und sich Felderfahrungen aussetzt, besteht der analytische Prozess aus einer Serie von Rückzügen aus dieser Verstrickung: Mit den Feldnotizen zieht man sich von der laufenden Teilnehmerpraxis auf die Position eines Beobachters zurück, mit *analytical notes* zieht man sich vom nacherlebenden Erinnern auf die Position eines Kommentators zurück und mit der Lektüre des Datenkorpus zieht man sich von der Autorschaft auf die Position des Lesers zurück. Die ethnografische Datenanalyse besteht wesentlich darin, dass sich das Schreiben allmählich den Teilnehmer-Selektionen entzieht und durch sozialwissenschaftliche Relevanzen steuern lässt. Mit diesen Rückzügen wird weiter an einer Beobachtungsposition gearbeitet – Beobachtung jetzt nicht mehr nur im Sinne einer handlungsentlasteten Wahrnehmung sozialer Situationen, sondern Beobachtung im Sinne einer in ihrer Distanziertheit gesteigerten Reflexionsposition.

4. Distanzierungen: Strategien der Analyse

Nach einer gewissen Zeit, das können Wochen oder Monate sein, wird der beständige Wechsel zwischen Feld und Schreibtisch durch eine ausgedehnte Analysephase abgelöst. Sie kann eine analytische Pause vor einer zweiten Feldphase sein, sie kann auch bereits den Abschluss einer Studie einleiten. *Fieldnotes* und Protokolle, *analytical notes* und Memos haben einen inspizierbaren Textkorpus geschaffen, das heißt ein Objekt, das in einem weiteren Sinne wiederum beobachtet werden kann, und zwar wiederholt beobachtet werden kann. Diesen Korpus gilt es, auf eine Weise zu bearbeiten, dass daraus ein umfassender Forschungsbericht entsteht.

Distanzierung bedeutet in diesem Zusammenhang zweierlei: Zum einen geht die Analysephase oft mit einer räumlichen Entfernung einher. Dies kann der Rückzug an einen Schreibtisch sein, bedeutet aber oft eine Reise vom Forschungsort zu einem Ort des exklusiv wissenschaftlichen Arbeitens. Zum anderen, und dies ist wichtiger, bedeutet Distanzierung einen durch Analyseaktivitäten forcierten Reflexionsprozess, durch den sich der Ethnograf eine *intellektuelle Distanz* zu der unmittelbaren Erfahrung des Feldes erarbeitet. Da die Analyse des Datenmaterials wichtige Impulse für die Steuerung der Datenerhebung geben kann, empfehlen wir, die Beobachtungsphase zumindest einmal in der Hälfte der für die teilnehmende Beobachtung anvisierten Zeit oder auch mehrfach durch intensivere Analysephasen zu unterbrechen, in der Forschungsfragen anhand der Analyse der Daten ausgearbeitet und spezifiziert werden. Diese zwischenzeitlichen Analysephasen reduzieren vier typische Risiken ethnografischen Arbeitens (Charmaz/Mitchell 2001: 162): (a) den Verlust der analytischen Distanz zum Feld (*going native*), (b) die Produktion großer Mengen unfokussierten Datenmaterials, (c) die uferlose Ausdehnung der Beobachtung auf immer mehr Themen sowie (d) die Ansammlung unpassender oder nicht genügend reflektierter analytischer Perspektiven oder Konzepte, die sich in die Beobachtung eingeschlichen haben.

In unserer Darstellung der Methodologie der Ethnografie haben wir aufgezeigt, dass der ethnografische Wissensprozess in zwei Bewegungen besteht: Einer Annäherung an das Feld folgt eine Distanzierung von ihm. Dies entspricht nur oberflächlich einer groben zeitlichen Abfolge: Feldzugänge liegen eher am Anfang des Prozesses, die Datenanalyse eher am Ende. Tatsächlich handelt es sich um Gewichtsverschiebungen in der ethnografischen Praxis.

Eine einfache zeitliche Abfolge im Sinne distinkter Phasen sind *Annäherung* und *Distanzierung* schon deshalb nicht, weil qualitative Forschungsdesigns wie oben dargestellt nach beständigem Wechsel von Datengewinnung und -analyse verlangen. Für die Ethnografie kommt jedoch ein weiteres Moment hinzu, das die Vorstellung zweier zeitlicher Phasen zersetzt: Die Analyse beginnt ausdrücklich schon in der Erhebungssituation. Die ethnografische Beobachtung unterläuft in ihrem Bemühen um das Verstehen kultureller Praktiken systematisch die Unterscheidung zwischen bloßer Beschreibung und nachträglicher Analyse. Darüber hinaus schlägt sich die Ethnografin ständig mit der Frage herum, was an dem beobachteten Feld eigentlich analytisch interessant ist und auf welche Aspekte und Themen sie sich daher konzentrieren sollte. Dies sind grundlegende analytische Operationen, die oft schon zu weitreichende Einsichten implizieren – längst bevor die Datenanalyse im engeren Sinne begonnen hat.

Hinzu kommt als ein weiteres Spezifikum der Ethnografie, dass Datengenerierung und Datenanalyse im Prinzip auf die gleiche Praktik rekurrieren: das Schreiben. Wir erinnern an das vierte Markenzeichen der Ethnografie, die besondere Rolle, die das Schreiben und der Einsatz eigener Sprache schon in der Datenerzeugung haben (1.2.): Die Distanz wird schreibenderweise in den Prozess der Annäherung hineingetragen. Ethnografen schreiben sich allmählich in das Feld hinein, aus dem sie schon die erste Notiz hinausträgt. Und sie schreiben sich allmählich aus dem Feld heraus, in das sie sich schreibenderweise hineinbewegten. Dieser paradoxe Gedanke ist auf Anhieb nicht leicht zu verstehen, gehört zur Ethnografie aber so wesentlich wie das nicht minder widersprüchliche Konzept der teilnehmenden Beobachtung. Schon Clifford Geertz hielt fest:

»»Was macht der Ethnograf?« Antwort: er schreibt. Auch diese Entdeckung mag nicht sonderlich aufregend erscheinen […]. Da jedoch die stehende Antwort auf unsere Frage lautet: »Er beobachtet, er hält fest, er analysiert« […] mag diese Entdeckung tiefgreifendere Konsequenzen haben, als zunächst absehbar ist; vor allem die, dass unter Umständen die Unterscheidung dieser drei Phasen der Erkenntnissuche normalerweise überhaupt nicht möglich ist, daß sie als autonome »Operationen« vielleicht gar nicht existieren« (Geertz 1987: 28 f.).

Mit diesem Vorbehalt im Hinterkopf wollen wir nun aber jene Arbeit am Datenkorpus und an der Konturierung der Analyse beschreiben, die nicht mehr zu den Feldpraktiken gehört, sondern sich am Schreibtisch ereignet. Dieser Teil der ethnografischen Forschungspraxis ist durchaus anspruchsvoll und wiederum nicht einfach zu beschreiben – jedenfalls nicht anhand einer Handvoll anzuwendender Regeln, die dann die Produkte der Analyse hervorbringen würden. Einerseits muss die Analyse der Heterogenität und Komplexität nicht nur den ethnografischen Daten, sondern auch dem Forschungsgegenstand entsprechen, andererseits muss sie immer wieder auch pragmatischen Gesichtspunkten folgen und letztlich zu publizierbaren Produkten führen.

Die Schwierigkeit, den analytischen Prozess der Ethnografie zu explizieren, liegt auch daran begründet, dass dieser viele Aktivitäten umfasst, die so alltäglich und unscheinbar sind, dass sich deren Verlauf im Nachhinein nur noch schwer rekonstruieren lässt, wie etwa nachdenken, Ideen formulieren, analytische Perspektiven einüben. Bezeichnenderweise geben viele Ethnografien in ihren Methodenkapiteln zwar mehr oder weniger ausführlich Auskunft darüber, wie der Feldzugang organisiert und wie die Daten erhoben wurden, beschreiben aber nur sehr allgemein, wie diese analysiert wurden. Klassischerweise ist die Datenanalyse die *black box* des ethnografischen Forschungsprozesses. Dieses Kapitel soll Einblicke in diese *black box* geben.

Wie schon die Datenerhebung folgt auch die Datenanalyse pragmatischen Gesichtspunkten. Der partiellen Befreiung von Methodenzwängen in der Erhebungssituation, die der Ethnografin viel Raum zur Anpassung an die konkreten Gegebenheiten eines Feldes gibt, entspricht ein offener und explorativer Umgang mit ›Methoden‹ der Datenauswertung, der dem je spezifischen Forschungsprozess anzupassen ist. Dennoch lassen sich einige Strukturmerkmale und Verfahren innerhalb des Analyseprozesses benennen. Diese liefern keine schlicht anzuwendenden Analyseverfahren, sondern ein Orientierungswissen, das dabei hilft, sich innerhalb des ethnografischen Analyseprozesses eigenständig orientieren zu können und diesem eine Richtung zu geben.

Neben diesem Orientierungswissen werden wir auch konkretere Analyseverfahren, wie das Codieren, die Fallanalyse, den Blick auf das ›Ganze‹ und das Schreiben von Memos vorstellen, die uns als Hilfsmittel nützlich erscheinen, stärker strukturierte Sequenzen des ethnografischen Analyseprozesses anzuleiten. Das vorgestellte Analysemodell ist aber so angelegt, auch andere Analyseverfahren als die hier genannten zu integrieren. Statt eines Rezeptbuches liefert es einen Rahmen, um verschiedenartige Analyseoperationen innerhalb eines Prozesses zu kombinieren. Spezialverfahren, wie etwa konversationsanalytische Verfahren, die Auswertung genealogischer Daten, Dokumentenanalyse, Narrationsanalysen, Verfahren der Objektiven Hermeneutik, Netzwerkanalysen oder Auswertungen von quantitativem Datenmaterial werden nicht ausführlich vorgestellt. Diesbezüglich verweisen wir auf die spezialisierte Fachliteratur.

Im Hinblick auf die *Praxis* des Analysierens wollen wir allerdings vor einem Phänomen warnen, dass man *going method* nennen könnte. Analog zur Gefahr des *going native*, bei dem der Forscher mit dem Feld soweit verschmilzt, dass er keine analytische Distanz mehr gewinnt und seine Beobachterposition aufgibt, ist eine Verselbstständigung von Methoden in qualitativen Forschungsprozessen sehr verbreitet: Man erarbeitet sich ein hochspezialisiertes Wissen über eine Methode der Datenanalyse, wird zum Experten dieser Methode – und verliert sich in dieser Methode, das heißt man vergisst, dass mit diesen Methoden der Datenanalyse eigentlich ein ganz anderer Zweck verfolgt wird: Wir analysieren nicht primär Daten, sondern soziale Phänomene: soziale Situationen, Praktiken, Welten. Unsere Daten sind daher nur Platzhalter dieser Phänomene. Es gibt daher keinen Grund, diesen Platzhalter in der ganzen Kontingenz seiner Entstehung und Auswahl zu sakralisieren.

Die Entwicklung einer Vorstellung vom Prozess ethnografischer Datenanalyse scheint uns aber auch bedeutsam, um ein praktisches Problem der Ethnografie zu bewältigen: Genauso wie man ein Feld endlos beobachten und immer wieder etwas Neues entdecken kann, so findet auch der ethnografische Analyseprozess – vergleichbar dem hermeneutischen Zirkel – kein natürliches Ende; man kann unendlich lange die eigenen Protokolle lesen, über theoretischen Problemen grübeln, Fachliteratur studieren, Protokolle mit Schlagworten oder Codes versehen, Codelisten bearbeiten oder Sequenzen im Datenmaterial in immer kleinere analytische Einheiten zerlegen. Keine dieser Aktivitäten hat einen Endpunkt, den man anhand von externen, objektiven Kriterien bestimmen könnte. Diese Abgründigkeit der Datenanalyse führt dazu, dass der Steuerung des Wechsels zwischen verschiedenen analytischen Aktivitäten – etwa dem Lesen von Protokollen zum Lesen von Fachliteratur, vom Codieren eines Datenkorpus zur Detailanalyse von Einzelfällen – eine genauso große Bedeutung zukommt wie der Ausführung dieser Einzelaktivitäten selbst. Die Steuerung des Analyseprozesses gelingt also nicht (nur) darüber, dass analytische Einzelaktivitäten zu Ende geführt werden, sondern (auch) darüber, dass Kriterien entwickelt werden, die es ermöglichen zu entscheiden, wann es angebracht ist, von der einen Aktivität zu einer anderen überzugehen. Dies setzt ein mehr oder weniger konturiertes Verständnis des Gesamtprozesses voraus. Erst wenn eine Vorstellung davon vorhanden ist, was noch zu tun ist, kann festgestellt werden, was eine vorerst genügende Sättigung von Codes oder vorerst genügende Analysetiefe von Einzelfällen ist. In diesem Sinne wohnt dem Analyseprozess eine doppelte Anforderung inne: Einerseits gilt es, sich auf einzelne analytische Aktivitäten zu konzentrieren und andererseits eine Balance zwischen verschiedenen analytischen Aktivitäten herzustellen. Eine Ethnografin, die sich in einer analytischen Aktivität verliert, ist genauso verloren wie ein Ethnograf, der sich auf keine konzentrieren kann.

Worum geht es konkret im Prozess der Analyse? Praktisch gilt es, sich erst einmal einen Überblick über den Datenkorpus zu verschaffen und ihn so zu bearbeiten und zu organisieren, dass er für weitere Zugriffe und Vergleiche verfügbar wird. Die Daten werden geordnet, das heißt in ein System der Datenorganisation gebracht. Es bietet sich etwa an, Protokolle nach Beobachtungsgegenstand und Datum zu sortieren, Dokumente und Fotos nach Ereignissen oder Bereichen zu kategorisieren, wobei die Ereignisse und Bereiche in Beziehung zu den Protokollen stehen sollen. Zu den schriftlichen Dokumenten gehören auch Notizen (*jottings*) und Tagebucheinträge; auch sie sind zu ordnen oder bestehenden Dokumenten zuzuordnen. Dies alles geschieht durch eine systematische Lektüre bzw. Durchsicht des gesammelten Materials.

Diese Arbeit mit dem gesammelten Datenmaterial ist zugleich wichtig, um erste sozialwissenschaftliche Lesarten und Themen, die ein späteres Textprodukt strukturieren können, zu erkennen und zu entwickeln. Zwar können Ethnografen auf klassische sozialwissenschaftliche Themen zurückgreifen (etwa soziale Differenzierung, Geschlechterunterscheidung, soziale Kontrolle), aber sie erweisen sich in ihrer Allgemeinheit oft als zu unspezifisch, sie müssen am empirischen Material respezifiziert werden. Mit anderen Worten: Sozialwissenschaftliche Themen fallen weder vom Himmel, noch verbinden sie sich naturwüchsig mit dem eigenen Material. Entwickelt und erprobt werden sie vielmehr in kleinteiligen Verknüpfungen, innerhalb derer die in den Aufzeichnungen und Erinnerungen der Ethnografin repräsentierte ›Welt des Feldes‹ auf die ›Welt der wissenschaftlichen Diskurse‹ bezogen und mit ihr verbunden werden soll. Innerhalb dieses Prozesses entsteht idealerweise ein gleichzeitig empirisch fundierter als auch sozialwissenschaftlich gehaltvoller Text.

Die Herstellung von Anschlüssen ethnografischer Beobachtungen an sozialwissenschaftliche Diskurse, die es in der Datenanalysephase zu entwickeln gilt, gelingt auch, indem man sich etwa folgende Fragen stellt: Zu welchem akademischen Diskurs, Themenfeld oder welcher Debatte kann mein Fall einen Beitrag leisten? Worin genau besteht er? Wie verhält er sich zu den Beiträgen anderer Autorinnen, die sich mit ähnlichen Themen beschäftigt haben? Um diese Fragen zu beantworten, braucht es nicht nur die besagte Re-Lektüre und Re-Analyse des Datenmaterials, sondern immer auch fachspezifisches Wissen um Konzepte, Diskurse und Theorien. Die Verknüpfung des empirischen Falles mit der wissenschaftlichen Literatur und dem wissenschaftlichen Feld, in dem die eigene Forschung platziert werden soll, wird zunächst mittels zweier voneinander zu unterscheidender Vorgehensweisen hergestellt: Erstens müssen wissenschaftlich relevante Themen im eigenen Datenmaterial *identifiziert* werden. Es gilt Kategorien und Themen zu finden, die zu dem eigenen Datenmaterial passen, und über die sich relevante Literatur finden lässt. Zweitens gilt es, in der Literatur nach *methodischen Werkzeugen* Ausschau zu halten, die helfen, die eigenen Analysen zu schärfen.

Dies sollten jene Analyseverfahren sein, die den Erzeugungsprinzipien des eigenen empirischen Materials entsprechen. Die Methode, mit denen eine Praktik, ein institutionelles Verfahren oder eine soziale Situation etc. ethnografisch erkundet wurden, sollte nämlich auch ausschlaggebend für das gewählte analytische Verfahren sein. Ethnografische Protokolle wird man daher eher mit Codierverfahren der *Grounded Theory* oder der ethnografischen Semantik durchforsten, bei der Analyse von Gesprächssequenzen wird man beispielsweise eher auf die Konversations- oder Gattungsanalyse sowie andere hermeneutische Verfahren zurückgreifen und bei der Analyse von Dokumenten wird man entscheiden müssen, welches diskurs- oder dokumentenanalytische Verfahren man wählt. Die *analytischen Tools* sind eben nicht kanonisierte Verfahren, sondern selbst Objekt der sozialwissenschaftlichen Forschung, in der sie verändert, überarbeitet und weiterentwickelt werden.[26] Hierzu ist es sinnvoll, die Entwicklung im Feld qualitativer Analyseverfahren zu beobachten sowie eigene Vorgehensweisen zu entwickeln und zu erproben. Diese können auch in einer Kombination verschiedener Verfahren bestehen, wenn dies der Struktur der eigenen Daten gerecht wird. Wir werden beides noch genauer ausführen.

---

26 Zur Weiterentwicklung der *Grounded Theory* siehe Clarke (2005); zu den erkenntnistheoretischen Voraussetzungen siehe Lindemann (2008); für einen Überblick über die Dokumentenanalyse siehe die Beiträge in Prior (2011). Einen sehr guten Überblick über verschiedene Verfahren der Datenanalyse geben Przyborski/Wohlrab-Sahr (2008) und Strübing (2013).

4.1   Bezugspunkte der Analyse: Vergewisserungen

Bevor wir zur Beschreibung der Praktiken des Analyseprozesses kommen, ist es sinn-voll, dass wir uns zweier Bezugspunkte und zweier grundlegender Prinzipien dieses Prozesses vergewissern. Dies betrifft unser Verständnis von den ›Daten‹ sowie die Klä-rung dessen, was wir unter ›Themen‹ der Ethnografie verstehen. Außerdem erläutern wir das paradoxe Prinzip einer Organisierung von Überraschungen und die Notwen-digkeit einer Überschussproduktion an analytischen Ideen und Themen.

Daten

Der Datenbegriff der Ethnografie widersetzt sich einer strengen Trennung zwischen einem objektiv aufgezeichneten Datum und einer nachträglich entwickelten Interpre-tation, die positivistischen Modellen der Datenanalyse zugrunde liegt. Zwar lassen sich verschiedene Ebenen und Schichten der Interpretation ethnografischer Daten unterscheiden, allerdings existieren Daten in der Ethnografie nicht außerhalb einer interpretierten sozialen Realität. Ein Beispiel, das den Charakter ethnografischer Daten veranschaulichen soll, stammt von dem analytischen Philosophen Gilbert Ryle und wurde von Clifford Geertz (1987: 10 f.; H.i.O.) in seinem Aufsatz »Dichte Be-schreibung« zitiert:

»Stellen wir uns […] zwei Knaben vor, die blitzschnell das Lid des rechten Auges bewegen. Bei einem ist es ein ungewolltes Zucken, beim anderen ein heimliches Zeichen an seinen Freund. […] Es ist nicht etwa so, sagt Ryle, dass derjenige, der zwinkert, zwei Dinge tut – sein Augenlid bewegt und zwinkert –, während derjenige, der zuckt, nur sein Augenlid bewegt. Sobald es einen öffentlichen Code gibt, demzufolge das absichtliche Bewegen des Augenlids als gehei-mes Zeichen gilt, so *ist* das eben Zwinkern.«

Dem Beispiel folgend wäre es falsch, die ›objektive‹ Bewegung des Augenlids als Datum und die soziale Bedeutung der Geste als nachträglich zugeschriebene Interpre-tation oder Analyse eines messbaren körperlichen Vorgangs zu verstehen. Vielmehr gibt es außerhalb des Bereichs interpretierbarer sozialer Bedeutungen gar keinen Objektbereich einer verstehenden Sozialwissenschaft. Die Realität der Ethnografie ist jene, in der Akteure gemäß »öffentliche[r] Code[s]« (Geertz 1987: 11) ihren Gesten einen Sinn geben und andere Akteure, inklusive der Ethnografin, diesen im besten Fall gemäß der gleichen Codes interpretieren. Demnach sind aber auch die Missver-ständnisse, wenn etwa Zucken als Zwinkern interpretiert wird, und Zweifel an der Interpretation (»Hat sie mir wirklich zugezwinkert?«) das tägliche Brot der Ethnogra-fie. Sie sind nicht bloß nachträgliche Komplikationen, die sich mittels besserer Mes-sungen etwa der ursprünglichen Bewegung des Augenlids beseitigen lassen, sondern ein wesentliches Merkmal jener bedeutungsvollen sozialen Praxis, die den Gegenstand der Ethnografie ausmacht. Für den Datenbegriff der Ethnografie bedeutet dies, dass Daten und Analysen sich zwar bezogen auf ihr Abstraktionsniveau unterscheiden, also ›wie weit‹ sie von den primär beobachteten Praktiken entfernt sind, und an welches Publikum sie sich richten, sie unterscheiden sich aber *nicht* bezogen auf ihren erkenntnistheoretischen Status. In beiden Fällen, Daten und Analysen, hat die Ethnografin es mit Interpretationen zu tun, das heißt mit immer schon Verstandenem und Gedeutetem. Analysen sind lediglich Interpretationen höherer Ordnung, die auf Interpretationen niedrigerer Ordnung, nämlich denen der Teilnehmer, aufbauen (Hitzler/Honer 1997: 7f.).

Aber was sind nun ethnografische Daten? Eine vollständige Liste ethnografischer Datentypen lässt sich nicht erstellen. Ethnografische Daten, wie wir sie im dritten Kapitel dargestellt haben, können je nach Feld ein weites Spektrum von Texten, Aufzeichnungen und Objekten umfassen: Verschriftlichungen der Ethnografinnen (Protokolle, Tagebücher, Transkripte, Genealogien, Skizzen), audiovisuelle Aufzeichnungen (Interviewaufzeichnungen, Gesprächsmitschnitte, Videofilme, Fotos, Musik), schriftliche Dokumente (Akten, Archivmaterialen, Zeitungsartikel, Karten, Werbematerialien, Internetseiten) und Artefakte (rituelle Gegenstände, Kinderspielzeuge, alltägliche Gebrauchsgüter). Dabei hängt es auch und gerade vom Feld und den methodischen Strategien und Kompetenzen der Ethnografin ab, welche Daten in einem Feld produziert und gesammelt werden.

Manche Formen qualitativer Sozialforschung, insbesondere die Konversationsanalyse, legen großen Wert darauf, dass die Daten, etwa Audioaufzeichnungen und deren Verschriftlichungen, einen möglichst exakten und durch einen Beobachter unverfälschten Zugang zum Verlauf von Interaktionen erlauben. Sie versprechen sich davon, die Konstitution primärer Bedeutungen und die Interpretationen von Interaktionen durch die Teilnehmer im Detail nachvollziehen zu können. Die Ethnografie hat weniger strenge Anforderungen an ihre Daten. Zwar können Transkripte von Gesprächen oder Videoaufnahmen verwendet werden, aber zum einen wissen teilnehmende Beobachterinnen zu viel von der hohen Selektivität dieses Materials, als dass sie sich vollständig darauf stützen könnten; zum anderen gelten auch die stärker durch Interpretationsschemata der Ethnografin bestimmten Beobachtungsprotokolle im ethnografischen Forschungsprozess als Daten. Was angemessene oder valide Daten sind, bestimmt sich in der Ethnografie vor allem in Beziehung zu einem umfassenderen Verständnis der Wirklichkeit eines Feldes, das die Ethnografin durch längere Zeiträume der Teilnahme in diesem Feld erworben hat.

Dieses *Erfahrungswissen* des Ethnografen ist gar nicht datenförmig, denn nicht jedes Merkmal des Feldes, nicht jede Nuance der Ereignisse, nicht jede Bemerkung der Teilnehmer wird er auch niederschreiben (können). Im Gegenteil: Das Notierte bildet nur einen kleinen Ausschnitt der (körperlichen) Erfahrungen und Erinnerungen an das von ihm faktisch Erlebte und mit all seinen Sinnen Wahrgenommene.

Diese Form ethnografischen Wissens ist ernst zu nehmen und soll für die Analyse genutzt werden. Die ethnografische Erfahrung bildet einen großen Pool, aus dem für die Versprachlichung von Phänomenen, für das kontextuelle Verständnis eines Protokollauszugs oder für die Identifizierung von Themen geschöpft werden kann. Dieses Datenverständnis, das den Stellenwert des einzelnen Datums in Beziehung zu dem Feld als Ganzem bestimmt, unterscheidet sich vom Datenverständnis der Konversationsanalyse oder der Objektiven Hermeneutik, die den Realitätsbezug der Daten viel stärker in einer technisch verstandenen Genauigkeit der Aufzeichung und der Transkription begründet sieht.

Ethnografische Daten lassen sich also weder über ihren erkenntnistheoretischen Status, noch über eine Liste von zulässigen Datentypen, noch über ihre vermeintliche Exaktheit definieren. Vielmehr bestimmen sie sich über ihre *Position im Forschungsprozess* und ihre Funktionalität für die Analyse. Daten sind all jene meist textförmigen aber auch hörbaren, taktil erfassbaren oder visuellen *Objekte der Analyse*, die zur Interpretation von Aspekten der Wirklichkeit eines sozialen Feldes herangezogen werden können. Das Datum – also das zu einem bestimmten Zeitpunkt als Datenquelle *Gegebene* – zeichnet sich nicht durch eine ihm innewohnende unabänderliche Qualität aus, sondern wird erzeugt durch die Haltung, die die Ethnografin ihm gegenüber einnimmt. Das *Gegebene* ist immer auch etwas in der Analyse *Gemachtes*.[27]

Im praktischen Vollzug der Analyse selbst nehmen Ethnografen aber in der Regel an, dass ihnen das Datenmaterial, das sie selbst erzeugt haben, direkte Einblicke in die Wirklichkeit ihrer Felder vermittelt. Damit gehen sie – gewissermaßen wider besseres Wissen – von einer dokumentarischen Qualität ihres Materials aus, das heißt von einer Korrespondenz ihrer Notizen, Protokolle etc. mit der sozialen Wirklichkeit. Dass Ethnografen im Analyseprozess ihren reflexiven Blick auf das Datenmaterial und den Forschungsprozess suspendieren, ist vor allem darin begründet, dass sie nicht zwei Dinge in einem Atemzug erledigen können. Ein Ethnograf kann nicht Aussagen über die soziale Welt seines Feldes treffen und im gleichen Moment die Grundlagen seiner Aussage zum Gegenstand des Nachdenkens machen (Ashmore 1989). Ethnografen verschieben damit zeitweise den eigenen Anteil an der Konstruktion dieser Daten in den blinden Fleck der Beobachtung. Dieser Wandel der Einstellung markiert den Übergang vom Nachdenken über den Konstruktionsmodus der Daten zum Analysemodus, der »Daten« als Objekte seines Interesses voraussetzt und sie hierdurch – zumindest temporär – ›härtet‹. Ohne diese Einklammerung des Konstruktionsmodus befände sich eine ihr Material analysierende Ethnografin in einer permanenten Krise.

---

27   Eine vergleichbare Auffassung vertreten auch Dellwing/Prus (2012) in einer aktuellen »Einführung in die interaktionistische Ethnographie«. Dieses Lehrbuch, das in ähnlicher Weise wie unseres eine Haltung der Pragmatik und Offenheit im ethnografischen Forschungsprozess vertritt, ist letztlich deutlich an der Praxis der *Grounded Theory* orientiert.

Dennoch bleiben die Beziehungen ethnografischer Daten zu den Feldkenntnissen der Ethnografin, die weit über diese hinausgehen, ständig mobilisierbar. Sie durchdringen die Analyse, können aber auch dazu führen, dass vom ›Analysemodus‹ spontan in den Konstruktionsmodus von Daten zurückgewechselt wird. Es können etwa inhaltliche Fehler oder Verwechslungen in den Protokollen ›richtiggestellt‹ oder Protokolle erweitert werden, weil in der Analyse auffällt, dass wichtige Details des Geschehens unvollständig wiedergegeben wurden. Neben diesem Bezug der Daten auf die Erinnerungen der Ethnografin an Vergangenes verweisen die Daten auch immer schon auf die Zukunft der Datenanalyse. Daten müssen sich im Analyseprozess bewähren, das heißt bezogen auf die zum Zeitpunkt des Schreibens noch nicht bekannten Relevanzen, die sich in der Analyse entwickeln, zeigt sich erst, was eigentlich an den Daten beachtenswert und aufschlussreich ist.

Analytische Themen

Analytische Themen sind umfassendere Produkte von Analyseprozessen.[28] Sie strukturieren den gesamten Verlauf des Forschungsprozess. Sie liefern der *Feldauswahl* ihre Gründe und ihren Zuschnitt. Der *Beobachtung* geben sie einen Fokus und dem *Analysevorgang* eine Richtung. Bezogen auf das Textprodukt sind die analytischen Themen schließlich Resultate, die einem Publikum in Form von Kapiteln oder Abschnitten präsentiert und erklärt werden können. Im Forschungsprozess haben Themen Konjunkturen, das heißt sie durchlaufen ›Karrieren‹ und verändern sich kontinuierlich. Sie sind gewissermaßen ständig *under construction*; sie werden eingeführt, reformuliert, rekonfiguriert, erweitert, beschnitten oder verworfen. Durch diesen Prozess gewinnt die ethnografische Analyse an Struktur und Komplexität; sie beginnt also nicht mit aus der Fachliteratur abgeleiteten Themen, die dann – in eine fixierte Gliederung gebracht – Kapitel für Kapitel abgearbeitet werden. Dieser relativ offene Prozess setzt bei Ethnografen allerdings die Bereitschaft und Fähigkeit voraus, die Spannung auszuhalten, die das Werden der Analyse ausmacht.

Die Identifikation, Entwicklung und Konturierung von Themen für die Analyse stellt daher einen entscheidenden Schritt im ethnografischen Forschungsprozess dar. Themen bilden die Gelenkstelle zwischen der Feldforschung und der Publikation von Ergebnissen, sie definieren jene Ausschnitte aus der Vielfalt des Geschehens im Feld,

---

28 Spradley (1980: 140 ff.) spricht von kulturellen Themen (*cultural themes*), die Ethnografen in ihrer Forschung entdecken. Glaser (1978: 60), der ein eher formalisiertes Verständnis von qualitativen Forschungsprozessen hat, spricht von Kernvariablen (*core variables*). Emerson et al. (1995: 170) hingegen verwenden wie wir, aufgrund eines offeneren und mehr an der Textproduktion orientierten Ethnografieverständnisses, den Begriff des analytischen Themas (*analytical theme*).

die für die Forschung relevant werden und sie bestimmen die Perspektive, unter der diese Ausschnitte analysiert werden. Bei der Identifizierung von Themen und bei der Entscheidung für ihre Bearbeitung (also gegen die Bearbeitung anderer) kommt die doppelte Orientierung des Forschungsprozesses am empirischen Feld und an der wissenschaftlichen Disziplin zum Tragen. Die Themen der Ethnografie müssen einerseits *in* den Daten und in den erkennbaren Relevanzen des Feldes gründen und müssen andererseits *für* den wissenschaftlichen Diskurs anschlussfähig sein. Dies nennen wir das Prinzip der doppelten Relevanz ethnografischer Themen. Was dies genauer bedeutet, werden wir gleich ausführen.

Wie kommt nun die Ethnografie zu ihren Themen? Den klassischen Vorstellungen der *Grounded Theory* zufolge (Glaser/Strauss 1967) »entdeckt« man die Themen der Analyse in den Daten, sie emergieren diesem Ansatz zufolge vor allem aus den Daten selbst. Das ist auch nicht falsch. Die im Folgenden zu beschreibenden Analysepraktiken des Codierens, des Interpretierens und des Zusammenführens richten sich ja durchaus auf die Entdeckung und Herausarbeitung von Themen in den Daten. Dennoch greift diese Vorstellung zu kurz. Sie vernachlässigt, dass die Entwicklung der Themen in der ethnografischen Forschung nicht erst in der Datenanalyse, sondern früher beginnt. Schon bei der Konzipierung der Forschung und in der Feldforschung selbst orientiert man sich an analytischen Themen, die die Feldforschung strukturieren. Darüber hinaus unterschätzt die Vorstellung der Emergenz der Theorie aus den Daten die Aufgabe der *theoretischen Arbeit* an den Themen. Ethnografische Analyse treiben heißt, immer wieder – während des gesamten Forschungsprozesses – theoretische Arbeit zu leisten. Dies bedeutet u. a., analytische Ansätze zu rezipieren, sich mit soziologischen Theorieschulen auseinanderzusetzen und gegenstandsbezogene Arbeiten zu konsultieren. Die Entwicklung möglicher Themen bewegt sich daher weit über die Datenanalyse im engeren Sinn hinaus; sie ist auch eine eigenständige Praxis, die sich in der Lektüre von Fachliteratur und im distanzierten Nachdenken über den eigenen Fall entfaltet. Um sie als solche zu kultivieren, gilt es, sich selbst immer wieder auch in Distanz zu den Praktiken der Datenanalyse zu rücken.

Wir unterscheiden dabei analytische *Produkte*, das heißt Ergebnisse der Datenanalyse, von analytischen Themen; beide sind zwar miteinander verknüpft, aber nicht identisch. Analytische Produkte und Themen sind – metaphorisch formuliert – mit einer Leine verbunden: Sie stiftet einen Zusammenhang dieser getrennten Bereiche, sie schafft Spiel- und Manövrierraum und sie erlaubt es, die Kluft zwischen dem empirischen Gegenstand (»Feld«) und dem Wissenschaftsfeld pragmatisch in beide Richtungen zu überwinden. Gute analytische Themen zeichnen sich eben nicht nur dadurch aus, dass sie eine Fundierung in den Daten haben, sondern auch dadurch, wie gut sie nach intellektuellen Standards konstruiert und hiermit als Beitrag zu einer wissenschaftlichen Diskussion wahrnehmbar sind. Die Durchdachtheit eines Themas und dessen Relevanz innerhalb von wissenschaftlichen Diskursen sind wichtige Kriterien für analytische Themen. Sie definieren Qualitätsunterschiede zwischen harmlos beschreibenden Ethnografien und solchen analytischen Ethnografien, die an bestehende Debatten anschließen und hier relevante Weiterentwicklungen darstellen.

Die Frage der Relevanz eines ethnografischen Themas ist also kein Zufallsprodukt einer ungesteuerten Emergenz aus dem Datenmaterial, sondern das Ergebnis einer gelungenen eigensinnigen theoretischen Erarbeitung. Zeitlich erstreckt sich der Prozess der Identifizierung, Konturierung und Auswahl von Themen für die ethnografische Analyse wie gesagt über den gesamten Forschungsprozess, aber in der Phase der Datenauswertung erhält er seine besondere Bedeutung für die Strukturierung und Fokussierung eben dieser Praxis der Datenanalyse. Von beiden Sinnbereichen, sowohl von der theoretischen Themensetzung und -entwicklung als auch von der Datenanalyse, gehen wechselseitig Impulse aus, die dann immer wieder innerhalb des jeweils anderen Bereichs aufgearbeitet werden müssen, um die Balance im Verhältnis von analytischen Themen und Daten wiederherzustellen. Deshalb gibt es auch keine festen Zeitpunkte, wann Themen, die sich bezogen auf ein Textprodukt als zentral erweisen, im Forschungsprozess auftauchen. Mitunter kann eine Idee für ein Thema sehr früh im Forschungsprozess entstehen und wird dann in einem langwierigen analytischen Prozess theoretisch und empirisch aufgearbeitet. Andere Themen ergeben sich erst in späteren Phasen des Datenanalyseprozesses.

So kann eine Ethnografin etwa mit der thematischen Idee eine Feldforschung starten, wie eine vornehmlich aus Migranten zusammengesetzte Kirchengemeinde die Integration ihrer Teilnehmer in andere gesellschaftliche Felder befördert oder behindert. Dies hat Konsequenzen für die Beobachtungen, deren Verschriftlichungen sowie die Auswahl der Daten, die analysiert werden sollen. Es stellen sich dann aber bezogen auf die Aufarbeitung dieses Themas innerhalb des Forschungsprozesses immer wieder neue Fragen: Ist dieses Thema überhaupt ethnografisch sinnvoll? Wo zeigen sich Anschlussstellen der Gemeinde zu anderen gesellschaftlichen Feldern? Finden sich Praktiken oder Diskurse in der Kirchengemeinde, die auf ihre gesellschaftliche Umwelt Bezug nehmen? Wurde genügend Datenmaterial gesammelt, um dieses Thema seriös zu bearbeiten? Der Prozess der Themensuche und Themenfindung kann aber auch erst im Analyseprozess stattfinden. Es kann sich zum Beispiel in der Arbeit am Datenmaterial zeigen, dass man interessantes Material zu Betpraktiken in der besagten Gemeinde hat. Aber aus interessantem Material ergibt sich nicht sofort ein sozialwissenschaftlich relevantes Thema, das sich mit diesen Beobachtungen bearbeiten und mit dem sich die Daten analytisch erschließen lassen. Dies müsste erst noch Schritt für Schritt erarbeitet werden. Während bei dem ersten Thema kritisch zu prüfen wäre, ob es sich empirisch eignet, wäre beim zweiten Thema zu prüfen, ob es sich analytisch lohnt.

Diese Offenheit für Themen ist eine Eigenart und Ressource von qualitativen Analyseprozessen, die sie von standardisierten Verfahren der Sozialforschung unterscheidet. In ethnografischen Forschungsprozessen gilt die Heuristik der Entdeckung nicht nur für die Beobachtungsphasen, sondern auch für Analysephasen. Mit anderen Worten: Hier wird das Feld mittels des empirischen Datenmaterials erneut erschlossen. Die entdeckten und erdachten Themen geben strukturierende und lenkende Impulse, ohne dabei die Analyse in einem strengen Sinne zu steuern. In Beziehung zu den Daten müssen Themen immer wieder in Frage gestellt, eingeklammert, umgearbeitet, erweitert oder fallengelassen werden. Die komplementären wissensgenerierenden Potentiale von Datenanalysen und Themenentwicklung kommen nur zur Geltung, wenn sie sich gegenseitig nicht zu sehr einengen. Nur weil den einzelnen Sinnbereichen ein gewisses Maß an interner Autonomie zugestanden wird, können sie sich gegenseitig auf produktive Weise irritieren und stimulieren. Die Leine bleibt lang.

Geeignete ethnografische Themen sollten es ermöglichen, größere Ausschnitte des Datenmaterials zu organisieren und gleichzeitig noch konkret genug sein, um empirische Relevanz zu haben. Wenn sie zu konkret zugeschnitten sind, laufen sie Gefahr, analytisch uninteressant zu sein; sind sie zu abstrakt, erscheinen sie empirisch beliebig. Wenn sich beispielsweise innerhalb der Ethnografie eines Betriebes sehr viele Beobachtungen angesammelt haben, die das Rauchen der Mitarbeiterinnen in der Kaffeepause dokumentieren, ist ›an der Zigarette ziehen‹ voraussichtlich zu kleinteilig, um ein späteres Kapitel oder einen Aufsatz damit zu füllen. Im Gegensatz dazu liefert das Thema ›Konsum‹ zwar Anschluss an große Mengen wissenschaftlicher Literatur, es ist allerdings bezogen auf das Datenmaterial zu allgemein. ›Rauchen‹, ›Pausen‹, ›Gruppenbildungsprozesse‹ oder ›Drogenkonsum am Arbeitsplatz‹ wären mögliche Themen, die für dieses Material angemessen erscheinen. Ob sie sich im Analyseprozess bewähren würden und dann tatsächlich in ein Kapitel, einen Aufsatz oder den Abschnitt einer Abschlussarbeit münden könnten, wäre praktisch auszuprobieren. Themen müssen sich, wie Glaser (1978) es ausdrückte, ihren Weg durch den Analyseprozess ›verdienen‹. Dabei bleiben andere Themen ›auf der Strecke‹.

Analytische Themen zeichnen sich ihrerseits durch eine *doppelte Relevanz* aus. Einerseits beinhalten sie inhaltliche Aussagen über *empirisch beobachtbare Sinneinheiten* (ein Feld, einen Fall, ein Beobachtungsprotokoll etc.). Andererseits handelt es sich um vom konkreten Handlungskontext des Feldes *abstrahierende Aussagen*, die den Anforderungen an wissenschaftliche Kommunikation in Form und Inhalt genügen müssen. Analytische Themen müssen durch Daten begründbar sein, sie dürfen aber keine reine Verdopplung ethnografischer Beschreibungen sein. Vielmehr müssen sie die Interpretationen, auf die Ethnografinnen im Feld treffen, auf einem höheren Abstraktionsniveau zusammenführen, können sie sogar hinterfragen und sollen sich mit den Mitteln sozialwissenschaftlicher Analyse von ihnen distanzieren. Die doppelte Relevanz der Themen, bezogen auf die Daten und den wissenschaftlichen Diskurs, muss im Prozess der Analyse erarbeitet werden. Sie kann nicht einfach als gegeben vorausgesetzt werden.

Die praktische Hauptaufgabe des Analyseprozesses besteht darin, Daten, Themen und Argumente in kleinteiligen Sequenzen analytischer Arbeit zu einem tragfähigen Netz zu verknüpfen.

Überraschungen organisieren

Eine etwas kurios anmutende Anforderung an die Ethnografin in der Datenanalyse ist es, sich von Daten überraschen zu lassen, die sie zum größten Teil selbst hergestellt hat. Dies klingt zunächst paradox, weil Überraschungen üblicherweise dann passieren, wenn etwas Unerwartetes geschieht. Der Typus Überraschung, um den es in der Datenanalyse geht, ist aber viel weniger passiv, als es das Alltagsverständnis von Überraschungen nahelegt. Er setzt zwei Dinge voraus: zum einen eine grundsätzliche Überraschungsbereitschaft *und* Erinnerungsbereitschaft an vergangene Überraschungen. Diese werden ja von unseren Lernprozessen zugedeckt. Man ist nicht zweimal durch dasselbe in gleicher Weise überraschbar. In jeder Protokollnotiz steckt aber schon eine Entscheidung über ihre Notierwürdigkeit, die vor dem Hintergrund eines wie auch immer minimalen ›erlebten Informationswertes‹ getroffen wurde, also auf einer kleinen Überraschung beruht. Überraschungen entdeckt man daher zunächst, indem man die eigenen alltagsweltlichen Erwartungen expliziert, vor deren Hintergrund man etwas bemerkens- und notierenswert fand. Zum anderen verlangt das Organisieren von Überraschungen, die eigenen Erwartungen an das dokumentierte soziale Geschehen aktiv so zu manipulieren, dass die Wahrscheinlichkeiten für Überraschungen deutlich erhöht werden.[29]

Eine erste Methode, sich so selbst Überraschungen zu bereiten, lässt sich der Tradition der Alltagssoziologie (siehe Kapitel 1) entnehmen: die Einnahme eines ›exotisierenden‹ oder ›befremdenden‹ Blickwinkels, der Vertrautes fremdartig anmuten lässt. Auf diese Weise lassen sich auch sehr alltägliche Aktivitäten, die sonst der analytischen Aufmerksamkeit entgehen, wieder als unwahrscheinlich und überraschend wahrnehmen. Fragen nach dem Gelingen sozialer Praktiken sind geeignete Mittel, um diesen Befremdungseffekt herzustellen. Nehmen wir das Beispiel des Ein- und Aussteigevorgangs auf einem Bahnsteig. Schon durch einfache Fragen kann diese banale soziale Aktivität von einer unhinterfragten Selbstverständlichkeit zu einem überraschenden sozialwissenschaftlichen Rätsel werden: Wie gelingt es den Personen, in dem Gedränge auf dem Bahnsteig eigentlich ihre Bewegungen in der Regel so zu koordinieren, dass keine größeren Un- oder Zwischenfälle passieren? Keine hitzigen Debatten oder gar Schlägereien darüber, wie der Prozess zu organisieren sei? Dies mutet umso erstaunlicher an, als niemand den Prozess des Ein- und Aussteigens anleitet und es keinen formalen Regelkatalog gibt, der für alle verbindlich festlegt, wie er abzulaufen hat.

---

29 Mit dem Konzept der Abduktion hat Charles Sanders Peirce versucht, der Überraschung einen Platz in der Erkenntnistheorie zuzuweisen. Die Bedeutung von Abduktion für die qualitative Datenanalyse hat Reichertz (2010) herausgearbeitet. Von ihm stammt auch der Gedanke, dass Überraschungen zwar nicht planbar sind, sich allerdings Bedingungen benennen lassen, unter denen ihr Auftreten wahrscheinlicher wird. Auf Mertons *Serendipity*-Konzept gehen wir weiter unten ein.

Die Verschiebung der Perspektive, die durch diese befremdenden Fragen erreicht wird, lenkt die analytische Aufmerksamkeit auf jene sozialen Mikropraktiken und impliziten Regeln, auf die die Personen zur Koordinierung von Körpern und Bewegungen in anonymen Menschenmengen zurückgreifen. Die bewusste Befremdung selbstverständlicher Annahmen und Praktiken gehört zum analytischen Standardrepertoire von alltagssoziologisch geschulten Ethnografinnen.

Eine zweite Methode, Überraschungen analytisch zu nutzen, besteht darin, das Datenmaterial nach Szenen abzusuchen, in denen die Feldteilnehmerinnen selbst oder die Ethnografin als Erzählerin des Geschehens von den Ereignissen überrascht, irritiert oder zu unkonventionellem Verhalten herausgefordert werden. An diese Szenen kann dann die Frage herangetragen werden, was sich in ihnen zeigt, was vom üblichen Ablauf oder vom ›normalen Verhalten‹ abweicht und worauf die Teilnehmerinnen oder die Beobachterin reagierten. Der analytische Nutzen dieser Beispiele von Abweichungen und kleinen Krisen ist, dass in ihnen die Teilnehmerinnen dazu veranlasst werden, explizit auf Normalitätserwartungen zu verweisen, die in reibungslosen Interaktionen nur diffus im Hintergrund bleiben.

Eine dritte Form der Überraschung entsteht im Spannungsfeld zwischen der Praxis eines Feldes und den Erwartungen an soziales Verhalten, die aus etablierten sozialwissenschaftlichen Theorien abgeleitet werden können. Der hier angewandte Trick, um die eigenen Erwartungen ›überraschbar‹ zu machen, besteht darin, das beobachtete Verhalten im Feld nicht durch die Theorie erklären zu wollen, also ihr zu subsumieren, sondern die Holzschnittartigkeit sozialwissenschaftlicher Theorien oder Theoreme (etwa *Rational Choice Theorie*, Individualisierungstheorie, Integrationstheorie usw.) als Kontrastfolie und Optik zu benutzen, vor der die Bedeutungsnuancen der analysierten Daten besser sichtbar und einfacher benennbar werden. So lässt sich zum Beispiel in einer Art Gedankenexperiment annehmen, welches Verhalten sich aus einer *Rational Choice-Perspektive*, in der Personen vor allem als rational kalkulierende und nutzenmaximierende Akteure verstanden werden, in einer Situation oder einem kulturellen Kontext erwarten ließe. Bezogen darauf kann anschließend gefragt werden, welche situativen oder kulturellen Umstände dazu führen, dass die Beteiligten sich anders verhalten, als es das theoretische Modell nahelegen würde. In welcher Form weichen sie vom Modell ab? Welche Konsequenzen hat dies?

Der heuristische Umgang mit ›theoretischen Strohmännern‹, und darum handelt es sich oft bei diesen vereinfachten Denkfiguren, ist innerhalb der Datenanalyse gelegentlich sinnvoll, weil er das analytische Denken stimuliert. Es empfiehlt sich aber in der Regel nicht (und Ausnahmen bestätigen die Regel!), große Theorien in den späteren Textprodukten mit ethnografischen Mitteln widerlegen zu wollen. Die ausgeklügelteren sozialwissenschaftlichen Theorien lassen sich meist gar nicht dadurch widerlegen, dass sich Situationen benennen lassen, die von ihren Annahmen abweichen bzw. in denen sich soziale Realität als komplexer erweist. Daher ist es sinnvoller, sich im späteren Text auf die Konzepte und Theoreme zu konzentrieren, die sich für das ethnografische Projekt als dauerhaft analytisch hilfreich erweisen. Jene Theorien, die zu allgemein sind, um sie sinnvoll auf das Datenmaterial anzuwenden, stellt man besser beiseite.

Eine vierte Strategie, Überraschungen herbeizuführen, richtet sich gewissermaßen gegen eigene analytische Ideen, die sich im Laufe eines Forschungsprozesses entwickeln. Ähnlich wie sozialwissenschaftliche Theorien können auch eigene Hypothesen und Annahmen als Kontrastfolie benutzt werden, um sich von den Daten überraschen zu lassen. In diesem Zusammenhang können eigene Annahmen über die Bedeutungsstrukturen des Feldes und analytische Zusammenhänge ruhig überspitzt und radikalisiert formuliert werden. Mit dieser Optik zugespitzter eigener Hypothesen gerüstet, kann im Datenkorpus gezielt nach Überraschungen, Variationen und Abweichungen gesucht werden. Diese Konfrontation des Datenmaterials mit einer zugespitzten Version des eigenen Denkens kann als Methode dienen, einen eingefahrenen Blick auf die Daten noch einmal herauszufordern und das eigene Denken in Bewegung zu setzen. Die gleiche Funktion kann es haben, andere Ethnografinnen oder Feldteilnehmerinnen mit den eigenen Hypothesen zu konfrontieren und diese anhand einer Auswahl des Datenmaterials mit ihnen zu diskutieren.

Überschussproduktion und Selektion

Ein Strukturmerkmal des Analyseprozesses, das über die Überraschbarkeit von Wissen und Erwartungen hinausgeht, ist die Überschussproduktion von Ideen. Wenn der Forschungsprozess aus der Retrospektive betrachtet wird, lässt sich feststellen, dass viele der Analyseresultate im weiteren Verlauf ungenutzt blieben. Dies ist aus der Retroperspektive bedauerlich, weil es als Verschwendung erscheint, aber der Überschuss an Ideen und analytischen Ansätzen gewährleistet, dass während der Durchführung der Analysen noch nicht entschieden werden muss, ob und wie ein Thema in den weiteren Forschungsprozess einfließen wird. Aus diesem Grunde müssen Ideen und Analysemöglichkeiten *ausprobiert* werden, ohne dass jeweils schon absehbar wäre, als wie nachhaltig sie sich herausstellen (Strauss 1998: 58). Marginales kann versuchsweise ins Zentrum gestellt werden, Kleinigkeiten können analytisch vergrößert werden und spontane Ideen als Themen ›auf Bewährung‹ in den Analyseprozess eingespeist werden. Weil viele Details der Analyse schnell vergessen werden, ist es wichtig, die Zwischenergebnisse schriftlich zu fixieren, sodass sich zu einem späteren Zeitpunkt ohne größere Einarbeitungszeit an ihnen weiterarbeiten lässt.

Nach diesen grundsätzlicheren Bemerkungen – zum Datenbegriff, zu analytischen Themen, zur Überraschungsfähigkeit und Überschussproduktion – sei noch einmal wiederholt, dass es irreführend ist, die Auswertung ethnografischen Datenmaterials als ›geschlossene Verfahren‹ zu konzipieren, die bei korrekter Anwendung selbstständig Ergebnisse produzieren. Der Verfahrensgewissheit mancher Methoden setzt die

Ethnografie eine reflexive analytische Offenheit und Flexibilität ihres Vorgehens ent-
gegen, die der Komplexität und Vielschichtigkeit ethnografischer Gegenstände genügend Raum bieten soll. Wenn wir im Folgenden Hinweise zum praktischen Vorgehen
bei der Datenanalyse geben, so ist dies also nicht im Sinne von mechanistischen Verfahren gemeint, durch die man die gesammelten Datenmassen laufen lassen könnte.
Es handelt sich vielmehr um die Beschreibung von Praxislogiken, die sich in ethnografischen Forschungsprozessen bewährt haben. Diese können nicht davon entlasten,
das konkrete Vorgehen für das je eigene Projekt spezifisch zu entwickeln, zu erproben
und zu begründen. Auch Auswertungsmethoden müssen in gewisser Weise für jedes
ethnografische Projekt neu entwickelt werden.

Wir wenden uns nun drei grundlegenden Praktiken in der Analyse ethnografischer
Daten zu, denen unterschiedliche Funktionen im Forschungsprozess zukommen und
die es in konstruktiver Weise zu kombinieren gilt. Es sind die Praktiken des Codierens
(4.2), der Fallanalyse (4.3) und des Zusammenfassens und Verallgemeinerns (4.4).
Für die ersten beiden Analyseformen, das Codieren und die Fallanalyse, liegt auch
Spezialliteratur vor, auf die wir an den entsprechenden Stellen verweisen werden, die
dritte Form, die wir hier ›das-Ganze-in-den-Blick-nehmen‹ nennen, wird weniger oft
in der Literatur zu Datenanalyse genannt. Sie erscheint weniger greifbar und ist
schwieriger zu beschreiben, wird aber unserer Ansicht nach in ihrer Bedeutung für
den Forschungsprozess weithin unterschätzt. Die drei Analyseformen sind nicht in
der genannten Reihenfolge umzusetzen, auch hier gilt es, im konkreten Forschungsprozess einen produktiven Wechsel zwischen ihnen zu gestalten: Von der Fallanalyse
ist wieder zum Codieren überzugehen und von dort zur Verallgemeinerung (›das
Ganze in den Blick nehmen‹) und zurück. Letztlich geht es um die Integration der
Ergebnisse aus allen drei Analysepraktiken, zunächst aber ist es sinnvoll, diese voneinander zu unterscheiden, denn sie folgen verschiedenen Logiken und zielen auf
unterschiedliche Ebenen der Analyse.

4.2   Material sortieren und erschließen

Der Begriff des Codes wurde von den amerikanischen Soziologen Barney Glaser und
Anselm Strauss (1967) in die qualitative Sozialforschung eingeführt. Er bezeichnet
Kategorien, Schlagworte oder Themen, die Ausschnitten von Daten zugeordnet werden. Sie sind ein einfach zu verwendendes und grundlegendes Analysemittel im ethnografischen Forschungsprozess, das in der einen oder anderen Form wohl von den
meisten Ethnografinnen benutzt wird.[30] Die Phase der Datenanalyse steht für einen

---

30   Zum Codieren siehe Glaser/Strauss (1967: 102 ff.), Glaser (1978: 54 ff.), Strauss (1998: 90 ff.) und
     Strauss/Corbin (1996: 63 ff.). Auf die im weiteren Umfeld der *Grounded Theory* entstandene Literatur
     gehen wir in diesem Abschnitt nur ansatzweise ein.

Wechsel vom *writing mode* in den *reading mode* (Emerson et al. 1995: 46): Die Ethnografin wechselt in ein anderes *Ich* – von der Ethnografin-im-Feld, die das Wahrgenommene auf- und beschreibt, zur Ethnografin-am-Schreibtisch, die das von ihr aufgeschriebene, transkribierte und gesammelte Material durchgeht und analysiert (Kalthoff 1997b: 242 f.).

Wie macht man das am besten? Bevor wir diese Frage beantworten, sei noch einmal wiederholt, dass es auf sie keine für alle ethnografischen Forschungsprojekte verbindliche Antwort gibt, mit der das analytische Vorgehen vorgeschrieben und festgelegt wird. Dieses Lehrbuch enthält keine Vorschrift, der man nur buchstabengetreu zu folgen hat, um sozialwissenschaftliche Analysen treiben und seinem Material gehaltvolle Themen entlocken zu können. Gefragt bleiben die Forschenden selbst, die das, was wir hier vorstellen, kreativ auf ihre Fragestellung und ihren Forschungsgenstand beziehen, ergänzen und das für ihr Projekt angemessene analytische Verfahren selbst erst entwickeln. Diese eigenständige Wissensarbeit kann kein Lehrbuch übernehmen, sondern nur der Autor einer Ethnografie, der sich in Auseinandersetzung mit seinem Material jene notwendige theoretische Sensibilität erwirbt, die ihm sozialwissenschaftliche Entdeckungen ermöglichen.

Zur Sache: Das Codieren besteht im Wesentlichen in einem wiederholten Durchgehen, Sortieren, und Annotieren des Materials. Beim Codieren geht es zunächst vor allem um ein intensives *Lesen*. Wir empfehlen hier, schrittweise vorzugehen. Zunächst werden alle Protokolle und Mitschriften (Notizen) vollständig ausgedruckt oder sollten digital verfügbar sein. Dieses Material wird konzentriert und vollständig durchgelesen. Diese Lektüre hat den Sinn, den Ethnografen-am-Schreibtisch mit seinen Aufzeichnungen (wieder) vertraut zu machen. Dies ist notwendig, da – wir hatten schon darauf hingewiesen – auch die Ethnografin vergisst, was sie wahrgenommen und aufgeschrieben hat. Nicht alles ist ihr noch vertraut, nicht alles gegenwärtig. Dieser erste Lektüredurchgang ist somit eine aktive (Wieder-)Aneignung des Blicks der schreibenden Ethnografin-im-Feld und ihrer Forschungserfahrung. Wichtig ist, dass diese Lektüre intensiv und aufmerksam erfolgt. Stellt sich Unaufmerksamkeit ein, wird die Lektüre besser unterbrochen und später wieder aufgenommen. Abhängig vom Umfang der Protokolle nimmt diese erste Lektüre in der Regel mehrere Tage in Anspruch.

Man setzt sich also den über lange Phasen der Feldforschung verschriftlichten Erfahrungen in verdichteter Form einige Tage aus, um mit dem Korpus vertraut zu werden, so wie vorher mit seinem Feld. Der Text schiebt sich an die Stelle des Feldes wie ein Platzhalter. Das verdichtete Nacherleben von Felderfahrungen drängt unzählige Vergleichsmöglichkeiten, aber auch Differenzen zwischen einzelnen Protokollen auf. Man stellt sich wiederholende Muster fest, identifiziert überraschende oder seltsame Befunde, Widersprüche und Lücken. Je länger man liest, desto mehr werden Ereignisse und Personen, die während des Protokollierens noch eine enge Bindung an persönliche Erinnerungen hatten, nun primär zu textuellen Objekten, die bestimmte theoretische und argumentationsstrategische Möglichkeiten bieten. Personen werden zu ›Figuren‹, Ereignisse zu ›Szenen‹, Situationen zu Exemplaren. Man kann die Protokolle nun so lesen, als ob sie von einem Fremden geschrieben worden wären (Emerson et al. 1995: 145).

Auf der Basis eigener Texte ›geht‹ man also noch einmal ›ins Feld‹ und vollzieht die Beobachtungen und Eindrücke nach, die in diesen Texten dokumentiert sind: Es ist eine nachvollziehende Rückkehr in das Feld. Zugleich aktiviert dieser Durchgang auch Erinnerungen und Erfahrungen, die nicht verschriftlicht wurden, aber dennoch wichtig werden können. Es ist gut möglich, dass man schon in dieser Phase spezifische Themen, aber auch Lücken im Material entdeckt. Die potentiellen Themen hält man für sich fest; die Lücken kann man nachträglich zu schließen versuchen. Das heißt: Die jeweiligen Protokolle werden entsprechend ergänzt und erweitert. Es empfiehlt sich aber, die nachträglich eingefügten Stellen kenntlich zu machen, damit diese Arbeit an den Dokumenten für den Ethnografen selbst erkennbar bleibt.

Nachdem diese erste Sichtung und Ordnung des Materials abgeschlossen sind, werden alle Protokolle noch einmal gelesen. Im Zentrum dieser zweiten Lektüre stehen dann das systematische Codieren und damit die analytische Durchdringung der Protokolle und Mitschriften. Dient die erste Lektüre dem Wieder-Vertraut-Werden mit den eigenen Beobachtungen und den in ihnen dokumentierten Details, so fällt der zweiten Lektüre die Funktion zu, mit der Beobachterperspektive zu brechen und die chronologische Ordnung, die sich in dem Material findet, zu zerstören. An ihre Stelle tritt eine analytische Ordnung und damit eine systematische Erschließung des Materials. Hiermit ist ein erstes wichtiges Ziel des Codierens benannt: Die chronologisch strukturierten Protokolle, die in aller Regel nach dem zeitlichen Ablauf von beobachteten Ereignissen organisiert sind, werden thematisch geordnet.

Dies geschieht im Wesentlichen dadurch, dass die Ethnografin-am-Schreibtisch beim zweiten Lesen ihrer Protokolle und Mitschriften ihr ethnografisches Wissen zu aktualisieren und zu explizieren, das heißt zu versprachlichen und niederzuschreiben versucht. Damit wird die Datenanalyse von der Nebenbeschäftigung der *analytical notes* zu einer Hauptbeschäftigung. Das analytische Codieren ist ein mehrstufiger Prozess. Er beginnt damit, dass man das Material einer Reihe von wiederholten Fragen aussetzt: Was geht in dieser Szene vor? Wie bewerkstelligen die Leute das? Was beschäftigt sie dabei? Welche Teilnehmer sind beteiligt, wer tut was (nicht), wann geschieht dies? Und vor allem: Warum habe ich das Beobachtete, das ich in meinem Protokoll festgehalten habe, eigentlich wichtig gefunden? Die Antworten auf solche Fragen werden zunächst mit der so genannten *offenen Codierung* gegeben.

Offenes Codieren: Begriffe suchen

Hier werden Zeile für Zeile alle möglichen Kategorien, Themen und vielversprechenden Ideen auf einen oder mehrere Begriffe gebracht, die ein Protokoll anbietet. Diese Begriffe sind Codes, das heißt Kategorien, die entweder aus dem Feld stammen (emische Kategorien) oder aus der Sprache der eigenen Disziplin genommen werden. Geht es beispielsweise um die Bewertung in der Schule, ist der Begriffe der »Benotung« eine Kategorie der Teilnehmer, der Begriff der »Selektion« stammt hingegen aus dem Vokabular der Ungleichheitsforschung. Die Begriffe, die man beim Lesen der Protokolle und Niederschriften mit dem gerade Gelesenen assoziiert, schreibt man an den *Rand der Protokolle*. Bei dieser Arbeit wird das Gelesene also nicht paraphrasiert, sondern auf einen oder mehrere Begriffe (die Codes) gebracht. Es kann auch so sein, dass ein Ethnograf mit einem in seinem Protokoll beschriebenen Vorgang gleich zwei oder gar drei Codes assoziiert. In diesen Fällen werden alle Codes notiert.

Ein beabsichtigter Effekt dieses Codierens ist es, dass gefundene Codes Fragen aufwerfen, die zu weiteren Codes führen. Beispielsweise kann in einem Beobachtungsprotokoll über einen Fakultätsrat ein bestimmter Typus von Person identifiziert werden, etwa ein Teilnehmer, der ständig daran erinnert, wie man es ›früher gemacht hat‹ (der »Historiker«); in Protokollen über Schulunterricht wird man einen Typus von Schülern als »Spaßmacher« bezeichnen. Solche Bezeichnungen sollten beim codierenden Ethnografen unmittelbare Folgefragen aufwerfen: Gibt es mögliche andere Typen, die in den Protokollen zu suchen sind? Drei Bestrebungen der Analyse werden hier erkennbar: Erstens sollen aus der codierenden Analyse selbst Fragen generiert werden, mit denen das Material weiter erschlossen werden kann. Um dies leisten zu können, dürfen Codes nicht zu allgemein, sie müssen spezifisch genug sein. Sie haben ja die Aufgabe, die Wahrnehmung der Ethnografin zu schärfen und zu sensibilisieren. Durch sie soll die Imagination angeregt und theoretisches Verstehen möglich werden. Aus diesen Gründen kommt den Codes als sensitive Kategorien eine besondere Bedeutung zu.

Zweitens sollen die etablierten Codes in ihrer Beziehung zueinander betrachtet werden. Lassen sich die schon gefundenen Codes zu »Klassen« oder »Familien« von Codes ordnen (etwa Typen von Akteuren)? Die Frage, zu welcher Klasse ein Code gehört, sensibilisiert für neue Codes derselben ›Klasse‹, die bislang nicht benannt worden ist. Auf diese Weise werden einerseits Protokolle miteinander vernetzt, andererseits Kategorien und Subkategorien entwickelt, die durch Bedeutungsbeziehungen verbunden sind. Wir kommen hierauf zurück. Drittens strebt man danach, das empirische Material möglichst vollständig zu codieren. Hierbei helfen die durch das Codieren entstehenden Fragen sowie die Kategorisierung der Codes.

Für das Frühstadium der offenen Codierung ist es wichtig, dass man noch kein System von Begriffen sucht, sondern nah am Material Kategorien und Themen generiert, unabhängig davon, ob man zu einem Thema weiteres und genug Material in anderen Protokollen finden wird, ob ein Thema sich als interessant genug in der Konkurrenz mit anderen erweisen wird, ob es sich mit ihnen integrieren lässt, ob eine konzeptuelle Wortwahl in Widerspruch mit einer anderen gerät, oder ob sie irrelevant für etablierte Konzepte vorhandener Theorien ist. Bei der offenen Codierung kommt es auf *Variation* an, eben auf eine Überschuss-Produktion, die alle möglichen Richtungen der Analyse anbietet. Die Codierung lebt davon, sich wesentlich von den Eigenschaften des Materials steuern zu lassen. Man bemüht sich noch einmal, mit fremdem Blick auf das Material zu schauen und alles, was daran interessant sein könnte, zu markieren und zu benennen, mit dem Ziel, es mit anderen Stellen im Material vergleichbar zu machen. Durch die Codierung wird nämlich eine Beschreibung aus dem Kontext des jeweiligen Protokolls und der Ereigniskette, in die sie eingebettet ist, ablösbar und ermöglicht so einen Vergleich mit anderen Textstellen, in denen ähnliche thematische Aspekte relevant wurden. Die analytische Aktivität des Klassifizierens und Vergleichens von Beobachtungsprotokollen, die die Codierung methodisch anleiten und strukturieren soll, ist eine für ethnografische Forschungsprozesse zentrale Operation.

Gleichzeitig werden in den Codierungsprozessen jene Ideen und analytischen Perspektiven weitergeführt, die sich bereits in der Feldforschungsphase als interessant herausgestellt haben. Ethnografen beginnen beim offenen Codieren weder bei null, noch führen sie einfach das weiter, was sie sich schon vorher erarbeitet haben, sondern es ergeben sich unterschiedliche Einstiegsstufen. Dabei sind manche Themen im Kopf der Ethnografin schon relativ weit entwickelt, wenn sie mit dem Codieren beginnt, andere ergeben sich erst im Prozess des Codierens. Die Verschriftlichung der Gedanken, die das Lesen der Daten begleitet, gleicht einem »Hantieren mit Gedanken« (Heintz 2000: 136); John Forrester spricht von »thinking with your fingers« (zitiert in: Emerson et al. 1995: 146). Damit ist gemeint, dass Einfälle, Begriffe und Formulierungen, die während der Lektüre entstehen, in Notizen überführt werden: an den Rand geschriebene Codes, kurze analytische Notizen oder ein kleines Schaubild zur Veranschaulichung eines Gedankens. Die intensive Lektüre der Daten löst unwillkürlich Interpretationen, Vermutungen und Ideen aus, manchmal regelrechte Geistesblitze. Diese Splitter gilt es niederzuschreiben. So lässt es sich vermeiden, dass Wichtiges wieder vergessen wird, oder dass die Ethnografin analytisch auf der Stelle tritt, weil sie zu verschiedenen Zeitpunkten immer wieder den gleichen Gedanken denkt, ohne ihn weiterzuentwickeln und ›auf den Punkt zu bringen‹. Vieles, was im Moment des Lesens der Ethnografin durch den Kopf geht, erweist sich im weiteren Verlauf der Analyse als vorschnell, zu undifferenziert oder gänzlich unhaltbar. In der ersten Phase der Codierung geht es vor allem darum, die *analytische Fantasie* bezogen auf das Datenmaterial in Gang zu setzen. Hierfür ist Raum im Forschungsprozess notwendig, den die offene Codierung schaffen und sichern soll.

Der Prozess des offenen Codierens größerer Datenmengen ist an vielen Stellen eine wenig präzise Methode. Die Codes haben nicht selten einen eher zufälligen Charakter. Sie lassen vielfach offen, ob sie sich auf ein Wort, eine Zeile, einen Absatz oder eine ganze Szene beziehen. Statt einer formalisierten und standardisierten Analysepraxis handelt es sich eher um ein suchendes Herantasten an das Datenmaterial, das analytische Ideen generiert. Oft folgt die Codierung spontanen Impulsen, die nicht systematisch durchdacht sind und mit etwas zeitlicher Distanz – etwa dann, wenn die Codierung unterbrochen wird – auch für die Ethnografin mitunter nur noch teilweise nachvollziehbar sind. Mit anderen Worten: Die Codierung bringt begriffliche Provisorien und Aushilfen hervor. Ob sie sich als tragfähig erweisen, wird erst im weiteren Prozess der Datenanalyse sichtbar.

Wir zeigen nun verschiedene Beispiele, die diese Form des Codierens illustrieren sollen. Hierzu präsentieren wir Auszüge aus ethnografischen Protokollen aus verschiedenen Forschungsarbeiten von uns. Das erste Beispiel dokumentiert einen Trauungsgottesdienst in einer christlich-charismatischen Gemeinde in Berlin, die hauptsächlich von Westafrikanern besucht wird; das zweite Beispiel zeigt eine Unterrichtssituation und die ›Wiederholung von Stoff‹; das dritte Beispiel zeigt einen Risikoanalysten in einer internationalen Bank, der sich mit den Zahlen eines Unternehmens beschäftigt. Auf die Beispiele folgen Erläuterungen, die den empirischen und analytischen Hintergrund der Codes, die der Ethnograf gewählt hat, darlegen.

Beispiele aus der Forschung

Beispiel: Trauungsgottesdienst	Codes
Die Trauung erschien mir bezogen auf meine Erwartungen wenig sakral und ›geordnet‹. Pastor Jacob und Gabi, die die Zeremonie simultan vom Englischen ins Deutsche übersetzten, standen ebenerdig in dem etwa 3 x 4 Meter großen Raum zwischen Bühne und erster Sitzreihe. Zunächst rief Pastor Jacob die Brautleute nach vorne, später dann den Brautvater, der in ein ›traditionelles‹ südghanaisches Gewand gekleidet war. Sukzessive bildete sich ein Personenkreis aus 15–20 neugierigen Zuschauern um die zentralen Akteure herum, was ein Gefühl der ›Gedrängtheit‹ erzeugte. Einige Zuschauer gingen während der Zeremonie auf die Bühne, um von oben bessere Fotos machen zu können und überragten dadurch den Pastor und das Brautpaar.	›Der Ethnograf‹ ›Bühne‹ Pastor; Brautleute Kleidung Publikum Sakral-Profan
Im Zentrum des Geschehens stand Pastor Jacob, Gabi, das Brautpaar und der Brautvater, drum herum die Schaulustigen, die aufgestanden waren, um das Spektakel besser sehen und fotografieren zu können. Zuerst wurde noch ein Anstandsabstand zum Geschehen gewahrt, aber als Pastor	Publikum Ritual; Fotos

Jacob die Kinder nach vorne bat – ›die ja solche Anlässe lieben‹, wie er sagte – schrumpfte dieser Abstand auf ein Mindestmaß. An einer Stelle intervenierte der Kameramann, der das Geschehen im Auftrag des Brautpaars dokumentierte. Er hatte aufgrund der vielen Menschen Probleme, das Anstecken der Ringe zu filmen. Daraufhin unterbrach Pastor Jakob die Zeremonie kurz, um dem Kameramann einen besseren Blick zu verschaffen. Nach kurzer Pause, in der die Schaulustigen, einen Blickkanal freigemacht hatten, der es dem Kameramann ermöglichte, das Anstecken der Ringe zu filmen, ging die Trauung dann weiter.

Kinder
Dokumentation; Medien; ›medialisierte Realität‹

Ritual; Sakral-Profan

Die Szene ist für ihren Autor aus zwei Gründen analytisch interessant: Erstens zeigt sich in ihr ein Umgang mit dem Ort des Geschehens (einer Kirche) und dem Ritual der Eheschließung, der aus einer deutschen, am Katholizismus oder Lutherismus geschulten Perspektive ungewöhnlich pragmatisch erscheint. Die Akteure scheinen zu ignorieren, dass sowohl der Kirche als auch dem Sakrament der Ehe aus der Sicht anderer christlicher Traditionen (die offenbar der Autor des Protokolls innehat) eine Sakralität innewohnt, die vor allzu großer Profanisierung zu schützen ist. In der beschriebenen Szene drängen Schaulustige in den Kernbereich des Geschehens vor, stehen gar erhöht hinter dem Pastor, das Publikum wird aufgefordert, die Kinder nach vorne zu lassen, damit sie besser sehen können. Es erinnert eher an die profane Szene eines Straßenkünstlers als an die sakrale Szene eines katholischen Eheschließungsrituals. Dieses Moment der Überraschung eines Ethnografen, der aufgrund seines Vorwissens über den Umgang mit christlichen Ritualen in anderen Kirchen eine abweichende Erwartungshaltung hat, wird mit dem Code »sakral-profan« zum Ausdruck gebracht.

Zweitens ist die dominante Rolle des Kameramanns, der das Geschehen aufzeichnet, in der Szene bemerkenswert. Er schafft durch seine Aktivität einen Nebenschauplatz. An einer Stelle unterbricht er sogar die Zeremonie, um sie besser filmen zu können. Der Pastor und das Publikum folgen ganz pragmatisch seinen Wünschen, ohne dass dies als ein illegitimer Eingriff in ein sakrales Ritual markiert worden wäre. In gewisser Weise zeigt sich in dieser Situation ein Konkurrenzverhältnis. Kurzfristig wird es unklar, ob der primäre Bezugspunkt des Ereignisses der *Vollzug* der Eheschließungszeremonie oder deren *Aufzeichnung* ist, und ob der Pastor, der die Kontrolle über das Ritual hat, oder der Kameramann, der die Kontrolle über dessen Aufzeichnung hat, die zentrale Figur des Geschehens sind. Es stellt sich in der Szene die Frage, ob die Aufzeichnung oder Medialisierung der Realität nicht im Begriff ist, die Vollzugsrealität des Rituals an Bedeutung zu übertreffen. Dieses ambivalente Verhältnis zwischen dem Ereignis und dessen audiovisueller Dokumentation sollte mit dem

Code ›medialisierte Realität‹ zum Ausdruck gebracht werden und für den weiteren Forschungsprozess als mögliches Thema markiert werden.

Anderen Codes im Protokoll, wie beim Beispiel »Kleidung« oder »der Ethnograf«, liegen viel weniger voraussetzungsvolle Annahmen zugrunde. Sie dienen lediglich einer groben thematischen Einordnung von vage definierten Textstellen. Auf solche Codes kann zurückgegriffen werden, wenn sich bestimmte Fragestellungen ergeben. Allerdings wird der analytische Aufwand insgesamt klein gehalten. Es bleibt in dem zitierten Beispiel unklar, warum diese Codes an dieser Stelle und nicht an anderen Stellen des gleichen Protokolls eingesetzt wurden: Waren die anderen Personen etwa nicht mit einem »südghanaischen Gewand« bekleidet? Was trugen sie dann? Und war der Ethnograf nur zu Beginn anwesend? Undeutlich bleibt ferner, warum gerade diese Aspekte hervorgehoben wurden und nicht irgendwelche anderen. Dies alles ist aber nicht weiter problematisch. Wenn sich Hinweise auf ein Thema wie »Kleidung« häufen oder neue Fragestellungen auftauchen, können Codes umbenannt oder weiter differenziert werden, die dazugehörigen Textstellen und Szenen können noch einmal intensiver gelesen werden und neu codiert werden. Ein codierter Datenkorpus bleibt bis zum Ende des Forschungsprozesses offen, ein Provisorium, das seine Brauchbarkeit dadurch zeigt, dass es den Bedürfnissen des Ethnografen entsprechend immer weiter verändert werden kann.

Beispiel: *Schulunterricht*	Codes
Die Einstiegsfrage, die der Lehrer zu Beginn des Unterrichts stellt, lautet: »Was verstehen wir unter Atmosphäre, Eva?« Eva hat sich nicht gemeldet, wird aber vom Lehrer drangenommen. Zu Beginn ihrer Antwort fährt der Lehrer einem Schüler, der sich noch unterhält, in die Parade: »Florian, jetzt bist du bitte ruhig.« Florian unterbricht dann auch sofort seine Unterhaltung. Eva sagt dann: »Die Hülle ist ein Sauerstoffgemisch, also um die Erde.« Daraufhin der Lehrer: »Das müssen wir genauer wissen« und wartet auf die Fortsetzung der Antwort durch Eva. Als keine Antwort kommt, führt der Lehrer aus: »Um die Erde rum ein Gemisch. Da kann man nicht widersprechen. Aus was besteht das Gemisch?« Der Lehrer schaut weiterhin Eva an, und Eva sagt fragend: »Ja eben Sauerstoff, Stickstoff ja?« Der Lehrer fragt im ironisierenden Ton zurück: »Ja wer fragt wen?« Dann bricht er das Zwiegespräch mit Eva ab und richtet sich an alle: »Wer kann helfen?«	Reproduktionsfrage Schülerin auswählen/ Zwang Disziplinierung Schülerantwort/ Fachbegriffe Kommentar Schweigen Kommentar Dran-Sein Schülerantwort/ Fachbegriffe rhetorische Frage Zurechnung Nicht-Wissen alle Schüler auswählen

Der Auszug dokumentiert die Kommunikation zwischen einer Lehrperson und ihren
Schülern zu Beginn einer Unterrichtsstunde. Für mit dem Schulunterricht vertraute
Leser dokumentiert der Auszug kaum etwas Überraschendes, kaum etwas Neues –
denn: Lehrpersonen fragen, Schüler antworten – auch dann, wenn sie nicht immer
die Antwort wissen. Was also gibt es hier (ansatzweise) für den Ethnografen codierend
zu entdecken? Erkennbar wird zunächst, dass der Autor mit seinen Codes den Beginn
des Unterrichts und damit die Wiederholung von Schulstoff erfasst. Er nimmt also
eine Kontinuität etablierende Form der Rekapitulierung von schulischem Wissen in
den Blick. Diese ist von der Erwartung geprägt, dass das Wissen der letzten Stunde
kognitiv verfügbar und damit abrufbar sein sollte. Deutlich wird dies an der Lehrerfrage: Sie wählt ein Thema der letzten Stunde aus und impliziert, dass dieser ›Stoff‹
nacherzählt werden kann (Code »Reproduktionsfrage«). Die Umsetzung dieser Aufgabe zeigt der Lehrperson an, dass sich diese Schülerin das Wissen angeeignet hat
(oder eben nicht). Unklar bleibt hier, was die Lehrperson eigentlich weiß, wenn sie
weiß, dass *eine* Schülerin Wissen reproduzieren kann. Sagt dies etwas über die ganze
Klasse aus? Die Lehrperson wählt dann eine Schülerin aus, die sich ihrerseits gar nicht
an diesem Gespräch beteiligen wollte, nun aber nicht anders kann, als zu antworten;
sie ist ›dran‹ (Code »Schülerin auswählen«, »Zwang«). Durch seine Beobachtungen
weiß der Ethnograf zu diesem Zeitpunkt schon, dass die Schülerin nicht immer gut
auf die Fragen der Lehrperson antworten kann. Die Frage, die sich hier stellt, aber in
der Codierung nicht erkennbar ist, lautet, ob es einen systematischen Zusammenhang von Unterrichtssequenz (Wiederholung zu Beginn) und Auswahl der Schülerin
gibt. Dies würde für eine Verknüpfung von Schwierigkeitsgrad und Schülertyp sprechen. Man sieht, dass der Ethnograf zu diesem Zeitpunkt diese Frage weder in seinem
Protokoll noch in seiner Codierung dokumentiert.

Die Codes des Ethnografen machen ferner eine Verschiebung vom Inhalt auf die
Form deutlich: In der Antwort der Schülerin hätte die Lehrperson gerne Stichworte
wie »Gasgemisch«, »Stickstoff« und »Sauerstoff« gehört, bekommt von der Schülerin
aber eine Antwort, in der die Elemente vermischt sind. Auf die zweimalige Rückfrage
benennt die Schülerin dann richtig die Anteile an diesem Gemisch. Der Lehrer
bezieht sich in seiner Reaktion nur auf das rückversichernde »Ja?« und nicht mehr auf
den Inhalt (Code »rhetorische Frage«). Die Ironisierung kennzeichnet die Schülerin
als jemanden, die das schulische Ratespiel durch Umkehrung der Frage verletzt und
nicht richtig antworten kann, obwohl sie nicht falsch antwortet (»Zurechnung von
Nicht-Wissen«).

Neben dieser inhaltlichen Strukturierung des Unterrichts schafft die Lehrperson
die Bedingung, dass das Gespräch in dieser Weise stattfinden kann. Sie erinnert einen
Schüler an die Rede- und Schweigegebote in der Schule (Code »Disziplinierung«),
der Ethnograf vertieft diesen Aspekt hier aber nicht: Gab es weitere Disziplinierun-
gen? An welche Regeln wird erinnert, an welche nicht?

Schauen wir uns noch einen Fall an, bei dem erkennbar wird, dass für das Verständnis des Protokollauszugs einiges Kontextwissen erforderlich werden kann.

Beispiel: *Risikomanagement*	Codes
Ein Risikoanalyst sitzt vor seinem Rechner und hat ein Programm geöffnet, eine Eingabemaske, in die er die Jahresabschlusszahlen eines Unternehmens eintragen will. Er klickt	Zahlen auf Papier/Tabelle Handeln mit Technik/
»New Customer Statement« an und gibt das Datum der Jahresabschlusszahlen ein. Anschließend muss er sich für eine	digitale Zahlen
Form der Rechnungslegung entscheiden; er wählt das »Local	Regelwerk aussuchen
Commercial Law« aus und nicht den »US-GAAP«. Sein Blick	zwei Zahlenwelten
wandert von der Originalbilanz zum Bildschirm, vom Bildschirm wieder zurück zur Originalbilanz. Er beginnt mit der	BWL Kategorie
Eingabe der Zahlen bei der Position »Cash and Equivalents«.	Handeln mit Technik
Er tippt die Ziffern »662«, drückt auf die »Return«-Taste und	
murmelt: »Zack«. In der virtuellen Tabelle erscheint die Zahl	
jetzt rechtsbündig gesetzt. Bei der Position »Staff Expenditu-	BWL Kategorien
res« gibt er zunächst die eigentlichen Personalkosten ein,	
dann die Personalnebenkosten, dann die Sozialkosten –	
Werte, die das Programm automatisch addiert. Die entspre-	Programmierung
chenden Zahlen findet er an verschiedenen Stellen in den	
Unternehmensdokumenten. An einer Stelle erscheint eine	
Warnung im Programm, die er ignoriert.	Eigenständigkeit

Dieses Beispiel zeigt, eingetaucht in eine Reihe fremdartiger finanztechnischer Begriffe, ein auf den ersten Blick vertrautes Bild: Eine Person sitzt vor einem Bildschirm, hat ein ›Programm geöffnet‹ und erledigt eine bestimmte Tätigkeit mit dieser Software. Auf dem Schreibtisch verteilt liegen verschiedene Unternehmensdokumente (»Jahresabschlusszahlen«) und eine beeindruckend umfangreiche Anleitung der Bank. Das Programm ist, dies weiß der Ethnograf, kein handelsübliches Textverarbeitungsprogramm, sondern eine Software, die die Bank speziell entwickeln ließ. Die Jahresabschlusszahlen eines Unternehmens (etwa die »Bilanz«) werden von der Bank nach eigenen Kriterien in diese Software übertragen und können dann neu berechnet werden. Den Beginn dieser Arbeit beobachtet der Ethnograf. An den Codes, die er notiert, wird erkennbar, dass er die schriftlich dokumentierten Zahlen, deren Übertragung in ein Rechnerprogramm sowie das Zusammenspiel von Mensch und Technik im Blick hat.

In der Wirtschafts- und Finanzwelt sind Zahlen wichtig; durch sie ist – so meinen die Teilnehmer – die externe Welt des Wirtschaftens in den Unternehmen oder Finanzinstitutionen darstellbar und präsent. Die Zahlen (etwa die Jahresabschlusszahlen) werden aber immer schon aufbereitet präsentiert. Sie erscheinen in einer Tabelle und in ihr sind sie nach betriebswirtschaftlichen Kategorien geordnet und berechnet. Das Problem des Risikoanalysten ist es nun, dass diese betriebswirtschaftlichen Kategorien nichts darüber aussagen, wie ihre Zahlenwerte ermittelt wurden. Hierzu schweigen die Dokumente. Die ökonomische Darstellung (Code: »Zahlen auf Papier«, »Tabelle«) wird also Schritt für Schritt dekonstruiert und in eine neue Darstellung (Code: »digitale Zahlen«) überführt, mit der die Bank dann ihre eigene Berechnung durchführt, der sie auch trauen kann. Die Darstellung des Unternehmens wird also dekonstruiert. Die Tabelle, in der die Zahlen erscheinen, ist dabei ein interessantes Detail. Als erweiterte Liste erlaubt sie einen synchronen Blick auf verschiedene Zustände des Unternehmens: Der Risikoanalyst kann relativ schnell erkennen, ob die zeitliche Entwicklung einer ökonomischen Kategorie positiv oder negativ ist oder stagniert. Ein Ethnograf wird daher fragen: Wie vollzieht die Tabelle eine solche Leistung? Was sind ihre rhetorischen Kniffe? Auf solche und weitere Fragen kommt der Ethnograf durch seine Aufmerksamkeit für Details sowie durch die Lektüre kulturwissenschaftlicher Arbeiten über die Wirkung von Medien und Technologien.

Weitere Codes beziehen sich auf die technischen Artefakte und den Umgang mit ihnen. Deutlich wird, dass der Risikoanalyst im Umgang mit dem Programm geübt ist und auf dessen Aufforderungen zu reagieren weiß: er klickt an, er tippt, er drückt etc. (Code »Handeln mit Technik«). Das heißt: Die Technik, die er nutzt, nutzt auch ihn. Damit sie ›rechnen‹ kann, muss er sie mit Zahlen füttern. Dabei sind die Regeln, nach denen das Programm rechnet, verborgen, nicht sichtbar – eine *hidden calculation*. Wie werden die Formeln ausgesucht und programmiert? Kann der Teilnehmer sie ad hoc ändern?

Aber der Risikoanalyst ist nicht nur ein geübter und folgsamer, sondern auch ein souveräner Nutzer, der Hinweise des Programms (temporär) ignorieren kann. Er bedient also ein technisches Artefakt, ist hierdurch mit der Welt der Finanzmathematik und Programmierer wie durch einen unsichtbaren Faden verbunden, ihr aber doch nicht ganz ergeben (Code »Eigenständigkeit«). Er bedient aber nicht nur die Technik, sondern kann auch mit dem umgehen, was sie darstellt. Er wählt einen Standard aus und er weiß, was bestimmte betriebswirtschaftliche Kategorien bedeuten. Mit der Wahl des »Local Commercial Law« sucht er beispielsweise eine Form der Rechnungslegung aus, mit der er flexibler umgehen kann. Aber kann er dies selbstständig entscheiden, oder ist es festgelegt? In der praktischen Umsetzung pendelt der Teilnehmer zwischen der Unternehmensbilanz und der Eingabemaske hin und her. Beide sind für ihn unterschiedlich bedeutsam: Mit der fertigen, aber auch opaken Unternehmensbilanz generiert er eigene Zahlenwerte, und wie in einem hermeneutischen Vorgehen sucht er den Sinn ›hinter‹ den Zahlen auszumachen und Stück für Stück in eine neue Darstellung (Code »zwei Zahlenwelten«) zu bringen.

Die Arbeit an den Kategorien

Die Beispiele zeigen schon an, wie durch das Codieren – das heißt Begriffe finden und sie bestimmten Stellen im Material zuweisen – die Komplexität des empirischen Materials zum Vorschein kommt. Darüber hinaus wächst die Zahl der Codes kontinuierlich an, die der Ethnograf durch die Materialerschließung gewinnt. Es empfiehlt sich daher, diese Codes in eine separate Liste zu bringen und zu ordnen. Zu ordnen heißt – dies hatten wir oben angedeutet – Klassen oder Familien von Codes zu bilden, die ähnliche oder vergleichbare Themen ansteuern. Beispiele für solche Codeklassen sind: Lehreräußerungen, eine Rechnung durchführen, eine Trauung vollziehen. Unter der Rubrik Lehreräußerungen würden dann beispielsweise Lehrerfragen, Lehrerkommentare, disziplinierende Äußerungen, lobende Äußerungen etc. gesammelt. Sie würden aber nicht nur in einer losen Liste gesammelt, sondern selbst noch einmal entsprechend ihrer Ähnlichkeit geordnet. Deutlich wird hierdurch, dass es sehr unterschiedliche Formen des gleichen Phänomens gibt; so zeigt sich etwa, dass eine Lehrfrage und eine Lehrerfrage nicht identisch sind, sondern etwas sehr Verschiedenes sein können. Die jeweiligen Kontexte, in denen sie ausgemacht wurden, sind im empirischen Material des Ethnografen dokumentiert. Diese Arbeit an den Kategorien lässt den Ethnografen sein Material in neuer Weise erkennen: In ›ganzer Breite‹ werden Dimensionen und Ausprägungen des sozialen Feldes aufgespannt, das er beobachtete.

Wichtig ist, dass mit dieser Liste der Bezug zum empirischen Material nicht verloren geht. Hier bieten sich der Ethnografin zwei Möglichkeiten: Sie kann die entsprechenden Stellen aus dem empirischen Material, die dem gleichen Code oder Thema zugeordnet sind, kopieren und diese Ausschnitte des Datenmaterials in die Liste der Codes einfügen. Sie erhält dann eine komplexe Liste von Codes und empirischen ›Schnipseln‹. Oder sie kann die Ausschnitte des Datenmaterials in ein eigenständiges Dokument bringen, so dass zu jeder Codeklasse ein solches zusätzliches Dokument entsteht. Die Entscheidung für die eine oder andere Form ist auch von der Datenmenge abhängig. Es gilt: Je umfangreicher das Material, umso eher empfiehlt es sich, separate Dokumente anzulegen. Beide Formen sind aber gleichwertig. Deutlich wird hier noch einmal, was wir oben schon ausgeführt haben: Die chronologische Ordnung wird zerstört und in eine analytische gebracht.[31]

Diese Listen und Dokumente sind ein einfaches, aber sehr effektives Mittel, um die Vergleichbarkeit von Daten herzustellen. Es zeigen sich sehr schnell Gemeinsamkeiten und Unterschiede zwischen Szenen, Beschreibungen und Erzählungen. Dies ermöglicht sowohl eine Präzisierung der Begriffsbildung als auch des analytischen

---

31   In der prä-elektronischen Zeit der Feldforschung schnitten Ethnografen die Protokolle auseinander und ordneten die Schnipsel den Kategorien physikalisch zu. Geradezu greifbar wird in dieser vergangenen Forschungspraxis die Neuordnung des empirischen Materials.

Verständnisses von einem Phänomen. Die Gegenüberstellung von thematisch verwandten Daten macht Muster sozialer Praxis leichter erkennbar und lenkt die Aufmerksamkeit auf das Spektrum empirischer Variationen innerhalb eines Phänomenbereichs. Die Lektüre von thematischen Datensammlungen führt in der Regel dazu, dass Codes umbenannt, zusammengeführt oder neu unterteilt werden, Hypothesen über die Beziehungen zwischen Codes aufgestellt werden und neue analytische Fragen entstehen, mit deren Hilfe entweder die Interpretation der Daten vorangetrieben oder neue Beobachtungen gemacht werden können.

Durch das Codieren wird eine Vielzahl von Codes und Themen angelegt. In diesem Zusammenhang ist es typisch, dass die Codelisten und Sammlungen von Themenideen rasant anwachsen und schon nach kurzer Zeit ungeordnet und verwirrend erscheinen. Oft werden gleiche Themen mit unterschiedlichen Begriffen oder unterschiedliche Themen mit den gleichen Begriffen bezeichnet. Darüber hinaus beginnt sich die Frage nach dem Verhältnis der Codes untereinander und der Codes zu analytischen Oberthemen aufzudrängen. Man kann an dieser Stelle mit Spradley (1980) fragen, in welcher semantischen Beziehung die Codes zueinander stehen und die Codes nicht nur bündeln, sondern auch strukturieren: Was sind Oberkategorien, was Unterkategorien und welche semantische Beziehung ist relevant?

Wenn die Übersicht über die Codes zusehends verloren geht und das Bewusstsein der Inkonsistenz der Codes zunimmt, wächst auch der Druck, die Codelisten aufzuräumen und neu zu organisieren. Dies führt dazu, die Begrifflichkeit der Codes zu vereinheitlichen, sie zu thematischen Familien zusammenzufassen, sie zu hierarchisieren oder zu vernetzen, Themen zu benennen und zu erläutern, Hypothesen zu formulieren und die Beziehung zwischen Codes und Themen zu klären. Mit dem Entstehen eines Systems von Codes eröffnet sich eine neue analytische Ebene, die zwar noch nah an den Daten ist, die aber eine eigenständige analytische Bearbeitung ermöglicht. Diese analytische Ebene erlaubt es, Zwischenschritte zwischen den Daten und den Themen der späteren Texte zu machen. Diese bereiten die spätere Textproduktion vor und erhöhen die Bindung zwischen den Themen und den Daten.

Wenn sich vielversprechende analytische Themen abzeichnen, empfiehlt es sich, nach der ersten Phase des offenen Codierens eine zweite Phase des sogenannten axialen Codierens anzuschließen. Hierbei soll nicht mehr alles nach allen möglichen Kriterien codiert werden, sondern das Datenmaterial soll nur auf bestimmte Codes und Themen hin durchsucht und codiert werden. Mit den bereits gemachten Codierungserfahrungen im Hinterkopf, ergibt sich so oft eine erhöhte Sensibilität für die Nuancen eines Themas. Axiales Codieren ermöglicht aufgrund einer thematischen Einengung systematischere Unterscheidungen und Fortschritte in der Themenentwicklung.

Merkmale und Funktionen des Codierens

Zusammenfassend stellen wir noch einmal fünf Merkmale und Funktionen des Codierens heraus, die im vorangegangen Teil bereits angesprochen wurden:

Erstens geht es beim Codieren um *Benennungen*. Erforderlich ist, Implizites zu explizieren, Geahntes und Gespürtes in Sprache und Schrift zu überführen. Da abstrahierende Kategorien für konkrete Schilderungen gefunden werden müssen, stimuliert das Codieren das analytische Denken und ermöglicht Übergänge zwischen den Daten und den späteren Textprodukten.

Zweitens ermöglichen Codierpraktiken *Vergleiche*. Mittels Listen, in denen Daten zu einem Thema oder einem Code zusammengeführt werden, können singuläre Ereignisse und Beobachtungen auf Unterschiede und Gemeinsamkeiten zu anderen Ereignissen hin befragt werden. Gleiches und Verschiedenes wird so leichter ersichtlich und es können neue analytische Einheiten gebildet und Hypothesen entwickelt werden.

Drittens ist das Codieren ein *Sortierverfahren*. Mittels der Codes werden Beobachtungen, Ereignisse und Aussagen analytischen Themen zugeordnet und zu umfassenderen Sinneinheiten zusammengefasst. Während die Daten zunächst meist chronologisch und sequenziell – das heißt in der zeitlichen Aufschichtung der ethnografischen Erfahrung – organisiert sind, entstehen durch den Prozess der Codierung thematisch fokussierte Textsammlungen, die inhaltlichen Kriterien folgen. Dies fördert das Entstehen einer analytischen Ordnung, die eine abstrahierende Distanz zu der Detailfülle der Daten schafft und einen wichtigen Schritt auf dem Weg zum Fallverstehen darstellt. Darüber hinaus erleichtert eine gute Codesortierung die spätere Textproduktion, indem sie es durch ihre thematische Gliederung ermöglicht, schnell auf Daten zuzugreifen; etwa um Zitate auszuwählen oder Interpretationen noch einmal zu überprüfen.

Viertens forciert der Prozess des Codierens das *Relationieren* von Daten, Codes und Themen. Dies kann in der Form von Hypothesen, von Memos, in denen ein Gedanke oder ein Argument niedergeschrieben wird, oder auch von Diagrammen, in denen Zusammenhänge grafisch dargestellt werden, geschehen. Beim Nachdenken über den Zusammenhang zwischen Daten, Codes und Themen entstehen auch neue Fragen, die an die Daten gerichtet werden können bzw. die zu neuen Beobachtungen führen.

Fünftens entwickelt sich durch die Relationierung der Codes eine analytische *Metastruktur*, die sich über die Daten legt und sich als eigenständige Sinnstruktur bearbeiten lässt. Dies verschafft einen Distanzierungsgewinn, durch den sich anders über den Zusammenhang von Daten und Themen nachdenken lässt als anhand von Beschreibungen. Es lassen sich leichter abstrakte Gedanken und Hypothesen entwickeln, die wiederum in folgenden Analyseschritten anhand des Datenmaterials bestätigt oder entkräftet werden können. In diesem Kontext ist zu beachten, dass sich die Codierungen in aller Regel nicht in eine einzige einheitliche Metastruktur, eine Art verborgenen

Masterplan, fügen. Vielmehr erwachsen mehrere alternative, sich überschneidende und unterschiedlich fokussierende Metastrukturen. Diese entsprechen unterschiedlichen Perspektiven auf die Daten und unterschiedlichen Schwerpunktsetzungen, die im Rahmen der Codierung auch erst einmal so nebeneinander stehen bleiben können.

Mit der Hilfe einer *Themenhierarchie* lässt sich dann das Material neu ordnen. Es wird wie gesagt aus seiner chronologischen Struktur gelöst, sodass einzelne Protokolle mit anderen unter einer ausgewählten Themenstellung gruppiert werden. Für diesen Umbruch des gesamten Textkorpus können spezielle Computerprogramme eine Hilfe sein. Es gibt inzwischen eine ganze Reihe von ihnen für ethnografisches Arbeiten (etwa Atlas-TI, The Ethnograf, MAXQDA). Sie heißen etwas irreführend Datenanalyseprogramme, können aber natürlich keine intelligente Codierung und Interpretation des Materials leisten. Was sie anbieten, ist eine Unterstützung bei der Reorganisation der Daten. Dabei lösen Computer im Wesentlichen weitere Gedächtnisprobleme: Schon die Suchfunktion gewöhnlicher Textverarbeitungsprogramme macht es möglich, bestimmte Stellen in einem großen Datenkorpus anhand erinnerter Stichwörter wiederzufinden. Weiter können solche Programme das Ausschneiden von Textsegmenten und Rekomponieren unter neuen Ordnungskriterien erleichtern, einen Prozess des Collagierens, der Textsegmente dekontextualisiert und rekontextualisiert. Spezifischere Datenverwaltungsprogramme erhöhen darüber hinaus das Tempo, mit dem man identisch codierte Textsegmente neu zusammenstellen kann, sie reduzieren also das Risiko, dass man zuerst auf solche Protokolle zurückgreift, an die man sich am besten erinnern kann. Schließlich erleichtern solche Programme das Austauschen und Verfeinern von Codierungen, können also dazu beitragen, dass man sich nicht allzu schnell auf bestimmte, einmal getroffene Codierungsentscheidungen verlässt.

Datenanalysesoftware kann den Prozess der Organisation der Codes und der Codelisten erleichtern, weil sie durch Such- und Selektierwerkzeuge, durch einfache Prozeduren des Zusammenführens und Umbenennens von Codes sowie durch Hyperlinks zwischen verschiedenen Textgenres (Memo, Code, Dokument) und Typen von Dokumenten (Texten und Bildern) das Erstellen von thematischen Materialsammlungen und Vernetzungen von Daten unterstützt. Grundsätzlich lassen sich die hier beschriebenen analytischen Aktivitäten aber auch ohne Analysesoftware durchführen.

Wir fassen zusammen: Codieren ist die Kategorisierungstätigkeit eines Lesers, der aus einem zufällig und chronologisch angewachsenen Datenkorpus allmählich mittels Schlagwörtern und Begriffshierarchien eine thematisch-analytische Ordnung entwickelt und mit ihrer Hilfe eben diesen Korpus umstrukturiert.

4.3   Unterwegs zum Detail: Fallanalysen

Bei der im vorangehenden Kapitel dargestellten Vorgehensweise liest der Ethnograf den Datenkorpus aufmerksam durch und macht sich mit seiner Empirie wieder vertraut. Beim offenen Codieren ging es um eher großflächige Lektüren und die Suche nach einer den Datenkorpus übergreifenden analytischen Ordnung. Wir hatten gezeigt, dass hiermit eine *Arbeit an den Kategorien* (»Liste«) verbunden ist: Sie werden geordnet und in eine Hierarchie gebracht; ferner werden Auszüge aus den empirischen Daten, aus denen Kategorien gewonnen wurden, eben diesen Kategorien zugeordnet – sei es in der gleichen Liste, sei es in einem neuen Dokument. In der Darstellung und Erläuterung der empirischen Beispiele wurde ebenfalls deutlich, dass die Kategorien die Komplexität des Geschehens wenn auch nicht vollständig, so doch recht gut erfassen können. In diesem Kapitel geht es darum, zu zeigen, wie aus dem empirischen Material Details herausgearbeitet werden können, die für soziale Phänomene, Situationen oder Fälle gekennzeichnet sind, die die Ethnografin erforschte. Dabei wechselt der Ethnograf in einen anderen Analysemodus, und zwar in die Fallanalyse.

Während das oben beschriebene offene Codieren auf den Durchgang durch das Gesamtmaterial abzielt, setzen Fallanalysen am Exemplarischen an. Dabei ist der Fall nicht bloß ein *Beispiel* für oder von etwas, der Fallanalyse liegt vielmehr die Vermutung zugrunde, dass sich aus dem Partikularen immer auch Verallgemeinerbares erkennen lässt. Sie geht davon aus, dass das Allgemeine nur in Form des Konkreten existiert und es Arbeit am Fall bedarf, um herauszuarbeiten, welche allgemeinen Bedingungen, Strukturen oder Konstellationen für den spezifischen Fall kennzeichnend sind. Diese Generalisierungen lassen sich wiederum vom Fall lösen und auf neue Fälle anwenden.

Wir haben oben dargestellt, dass auch das Feld als Ganzes natürlich ein Fall neben anderen ist, der nach forschungsstrategischen Gesichtspunkten ausgewählt wird. Innerhalb eines Feldes gibt es aber natürlich viele weitere Fälle, die nebeneinander bestehen. Dabei kann es sich um Situationen oder Ereignisse, um Aktivitäten oder Personen, um Interviews oder Beschreibungen, um die Darstellung räumlicher oder technischer Settings oder um interessante Dokumente handeln. In diesem Sinne ist der Fall eine partikulare Einheit der Daten, die viel versprechend erscheint, um Erkenntnisse, neue Perspektiven und auch Generalisierungen über ein Feld und seine Struktur, über Verfahren und Dynamiken gewinnen zu können. Mit anderen Worten: Fälle konstituieren sich – wie Themen – an der Schnittstelle zwischen jenen Sinneinheiten, die bereits in den Daten enthalten sind (Situationen, Ereignisse, Handlungen, Personen, Gruppen, Biografien etc.) und dem analytischen Erkenntnisinteresse, daraus Generalisierungen für die eigene Studie abzuleiten.

Die Relevanz eines Falles erschließt sich nicht darüber, wie repräsentativ er für ein Feld ist, sondern vielmehr darüber, wie valide und generalisierbar die Schlussfolgerungen sind, die sich daraus ableiten lassen (Mitchell 2006: 26). Außergewöhnliche

Fälle haben oft eine hohe analytische Relevanz für ethnografische Forschungsprozesse, weil sich mit ihrer Hilfe zentrale Aspekte der Normalität eines Feldes darstellen lassen. Da sich aber der Status und die Reichweite der Generalisierungen aufgrund eines einzelnen Falles selbst zunächst nur schwer abschätzen lassen, wird diese Aufgabe an den weiteren Analyseprozess delegiert. Die Generalisierungen aus Fallanalysen müssen letztlich über ihre Einbindung in die ethnografische Studie als Ganze und über die Verknüpfung mit anderweitigen Analysen und theoretischen Argumenten plausibilisiert werden. Beginnt eine Ethnografin mit der Analyse einzelner Fälle, so kommt dieser in einem frühen Stadium der Forschung oft eine *heuristische* Funktion zu: Es geht darum, in der intensiven Beschäftigung mit kleinen Ausschnitten aus den Daten analytische Ideen und Perspektiven zu generieren. Und es kommt vor allem auf die intellektuelle Produktivität des Analyseprozesses an – weniger auf die Absicherung von Ergebnissen in den Daten.

Die Fallanalyse greift also kleine Ausschnitte – etwa Situationen, Praxiszusammenhänge oder Settings – aus dem Material heraus, um diese umso intensiver zu interpretieren. Die Auswahl geeigneter Fälle für die Analyse ist nicht unerheblich und auch nicht ganz einfach. Wie entscheidet man sich also angesichts des Berges an Daten aus der Feldforschung für kleinere Ausschnitte, die dann einer gründlichen und zeitintensiven Analyse zu unterziehen sind? Einerseits kann man dieses Problem entspannt angehen, weil grundlegende Muster und Themen der Ethnografie sich an den unterschiedlichsten Ausschnitten aus den Daten zeigen müssten, andererseits kann man durch eine geschickte Auswahl der Fälle die analytische Produktivität durchaus befördern. Die Ethnografin kann hierzu einzelne Situationsbeschreibungen oder Interviewpassagen direkt aus dem Datenmaterial entnehmen; sie kann aber auch auf die Listen und Dokumente zurückgreifen, die durch die Arbeit an den Kategorien (Kapitel 4.2) erzeugt worden sind.

Für die Fallauswahl kommen fünf Kriterien in Frage:

1. *die Datenqualität*: Die auszuwählende Szene sollte besonders detailreich und nuanciert beschrieben sein. In der Praxis der Detailinterpretation ist es wichtig, dass Art und Modus der Analyse der Art und dem Modus des Datenmaterials entsprechen. Ein gesprächsanalytischer Zugriff etwa verlangt die wörtliche Wiedergabe von Gesprächen, die auch Pausen, Versprecher und Überlappungen im Gespräch kennzeichnet, eine Interaktionsanalyse verlangt die möglichst detaillierte Beschreibung einzelner Interaktionszüge etc. Das heißt nicht, dass nicht auch großflächigere Beschreibungen interpretiert werden könnten. Die Analyse kann nur die Beobachtung bzw. Beschreibung nicht ›überbieten‹, sie kann nur detailliert interpretieren, wie auch protokolliert wurde. Das Auflösungsvermögen der Beobachtung (der Daten) muss dem Ansatz der Interpretation entsprechen und umgekehrt.

2. *das Spektrum möglicher Fälle*: Die Fallauswahl folgt dem Prinzip der Kontrastierung: Die Fälle repräsentieren das Spektrum der Möglichkeiten, indem sie eine möglichst große Varianz aufweisen. Wenn sich die Forschung für Jugendkultur im Rah-

men der Schulklasse interessiert, dann sollte sich die Fallanalyse nicht nur der extrovertierten Gruppe von Schülerinnen widmen, sondern auch dem anderen Ende des Spektrums, den stillen, eher randständigen und sozial leisen Mädchen, die sich dem Blick geradezu zu entziehen scheinen.

3. *die Relevanz des Falles im Kontext des Feldes:* Es kann sich um Ereignisse handeln, die von den Feldteilnehmern selbst als besonders wichtig markiert werden. Beispiele sind etwa die Feststellung, ob ein Schüler versetzt wird im Kontext von Schulklassen, Hochzeiten oder Scheidungen im Kontext von Familien, Festnahmen im Kontext polizeilicher Praxis oder die öffentliche Äußerung des Verdachts der Kindeswohlgefährdung im Kontext des Jugendamtes. Es kann sich aber auch um Fälle handeln, die von den Schlüsselfiguren im Feld handeln, den Anführer einer Gruppe, den regelmäßig Ausgegrenzten oder eine anderweitig bedeutsame Person. In all diesen Fällen wird die Relevanz im Feld durch die Teilnehmer selbst markiert und die Analyse folgt der Relevanzsetzung des Feldes und versucht sie zu ergründen.

4. *die Typizität des Falles*: Die Fallauswahl kann aber auch auf das Typische, auf die Häufigkeit und Alltäglichkeit als Kriterium rekurrieren. Dann wählt sie aus der Vielfalt der Beschreibungen zu einem Thema oder zu einer Kategorie ein mehr oder weniger beliebiges Beispiel für die Detailanalyse aus, das als solches Normalität repräsentiert.

5. *das Irritierende des Falles:* Die Fallauswahl kann auch gerade das Ungewöhnliche, Unerwartete und Unverstandene fokussieren. Es handelt sich dann um Szenen, die besonders irritierend waren, die den Beobachter in besonderer Weise überrascht und vor Rätsel gestellt haben. In diesem Fall versucht die Analyse, Normalität gerade über Momente zu erschließen, in denen diese in eine Krise geriet. Für die Gesamtanalyse können Szenen, in denen das Handeln der Teilnehmer im Feld ins Stolpern gerät, in denen Routinen nicht funktionieren oder Fehltritte repariert werden müssen, äußerst aufschlussreich sein, denn sie lassen Rückschlüsse auf Normalitätserwartungen und das implizit Vorausgesetzte der sozialen Praxis zu. Ebenfalls aufschlussreich sind Szenen, in denen das (spontane) Verständnis des teilnehmenden Beobachters an Grenzen gerät: Die Analyse von Situationen, die Irritation, das Erschrecken oder auch das schlichte Unverständnis des Beobachters hervorrufen, ermöglicht es, die Differenzen zwischen der Kultur der Teilnehmer und den kulturellen Selbstverständlichen des Beobachters in den Blick zu nehmen.

Ganz allgemein gilt: Was sich als Fall eignet, der mit anderen verglichen werden kann, hängt vom Feld und vom Beobachtungsinteresse ab. Dies können – wie gesagt – eine soziale Situation, die Migrationswege einer Familie, die religiöse Konversion einzelner Personen, das räumliche oder materielle Setting eines Feldes etc. sein. Es geht vor allem darum, in einer Doppelbewegung zwischen intensiver Einzelfallanalyse und dem Vergleich mit anderen Fällen, *Strukturmerkmale* von Fällen identifizieren zu können. Was sind typische Merkmale von Akteuren in einem Feld, Objekten oder Situationen? Was sind eher untypische Abweichungen? Wie verhalten sich Typik und Abweichung zueinander?

In der Detailanalyse einzelner Situationen geht es – metaphorisch formuliert – darum, diese ›unter das Mikroskop‹ zu legen. Indem extensiv über einzelne Details der Beobachtung nachgedacht wird, werden diese gewissermaßen ›vergrößert‹ und auf ihre Strukturiertheit hin untersucht. Man kann sich die Detailanalyse auch wie eine ›Zeitlupe‹ vorstellen, in der Abläufe extrem verlangsamt werden und die Analyse jeden einzelnen Schritt konserviert. Eine extreme Zuwendung zum Detail von Beobachtungen ist seit der Soziologie des Alltags ein bewährtes Mittel der analytischen Distanzierung. Vergrößerung bzw. Verlangsamung von Abläufen alltäglichen Geschehens sind eine der wirkungsvollsten Formen der Befremdung. Dieser Effekt stellt sich sofort ein, wenn man nur das Transkript eines beliebigen Alltagsgespräches liest. Die Interpretation zielt erneut auf *Explikation*. Denn das alltägliche Verstehen von Situationen berücksichtigt zwar auch viele der in Rede stehenden Details, aber dieses Verständnis bleibt implizit. Die Detailinterpretation trachtet danach, dieses Verstehen zu formulieren und zu systematisieren.

Wir gehen im Folgenden auf drei Formen der Fallanalyse etwas näher ein: solche, die einzelne Ereignisse oder Szenen fokussieren, solche, die sich auf die Rekonstruktion von Interaktionsverläufen konzentrieren, und schließlich Analysen, die die Bedeutung konkreter Personen im Feld in den Mittelpunkt der Betrachtung rücken.

Ereignisse: Funktion und Bedeutung erschließen

Die Fallanalyse kann auf einzelne Ereignisse fokussieren und diese auf ihre Bedeutung für das untersuchte Feld hin befragen. Wenn die im Feld beobachteten Ereignisse den Charakter der Ausnahme oder sogar der Krise tragen, dann ist danach zu fragen, wie dieses krisenhafte Ereignis bewältigt wurde und was sich darin über die Normalität und Routinen der untersuchten sozialen Praxis zeigt. Wenn das Ereignis dagegen ein wiederkehrendes, routinisiertes oder sogar hoch ritualisiertes ist, dann kann man danach fragen, was in der Form des Ereignisses über das spezifische Feld exemplarisch zum Ausdruck kommt. Das in der ethnografischen Literatur wahrscheinlich berühmteste Ereignis dieser Art ist der balinesische Hahnenkampf, den Clifford Geertz (1987) in einer komplexen Analyse durch mehrere Bedeutungsschichten hindurch auf seine soziologischen und sozialpsychologischen Implikationen befragt und schließlich als Selbstkommentierung der balinesischen Kultur deutet.

Wir wollen im Folgenden ein sehr kleines und triviales Ereignis aus dem schulischen Alltag betrachten, das uns allen sehr vertraut ist: der Pausengong (hierzu: Kalthoff 1997a: 73 ff.). Dieses Ereignis ist so alltäglich und auch so selbstverständlich, dass es sich einer weitergehenden Analyse zunächst kaum aufdrängt. Andererseits ist der Pausengong für die Teilnehmer im Feld von erheblicher Relevanz: Er ist das Ereignis, auf das man alltäglich und manchmal mit großer Sehnsucht wartet; er ist ein Ereignis, das eine deutliche Zäsur markiert – das Verhalten der Teilnehmer nach dem Gong unterscheidet sich erheblich von dem Verhalten davor. Das Ereignis fordert den Ethnografen auch dazu auf, den Blick vom Schulunterricht auf die Schulorganisation zu werfen und zu fragen, wie sie ihre Teilnehmer managt. Die analytischen Überlegungen nehmen ihren Ausgang von einer winzigen Bemerkung aus einem Feldprotokoll, dem eine erheblich längere *analytical note* angehängt ist. Im Protokoll steht »Es gongt«:

Der Gong wird durch einen Mechanismus betätigt, eine Uhr. Wer hat den Mechanismus installiert und wie funktioniert er? Wie kommt der Gong in die Räume (Übertragung per Funk oder Kabel)? Wer hat entschieden, dass es so und nicht anders gongt? Wer überprüft die Gongeinstellungen? Was passiert, wenn er defekt ist? Der Gong ist hörbar, auch im Lehrerzimmer, auf den Toiletten, in der Sporthalle, auf dem Pausenhof. Ist er überall hörbar – auch im Sekretariat, in der Aula? Alle hören den Gong; für Lehrer und Schüler ist er allgegenwärtig. Weiter: Der Gong nutzt den menschlichen Hörsinn und nicht den Sehsinn. Als ungerichteter Sinn ist der Hörsinn dann besser dazu geeignet wahrzunehmen, wenn es keinen Fixpunkt gibt, an dem sich die Körper orientieren. Der Körper muss nicht ausgerichtet werden, um aufmerksam sein zu können. Es gongt auch immer zu festgelegten Zeitpunkten, immer wieder, ohne Unterlass. Also markiert der Gong Zeit, er sagt sie gewissermaßen an: Etwas ist zu Ende, etwas anderes beginnt. Dabei sind es immer die gleichen Zeitrhythmen, die gleichen Perioden. Wie vor Jahrhunderten die Kirchturmuhr, so gliedert der Gong in der Schule den Tag. Die Teilnehmer hören zwar den Gong, aber es ist für sie nicht das Gleiche. Für Lehrer bedeutet er u. a., die letzten Vorbereitungen für den Unterricht abzuschließen, für Schüler bedeutet er vor allem, dass wieder die Zeit der Vermittlung und Überprüfung von Wissen beginnt. Was bedeutet er noch? Wenn Schüler und Lehrer den Gong hören, wissen sie, was sie zu tun haben. Hören hat also auch etwas mit gehorchen zu tun, einer Regel zu folgen. Es gibt aber auch Teilnehmer, die ihn überhören. Was geschieht dann? Wann hat man ihn überhört, wann nicht? In der Regel aber machen sich Lehrer und Schüler in ihre jeweiligen Klassen- oder Funktionsräume auf, und aus dem Gewusel von mehreren Hundert Schülern werden entmischte und homogene Gruppen, die sich an bestimmten Orten versammeln – so wie sie von der Schulorganisation vorgesehen sind. Die Schulorganisation verschiebt also wie auf einem Schachbrett ihre Teilnehmer auf verschiedene Zeiten und Räume. ›In Gang gesetzt‹ werden sie durch ein hörbares Medium, das sie an die Regel erinnert.
Als Befund kann festgehalten werden: Der Gong ist ein technisch-organisatorisches Mittel zur Steuerung von Individuen. Das Thema lautet also: Humansteuerung in Organisationen. Für die Analyse der Schule bedeutet dies, andere Steuerungsmechanismen (wie die gut sichtbare Stundentafel im Lehrerzimmer) zu identifizieren und mit dem Gong zu kontrastieren; auch eine Kontrastierung mit Formen der Humansteuerung in anderen öffentlichen Institutionen oder Organisationen (etwa dem Arbeitsamt, dem städtischen Ordnungsamt, einem Flughafen oder Krankenhaus) wäre denkbar. Wichtige Kategorien sind u. a. Technik und Organisation, Hören und Gehorchen, Zeit und Handeln.

Diese assoziativen, noch gar nicht vollständigen Überlegungen des Ethnografen machen deutlich, was es heißt, von einer empirischen Beobachtung zu deren Analyse überzugehen. Von einer lapidaren Notiz (»Es gongt.«), die in der Lektüre leicht übersehen werden kann, ist der Autor zu einem allgemeinen und analytischen Thema gekommen (»Humansteuerung«), das Ausgangspunkt für das Schreiben eines Kapitels wird. Deutlich wird auch, dass theoretische Ideen in die Überlegungen einfließen (etwa zur menschlichen Wahrnehmung und zur schulischen Temporalität) und für die Analyse genutzt werden.

Deutlich wird an diesem Beispiel noch einmal, was Explizierung des Wissens bedeutet: dass der seine empirischen Beobachtungen analysierende Ethnograf dasjenige Wissen, das er beiläufig und stillschweigend über ein beobachtetes Phänomen erworben hat, aktivieren und niederschreiben muss. Er fragt dann: Was weiß ich schon über so etwas Eigentümliches wie einen Pausengong oder über Klassenräume, über religiöse Rituale oder über Praktiken des Rechnens? Dies verlangt danach, das eigene implizite Wissen zur Sprache zu bringen. Dabei soll die Analyse ein besonderes Augenmerk auf die nicht oder nur rudimentär versprachlichten und verschriftlichten Aspekte kultureller Ordnung legen: die Hintergrundannahmen und stillen Bedeutungen, die sich in einem sozialen Ereignis oder in einem Phänomen entfalten. Der Ethnograf nutzt also sein Wissen, er aktiviert es, um sein Material zu erschließen.[32] Dies stellt ihn vor die eigentümlich anmutende Herausforderung, etwas niederzuschreiben, was er für selbstverständlich hält und das er mitunter gar nicht mehr ›bewusst‹ wahrnimmt, da es zu vertraut ist, um überhaupt benannt zu werden.

Und aus diesem niederschreibenden Festhalten entstehen Fragen, die man empirisch klären oder auch verwerfen kann. Explizierung des Wissens und die Generierung von Fragen sind Techniken, mit denen man sich dazu anhält, Selbstverständlichkeiten zu problematisieren und Bedeutungen, die in den Daten impliziert sind, festzuhalten, sodass sie dem weiteren Analyseprozess zugänglich werden. Diese Übersetzungsleistung beginnt – darauf hatten wir schon hingewiesen – bereits im Rahmen der Verschriftlichungen der Beobachtungen, wird aber in der Datenanalyse noch einmal systematischer verfolgt. Wie aber lassen sich im Rahmen der Datenanalyse geeignete Fragen ersinnen? Eine hilfreiche sozialwissenschaftliche Leitfrage, mit der sich in vielen Kontexten stille Hintergrunderwartungen explizieren lassen, lautet: Für welches praktische *Problem* könnten die dokumentierten Techniken oder Praktiken eine *Lösung* darstellen?

Der Gong in dem oben beschriebenen Beispiel liefert etwa eine Lösung für das Problem, dass der Unterricht die zeitliche Koordinierung der Schüler und Lehrer erfordert. Für das Problem der zeitlichen Koordinierung gäbe es theoretisch wiede-

---

32   Diese Verwendung des ethnografischen Wissens in der Analyse steht wie gesagt in deutlichem Kontrast zu anderen qualitativen Verfahren, in denen das Wissen zurückgehalten wird und erst sukzessive in den Forschungsprozess einfließt.

rum eine Vielzahl möglicher Lösungen. Tagesabläufe und Wechsel zwischen verschiedenen Aktivitäten ließen sich auch zwischen den Anwesenden aushandeln,
Autoritätspersonen könnten sie ihren Wünschen gemäß festlegen und spontan
ändern oder sie ließen sich anhand des Laufs der Sonne koordinieren (›Treffen bei
Sonnenaufgang‹). Auch und gerade die ethnologische Erfahrung, dass in anderen
Gesellschaften zeitliche Koordinierung ganz anders organisiert werden kann, macht
deutlich, wie spezifisch die kulturelle Lösung ist, einen Gong zu verwenden. Um die
kulturelle Bedeutung des Gongs zu verstehen, ist es wichtig, ihn als Teil eines kom-
plexen Vorstellungssystems zu sehen. Er ist der Rhythmusgeber des Unterrichtes.
Seine technische Gestalt macht ihn aller menschlichen Schwächen unverdächtig, wie
Vergesslichkeit, Ungenauigkeit, Machtmissbrauch oder Bestechlichkeit. Die zeitliche
Gleichtaktung der Feldteilnehmer durch technische Instrumente und akustische Signale ist nicht auf die Schule beschränkt, sie begegnet uns auch an anderen Orten, wie
Kirchen, Fabriken und Kasernen. In der Regel sind dies Orte, die mit Autorität verbunden werden und fast immer (mit Ausnahme der Kirchen) sind es Orte der klassischen Moderne. Zeitliche Gleichtaktung ist also nicht nur kennzeichnend für den
modernen Schulunterricht, in ihm drückt sich ein umfassenderes kulturelles Ideal
einer rationalisierten Gesellschaft aus, das auf Gleichheit und Disziplinierung basiert
und dem sich die Gesellschaftsteilnehmer, unabhängig von ihrer Herkunft, unter-
werfen müssen. In diesem Sinne ist der Gong keine unbedeutende Marginalie der
sozialen Ordnung der Schule, sondern Materialisierung einer wichtigen gesellschaftlichen Idee: der Existenz einer unsichtbaren und entpersonalisierten Autorität, die
deswegen legitim erscheint, weil sie scheinbar rational, im Sinne des Gemeinwohls
und unterschiedslos soziale Ordnung stiftet. Auf diese Weise betrachtet, ist der Gong
eine Metapher für die moderne Idee von Staatlichkeit.

Diese schon fortgeschrittene soziologische Deutung fließt in die weitere Analyse
ein, wird zur Diskussion gestellt, überarbeitet und reformuliert. Für uns entscheidend
ist der Deutungsprozess: Die Ausgangsfrage (für welches praktische Handlungsproblem liefert der Gong eine Lösung?) führte zu einer Anschlussfrage: Was besagt die
beobachtete Lösung des identifizierten praktischen Problems (die Koordinierung sozialer Aktivitäten durch einen Gong) über die Besonderheit des untersuchten Feldes und
den kulturellen Kontext, in den es eingebettet ist? Diese Frage ermöglichte wiederum
die Interpretation des Gongs als charakteristisch moderne Institutionalisierung rational legitimierter Autorität und zeitlicher Taktung des sozialen Lebens. Er bekommt
etwas Exemplarisches – ähnlich wie der Hahnenkampf für die balinesische Kultur.

Eine ethnografische Interpretation kann aber nicht bei dieser insgesamt noch sehr
pauschalen und letztlich nicht genügend empirischen Deutung stehen bleiben, diese
wirft vielmehr eine ganze Reihe von weiterführenden Fragen auf, die an das Datenmaterial oder weitere Beobachtungen herangetragen werden können. Das betrifft vor
allem das Verhältnis zwischen der Norm zeitlicher Taktung, die in dem Gong zum
Ausdruck kommt, und der Schulpraxis, die sich auf viele verschiedene Weisen auf

diese Norm beziehen kann. Dabei wird sich schnell zeigen, dass die Akteure keineswegs Automaten sind, die sich ohne Weiteres von einem akustischen Signal steuern lassen. Vielmehr entwickeln sie unterschiedliche Handlungsstrategien, die der vermeintlich starren Ordnung ein beachtliches Maß an Flexibilität abzugewinnen vermögen – auch wenn sich diese Flexibilität manchmal nach Sekunden bemisst (wie beim Überfahren orangener Ampeln). Allerdings bleiben die praktischen Umgangsweisen stets auf ein geteiltes Wissen darüber bezogen, was der Gong ›eigentlich‹ bedeutet. Dies gerät bei aller Verhaltensvielfalt nicht in Vergessenheit, was es den Akteuren wiederum ermöglicht, sich gegenseitig an die Norm zu erinnern, etwa wenn es ihren eigenen Interessen, ihren Rollenauffassungen oder ihrem Ordnungsempfinden entspricht. Schülerinnen können durch anschwellende Lautstärke und Einpacken der Schulsachen Lehrerinnen unsanft darauf aufmerksam machen, dass das eben vernommene akustische Signal der Gong zum Stundenende war. Lehrerinnen ihrerseits können von Schülerinnen, die nach dem Gong eintreffen, Entschuldigungen einfordern oder sie ins Klassenbuch eintragen.

Es wird ersichtlich, dass der Gong Teil einer lebendigen sozialen Ordnung ist, innerhalb derer seine normative Ursprungsbedeutung zwar präsent bleibt, wobei aber seine praktische Bedeutung immer wieder neu und kontextbezogen verhandelt werden muss. Die Aufgabe der Datenanalyse wäre es in diesem Fall, das Verhältnis zwischen Norm und Praxis herauszuarbeiten und darauf fußend, eine erweiterte ethnografische Interpretation der kulturellen Bedeutung des Gongs zu entwerfen. Die angeführten Überlegungen sollten andeuten, wie komplex Interpretationen von selbst scheinbar einfach strukturierten Fällen werden können, wenn sie vor unterschiedlichen Interpretationshintergründen – explizierte Selbstverständlichkeiten, Geschichte, Kulturvergleich, theoretischer Diskurs, normative vs. praktische Ordnung – rekontextualisiert und gedeutet werden.

Interaktionsverläufe rekonstruieren

Eine andere Form der Fall- oder Detailanalyse richtet sich auf die Rekonstruktion der immanenten Logik von *Abläufen*. Interaktionen kann man auf ihre Vollzugslogik befragen: wie reagiert A auf B? Welchen Regeln folgt er dabei? Die Regeln des interaktiven Vollzugs sind oft implizit und den Teilnehmern nicht bewusst, dadurch aber umso wirkungsvoller und oft von weitreichenden kulturellen Implikationen bestimmt. Man kann sich das an der alltäglichen Praxis des Grüßens verdeutlichen: Wer grüßt zuerst? Welche Erwiderung erfordert der Gruß? Wie unterscheidet sich das Grüßen nach dem Status der (zu) Grüßenden und nach ihrer sozialen Beziehung? Was also zeigt der Gruß über die soziale Beziehung? Die Antworten auf diese Fragen unterliegen offensichtlich erheblicher kultureller Variation. Die Rituale des Grüßens unterliegen auch einem deutlichen historischen Wandel und innerhalb einer

(Sub-)Kultur kennzeichnen sie oft die Zugehörigkeit zu dieser Kultur. Die komplexen impliziten Regeln des Grüßens können von den Teilnehmern selbst höchstens teilweise expliziert werden. Sie wissen zwar, wie man es macht, aber sie wissen nicht, wie sie es machen, d.h. sie denken nicht oder selten darüber nach und verfügen nicht reflexiv über die Regeln ihres Tuns. Das Problem des Grüßens darf im Alltagshandeln auch gar kein Problem sein, weil das Handeln sonst blockiert wäre. Das Grüßen (das Vorbeilaufen, die Gesprächsorganisation, die Verabschiedung usw..) müssen im Alltag im Sinne von Alfred Schütz (siehe Kapitel 1) routiniert und selbstverständlich funktionieren; sie müssen für die Teilnehmerinnen »unproblematische Probleme« (Bergmann 1981: 22) sein und bleiben.[33] Die ethnografische, in diesem Fall von der Ethnomethodologie inspirierte Analyse richtet sich auf die Explikation der Regeln alltäglicher Interaktion, die die Teilnehmer zwar kennen und befolgen, aber nicht explizit wissen.

Dabei ist es sinnvoll, einige Regeln der *Sequenzanalyse* zu beachten, die andere Methoden der qualitativen Sozialforschung ganz in den Vordergrund stellen (etwa die Konversationsanalyse oder die Objektive Hermeneutik). Es geht, allgemein gesprochen, darum, einzelne Äußerungen, Handlungen etc. in ihrem zeitlichen Ablauf zu analysieren. Man fragt danach, wie eine Äußerung auf die vorangegangene reagiert und welchen Kontext sie für folgende Äußerungen stiftet, man fragt nach den konstituierenden Bedingungen und den konsekutiven Effekten der einzelnen Äußerung (Deppermann 1999). Zu diesem Zweck folgt die Analyse dem dokumentierten Verlauf Schritt für Schritt oder *turn-by-turn*, wie die Gesprächsanalytiker sagen. Im Zuge der Analyse erschließt sich die implizite Vollzugslogik der beobachteten sozialen Praxis, also die Regeln der Ausführung einer spezifischen Praktik. Die Analyse kann sozialen Praktiken aller Art gelten, insofern zumindest komplexere Praktiken immer von einer Verlaufslogik gekennzeichnet sind, die als solche herausgearbeitet werden kann, zum Beispiel die Züge in Gesellschaftsspielen, die Schritte kooperativen Arbeitens, die Blickwechsel in öffentlichen Begegnungen. Das konkrete Forschungsinteresse im Rahmen von Sequenzanalysen richtet sich oft auf Praktiken sprachlicher Art, also Gesprächsformate im weitesten Sinn. Dies ist nicht zuletzt dem geschuldet, dass diese Arten von Analysen Daten voraussetzen, die Sequenzverläufe relativ präzise und detailliert darstellen und Gespräche sich gut zur elektronischen Aufzeichnung eignen.

Ein berühmtes Beispiel für eine solche Analyse ist die Entdeckung der Regeln des rituellen Beleidigens unter Großstadtjugendlichen durch Labov (1972). Gegenstand seiner Untersuchung ist das *sounding* in der Subkultur schwarzer amerikanischer Jugendlicher. Es gibt sowohl standardisierte als auch improvisierte *sounding sessions*, die jedoch alle einem bestimmten Schema folgen: Das Objekt der Beleidigung ist eine

---

33 Berger/Luckmann (1991: 27) formulieren dies so: »Solange die Routinewirklichkeit der Alltagswelt nicht zerstört wird, sind ihre Probleme unproblematisch.«

nahe Verwandte, überwiegend die Mutter des Kontrahenten, der alle erdenklichen stigmatisierenden Eigenschaften zugeschrieben werden. Für den Außenstehenden stellt sich diese kulturelle Praxis als äußerst aggressiv und konfrontativ dar. Labov arbeitet aber heraus, dass es für die Praxis des *sounding* entscheidend ist, dass ihr ritueller Charakter jederzeit erkennbar ist und dass die rituellen Beleidigungen sich von persönlichen Beleidigungen unterscheiden lassen. Dazu trägt zum einen die formale Struktur des *sounding* bei, zum anderen müssen die der Mutter des Opponenten zugeschriebenen Eigenschaften so absurd und abwegig sein, dass alle Beteiligten wissen, dass die Diffamierung nicht der Wahrheit entsprechen kann. Die impliziten Regeln des rituellen Beleidigens besagen, dass man sich nicht aus der Ruhe bringen lassen darf und dass eine Beleidigung nicht mit einem Dementi, sondern mit einer Gegenbeleidigung zu beantworten ist, die die vorausgegangene in ihrer Drastik steigert.[34]

Gesprächsanalytischen Arbeiten liegt oft ein engeres, soziolinguistisches Forschungsinteresse zugrunde als den meisten Ethnografien. Dennoch können solcherart Analysen für viele Forschungsfelder sehr aufschlussreich sein und damit zum Bestandteil von Ethnografien werden. In vielen Feldern gibt es spezifische kommunikative Praktiken, deren gesprächsanalytische Erschließung ausgesprochen lohnenswert ist, seien es die Arzt-Patient-Gespräche im Krankenhaus, Verhöre vor Gericht, das Feilschen in einem Bazar, der wissenschaftliche Austausch an der Laborbank oder das fragend-entwickelnde Unterrichtsgespräch in der Schule. Über die Analyse dieser eigentümlichen Gesprächspraktiken eröffnet sich ein Zugang zu kulturellen Eigenschaften des Feldes insgesamt.

Betrachten wir zum Beispiel das Protokoll einer mündlichen Leistungskontrolle, das einer ethnografischen Studie zu schulischer Leistungsbewertung entstammt (Zaborowski et al. 2011). Die Analyse folgt der Entwicklung der Szene Schritt für Schritt, um den impliziten Regeln und Effekten dieser Praxis auf die Spur zu kommen.

Frau Stern bezieht sich auf Rebekkas Bekundung, dass sie »gelernt« habe und fordert sie auf: »Also erzähle!« Rebekka steht vorn an der Tafel, druckst rum, sie ist sehr leise. Es dauert lange, wohl eine Minute oder so, Frau Stern lässt ihr und sich und uns allen Zeit. Stockend und leise erzählt Rebekka was zur Fortpflanzung der Fische. Das heißt, eigentlich erzählt sie nicht, sondern sie antwortet mit einzelnen Begriffen auf die Fragen der Lehrerin. »Bis zu welchem Zeitpunkt spricht man von Paarung?« – »Ejakulation«. »Wie finden sich die Fische? Woran erkennen die, dass die paarungsbereit sind?« – »Schwanzflossen«.

---

34   Andere gute Beispiele für Analysen, die sich auf die immanente sequenzielle Logik spezifischer sozialer Praktiken richten, stellen etwa Arbeiten dar zum *School talk* von Schülerinnen (Eder 1995), zu den Spielen und Gesprächspraktiken von Mädchencliquen (Goodwin 1990), Studien zum Klatsch (Bergmann 1987) oder zu Tischgesprächen (Keppler 1994).

Schon der Beobachter sinnierte hier über die Diskrepanz zwischen der Aufforderung der Lehrerin zu *erzählen*, die erwarten lassen würde, dass Rebekka selbstständig und offen eine Darstellung dessen entwickelt, was sie vorbereitet hat, und einem Frage-Antwort-Wechsel, der verlangt, dass auf ganz enge Fragen der Lehrerin einzelne Begriffe genannt werden. Es geht darum, die richtigen Lösungen zu nennen, wobei deren Korrektheit gar nicht explizit markiert wird, sondern nur durch das Stellen der nächsten Frage, durch den Fortgang des Verfahrens. Um was für eine merkwürdige Veranstaltung handelt es sich hier? Warum ein Zwiegespräch zwischen Frau Stern und Rebekka? Was machen die Mitschüler in der Zeit, welche Rolle spielt das Publikum? Das Begriffe-Nennen wird durch keinerlei weitere Erläuterung begleitet, es scheint nicht um die Klärung von Sachverhalten zu gehen, sondern um die reine Überprüfung von Wissensbeständen.

»Warum legen die so viele Eier ab?« – »Weil so viele gefressen werden.« – »Und warum noch?« – Rebekka fällt kein weiterer Grund ein. Thessa meldet sich und kommt dran: »Weil viele Eier nicht befruchtet werden.« Ein anderer Schüler: »Weil das Wasser fließt und das Sperma an den Eiern vorbei geht«. »Richtig«, fasst Frau Stern zusammen, »das Wasser bewegt sich ja ständig, und viele Eier werden weggetrieben«. Dann wendet sie sich wieder Rebekka zu: »Was gehört alles zu den Wirbeltieren?« – »Vögel, Fische, Säugetiere«, weiß Rebekka richtig zu antworten. »Okay«, nun nimmt sich Frau Stern zurück, aber nicht ohne im Anschluss in die Klasse zu fragen: »Wollt ihr sie ausquetschen? Zwei Fragen noch!?«

Als Rebekkas Wissen ausgeschöpft ist, kommen auch noch andere Schülerinnen zu Wort, die ergänzen dürfen. Handelt es sich doch nicht um eine Einzelprüfung, sondern um eine kollektive Wiederholung des Gelernten? Die beobachtete Praxis erfüllt offenbar beide Funktionen zugleich, was allerdings zur Folge hat, dass Rebekka unmittelbar vor Augen geführt wird, was sie nicht wusste, aber hätte wissen können. Nachdem das Wissen um die Fortpflanzung der Fische vervollständigt ist, kommt die Lehrerin also doch auf ihren Prüfling zurück und übergibt diesen nach einer weiteren Frage den Mitschülern zum ›Ausquetschen‹. Ist dies eine moderne Form des Prangers oder der Peinigung für eine dieser Lehrerin missliebige Schülerin? Oder ist es vielleicht ein allgemeines *Spiel der Verkehrung*, in dem Schüler temporär die Rollen der Lehrperson einnehmen – ein Prinzip, das in der Geschichte der Pädagogik keinesfalls neu ist. Dass auch Schüler Mitschüler befragen, impliziert die Aufforderung, zu lernen, eine Frage zu stellen, und beinhaltet zweitens das Risiko, sich mit der eigenen Frage bloßzustellen oder als illoyal zu gelten. Überraschend ist aber, dass den Schülern dieser fünften Klasse, die erst seit wenigen Wochen zusammen ist, nicht erläutert werden musste, was mit ›ausquetschen‹ gemeint ist. Dies scheinen alle zu wissen. Wie aber reagiert das Publikum der Mitschüler?

Friedemann kommt dran: »Warum überlebt der Fisch nicht an Land?« – Rebekka antwortet, dass Fische Kiemen haben, mit denen sie an Land, also an der Luft nicht atmen können. Frau Stern fragt, ob Friedemann mit der Antwort zufrieden sei. – »Ja.« – Ein anderer Schüler darf auch noch eine Frage stellen, die Rebekka ebenfalls richtig beantwortet. »So«, fasst die Lehrerin die Leistung von Rebekka zusammen, der Anfang, die Fortpflanzung der Fische sei ja nicht so gut gewesen, die späteren Zusatzfragen hingegen seien differenziert beantwortet worden. »Welche Note würdest du dir selber geben?« Rebekka stockt. Die Lehrerin: »Ich hab da eine stehen!« Rebekka sagt immer noch nichts. »Okay, wer ist die Klassensprecherin? Carmen! Was würdest du Rebekka geben, ganz objektiv!« Carmen sagt zögerlich, dass *sie Rebekka eine Zwei geben würde. Lehrerin: ›Hab ich auch.‹ Dann zu Rebekka: ›Setz dich!‹*

Rebekkas Mitschüler waren offenbar geschickt genug, solche Fragen zu stellen, die sie problemlos beantworten kann. Die Schülersolidarität besteht in diesem Fall darin, die Prüferrolle so zu gestalten, dass sie dem Prüfling keine Probleme bereitet und eine ernsthafte Prüfung in gewisser Weise nur zu simulieren. Dass das Frage- und Antwortspiel mit einer Bewertung enden soll, wird erst in dem Moment thematisch, als die Lehrerin nach der Note fragt. Die Schülerin wird im Konjunktiv aufgefordert, sich selbst zu bewerten, und zwar öffentlich vor dem Publikum der Mitschüler. Das ist eine schwierige Lage, denn was soll Rebekka antworten? Nennt sie eine gute Note, schätzt sie sich möglicherweise zu gut ein, was nicht nur peinlich ist, sondern auch mit Enttäuschung einhergeht; nennt sie hingegen eine schlechte Note, hat sie an ihrem eigenen schlechten Ergebnis mitgewirkt. Die Schülerin ist eingespannt zwischen Skylla und Charybdis. Die Situation wird durch die Bekundung der Lehrerin zugespitzt, dass die Note schon feststehe. Da Rebekka schweigt und damit ihre Selbstbewertung verweigert, wird eine andere Schülerin in die Notenfindung einbezogen. Die Lehrerin greift zur Klassensprecherin, obgleich das Amt der Klassensprecherin nicht dafür vorgesehen ist, Mitschüler zu benoten oder bei der Notenfindung der Lehrerin mitzuwirken. Damit bringt die Lehrerin Carmen in eine ähnliche schwierige Lage, zumal sie die Schülerin mit dem Hinweis auf ›Objektivität‹ auf Neutralität verpflichtet. Carmen hat Glück oder war geschickt genug, die richtige Note zu treffen. Jedenfalls bestätigt die Lehrerin den Notenvorschlag und Rebekka wird aus ihrer misslichen Lage entlassen. Die Notengebung ist vollzogen und die Beteiligten sind aus dem quälenden Ritual entlassen.

Was hier in der Verlangsamung der Detailanalyse so seltsam und fast absurd wirkt, dauert in der Realzeit des Unterrichtsalltages nur wenige Minuten und wirft für die Beteiligten vermutlich auch kaum Fragen auf – zu selbstverständlich gehören Szenen dieser Art zum alltäglichen Unterrichtsgeschehen. Dennoch lohnt es sich zu fragen, was sich der Beobachtung dieser kleinen Szene über strukturelle Probleme der Praxis der Leistungsbewertung entnehmen lässt. Zunächst fällt die Zwitterstellung des Lehrer-Schüler-Gesprächs zwischen Leistungsfeststellung und Stoffwiederholung auf. Dies hat den Effekt, dass das zur Rede stehende Wissen in Form von Prüfungswissen prozessiert werden muss: Letztlich geht es um ein auf Schlüsselbegriffe reduziertes Wissen, das die Auswertung und Zählung richtiger und falscher Antworten erlaubt.

Aber wie ist die Praxis der Selbstbewertung einzuordnen, die durch die Lehrperson so beharrlich vorgebracht wird, zumal die Note schon festzustehen scheint? Zu Beginn der fünften Klasse sollen die Schüler explizit lernen, sich selbst zum Objekt zu machen, das heißt, ›Stärken‹ und ›Schwächen‹ zu erkennen und sich einzuschätzen. Es ist eine Initiierung in eine Praxis der andauernden Fremdkategorisierung, der sie in den kommenden Schuljahren unterzogen werden. Rebekka steht dabei stellvertretend für die anderen Schüler, die an ihr beobachten, was mit ihnen geschehen wird. Darüber hinaus geht es auch um die Legitimation der Zensur als ein Handlungsproblem der schulischen Bewertungspraxis. Darauf aufmerksam geworden, kann man dann in den Daten nach weiteren, anderen Praktiken der Legitimierung von Noten suchen, um sie mit dem zitierten Beispiel zu vergleichen.

Für die Praxis der Sequenzanalyse sind insgesamt folgende drei Prinzipien nützlich:

1. *Sequenzialität:* Die Interpretation folgt dem realzeitlichen Verlauf der Interaktion. Die Szene wird nicht von ihrem Ende her interpretiert, sodass der Beobachter mehr weiß, als die Teilnehmer im Moment ihres Handlungsvollzugs selbst wissen konnten. In der Symmetrisierung von Verlauf und Interpretation liegt die Chance, die je aktuellen praktischen Probleme und Optionen einer Situation nachvollziehend zu erschließen. Die Analyse richtet sich auf Handlungs*abfolgen*: Sie entwirft mögliche Handlungsanschlüsse und bestimmt die Bedingungen der Realisierung von tatsächlichen Handlungsanschlüssen.

2. *Verlangsamung:* Die Interpretation nimmt zunächst jedes Detail gleich wichtig. Denn sie kann zu Anfang noch nicht wissen, ›worauf es ankommt‹, zudem muss sie im Prinzip alle Details in das Verstehen einschließen können. Dabei ist auf Formulierungen zu achten und insbesondere auf Brüche in der Beschreibung und auf Ungereimtheiten zu fokussieren. Denn hier sind oft die Probleme verborgen, die die Praxis zu lösen hat.

3. *Immanenz:* Die Interpretation bleibt am Text und damit in der Situation. Man versucht, die Situation aus sich selbst heraus zu verstehen. Es gibt also einen Erklärungsvorrang des unmittelbaren Kontextes vor entfernteren Randbedingungen. Die Analyse bezieht sich auf das beobachtbare Verhalten der Teilnehmer und interpretiert dieses als konkrete Lösung praktischer Probleme im gegebenen Kontext. Hier ist vor allem der Versuchung zu widerstehen, Intentionen, Motive, biographische Prägungen oder gesellschaftliche Umstände an eine Szene heranzutragen, die alle außerhalb der Situation liegen und die nicht den Gegenstand der Analyse bilden (können). Erst wenn der Verlauf der Szene aus sich heraus nachvollzogen und analysiert ist, kann sie wieder eingebunden werden in den größeren Zusammenhang des Feldes.

Figuren fokussieren: Fallportraits im Kontext

Die ethnografische Fallanalyse kann auch auf Personen fokussieren. Nicht im Sinne von Handlungsträgern oder gar als Erklärung für bestimmte Beobachtungen – wir hatten oben schon erläutert, dass soziale Praktiken und Situationen den Untersuchungsgegenstand der ethnografischen Analyse bilden. Aber soziale Praktiken brauchen und *verwenden* natürlich Personen. In vielen kulturellen Kontexten stellen sie die zentrale Zurechnungsadresse für Ereignisse und Prozesse dar: Personen werden Eigenschaften zugeschrieben, Personen werden Handlungen, Motive und Entscheidungen zugeschrieben, konkrete Personen werden verantwortlich gemacht für konkrete Ereignisse. Die frustrierte Lehrerin, der skrupellose Manager, der machtgierige Politiker sind Charakterisierungen, die die soziale Praxis hervorbringt, um bestimmte Probleme zurechnen und erklären zu können. Und diese Zuschreibungen können durchaus Konsequenzen für die habituelle Formung von Akteuren haben: ihre Motive, Ziele, Haltungen. Die ethnografische Analyse übernimmt diese Zuschreibungen nicht, sie verschiebt vielmehr die Perspektive, indem sie die Zuschreibungen beobachtet. Sie deutet Personen mitsamt ihren Zuschreibungen als ›Figuren‹ im Spiel der sozialen Praxis, Figuren, die in dieser Praxis hervorgebracht und in spezifischer Weise verwendet werden. Erving Goffman hat seine Soziologie mal auf eine ähnliche Weise charakterisiert: »Es geht hier also nicht um Menschen und ihre Situationen, sondern eher um Situationen und ihre Menschen« (Goffman 1986: 9).

Die ethnografische Literatur kennt berühmte Protagonisten, anhand derer die Analyse entfaltet wird. Etwa den bereits erwähnten »Doc« des William Foote Whyte (1967), der die »Street Corner Society« verfasst hat oder »Joey« den Anführer der *lads* in Paul Willis Studie (1979) zur schulischen Subkultur von Arbeiterjugendlichen. Diese Figuren avancieren zu Hauptpersonen in den Ethnografien, aber nicht weil die analysierte Subkultur in ihren Besonderheiten auf diese Hauptpersonen zurückzuführen wäre, sondern weil die jeweilige Subkultur solche Hauptpersonen braucht und hervorbringt. Indem man spezifische Figuren fokussiert, den Anführer, aber auch den Außenseiter, den schrägen Vogel oder den Vermittler, kann man den sozialen Kontext analysieren, wenn man danach fragt, wie diese Figuren hervorgebracht und verwendet werden.

Wenden wir uns zur Veranschaulichung einem weiteren Fallbeispiel zu, und zwar Männern, die ihre schwangeren Frauen zur gynäkologischen Untersuchung begleiten und diese als ›Zaungäste‹ verfolgen (hierzu im Folgenden: Heimerl 2013: 162 ff.). Der ›schwangere männliche Begleiter‹ verhält sich einerseits auf eine spezifische Weise, und ist andererseits spezifischen Zuschreibungen der anderen Anwesenden ausgesetzt. Diese finden sich auch in den Protokollierungen der subjektiven Eindrücke, die die Autorin der folgenden Protokolle mitnotiert hat. Drei Beispiele:

Dr. F. sitzt dem Paar zugewandt. Sie erklärt Esther, dass es im Moment keine handfesten Gründe gegen eine vaginale Geburt gäbe. Esther erwidert:»Ich will keinesfalls wie bei der letzten Geburt noch mal neun Stunden rummachen, das halte ich im Moment in dem Zustand nicht durch«. [...] Hugo hat bislang interessiert zugehört und meint jetzt in selbstbewusstem Tonfall:»Also eine normale Geburt würde ich nicht befürworten, vor allem im jetzigen Zustand mit der Grippe, da ist eine vaginale Geburt auf alle Fälle nichts für sie«. (Ganz schön bevormundend! Muss **er** das Kind auf die Welt bringen oder **sie**?).»In dem Zustand ist auch ein Kaiserschnitt nichts«, erwidert Dr. F. sehr bestimmt (klingt, als hätte sie Hugos Kommentar als Angriff empfunden).»Was ist denn **Ihre** Intention hinsichtlich Geburt oder Kaiserschnitt«, fragt Dr. F. und dreht sich dabei explizit so, dass sie ausschließlich Esther zugewendet sitzt ... Diese setzt gerade an, zu antworten, wird aber von Hugo unterbrochen.»Wenn ich die Stimme mal übernehmen darf«.

»Was hat Dr. N. gemessen?«, sagt Dr. F. halblaut vor sich hin und blättert dabei suchend im Mutterpass.»Gewicht? 3628«, sagt Bill wie aus der Pistole geschossen (recht forsch!) ... »Unsere Tochter war auch schwer«, sagt Tessa.»4220«, sagt Bill, wieder wie aus der Pistole geschossen (hat er sämtliche Maße auswendig gelernt? Will er sich damit profilieren?) ... »Und wie ist der Ablauf so von der Einleitung?«, fragt Bill, immer noch mit dem Oberkörper nach vorne gelehnt im Stuhl sitzend ...»Also, das wird mit einem Gel gemacht [...]« erklärt die Ärztin, sie sitzt dem Paar zugewandt.»Aber wir müssen uns da jetzt nicht irgendwie Sorgen machen?«, fragt Bill.»Nicht mehr als andere Eltern auch«, erwidert Dr. F. lächelnd, ihr Tonfall ist jetzt leicht genervt. Dann fährt sie fort:»Mein Vorschlag: Wir können's auch erst mal mit einem Wehencocktail versuchen, also da kommt Rizinusöl, Sekt, Aprikosensaft und so weiter rein«.»**Boahhh**!«, sagt Bill laut und lacht dann lauthals auf:»Mit Schirmchen und so? So ein richtiger Cocktail?«, fragt er lachend weiter.»Klar«, gibt Dr. F. mit einer Mischung aus ironischem und genervt klingendem Tonfall zurück.

Dann fragt Dr. P. Camilla, welches Insulin sie verwendet.»Depotinsulin« antwortet sie. Noch während sie spricht, steht Ewald schon wieder, ist wieder mit zwei Schritten am Rucksack angekommen, greift hinein, und holt ein Kuvert heraus. Mit einem ›Ruck‹ dreht er sich herum, steht dann auch schon vor dem Schreibtisch und hält der Ärztin den Umschlag vor die Augen. Die zuckt daraufhin kurz zusammen [...] Sie schaut zuerst etwas verwirrt, nimmt dann aber das Kuvert, öffnet es und zieht einen Arztbrief heraus. Ewald sitzt schon wieder neben Camilla (mich irritiert sein Verhalten, ich kann mich gar nicht mehr auf Camilla bzw. Dr. P. konzentrieren).

Die Beispiele zeigen verwandte Verhaltensweisen einer mehr oder weniger diskreten oder aufdringlichen Beflissenheit der männlichen Begleiter, anstelle ihrer Partnerin medizinische Informationen zu liefern oder zu bekommen. Die Zuschreibungen variieren ein wenig: Hugo will wohl die Patienteninteressen seiner Frau stimmlich verstärken, macht dies aber in einer Form, als habe letztlich er zu entscheiden, was für die Ärztin wiederum ein Sprechen über die Belange ihrer Patientin hinweg ist (auch die Protokollantin findet:»Ganz schön bevormundend!«); Bill »profiliert sich« (Protokollantin) mit seinem eilig dokumentierten Faktenwissen und setzt sich am Ende gar mit einem Witzchen aus dem männlichen Alltagsdiskurs (›Cocktail mit Schirmchen‹) in Szene; Ewald versucht ebenfalls mit eifriger Informationsbeschaffung zu glänzen, mit einem beflissen dienlichen Gestus der Zuvorkommenheit, stört damit aber andere Anwesende.

Wie kann man diese Mischung aus Verhaltensweisen, Zuschreibungen und ethnografischen Beschreibungsweisen so verstehen, dass man sie nicht unmittelbar den Motivlagen von ›Männern‹, sondern im Sinne Goffmans Situationen und ihren Menschen zurechnet? Schreiben wir ein Memo:

Einerseits sind schwangere Männer auf vielfältige Weise in die Entstehung eigener Kinder in ihrer unmittelbaren leiblichen Nähe verstrickt. Sie werden das Kind nicht bekommen, es aber doch als ihr Kind haben. Sie sind nicht körperlich schwanger, sind aber am Rande mitbetroffen von ärztlichen Entscheidungen: als werdende Eltern, besorgte Lebenspartner, interessierte Intimpartner usw. Andererseits ist ihre Beteiligung in einer ganz auf ›die Frau‹ zentrierten medizinischen Situation überhaupt nicht vorgesehen. Sie sind quasi ähnlich deplatziert und ortlos wie die Ethnografin. Außerdem stoßen sie in ihrer Paarbeziehung, in der sie in der Regel seit Jahren am Leib ihrer Partnerin teilhaben, nun nach dem Ungeborenen, das Ansprüche auf diesen Leib erhebt, auch noch auf eine Ärztin, die Entscheidungen über ihn beansprucht oder nahelegt.

Nach einer Betrachtung weiterer Fälle führt die Fallanalyse des ›schwangeren männlichen Begleiters‹ auf eine tiefe Rollenunsicherheit, die in der Spannung zwischen körperlicher und sozialer Schwangerschaft entsteht: zwischen den (u. U. asymmetrischen) Strukturen einer Paarbeziehung, in der der Partner als ›Beschützer‹ auftritt, und den (auf ganz andere Weise asymmetrischen) Strukturen einer Arzt-Patient-Beziehung, in der das Schwangergehen allein den Frauen zugeschrieben wird. Diese Kontextbetrachtung kann besser verstehbar machen, warum die Begleiter versuchen mitzusprechen, ohne mitreden zu dürfen, sich einzuklinken, ohne das medizinische »Gesprächsreservat« (Goffman) zu stören, sich zurückzuhalten, ohne unbeteiligt zu wirken. Dies ist offenbar eine sprachliche und körperliche Darstellungsleistung für Figuren von nicht relevanter Anwesenheit, die mit einem neutralisierenden Desinteresse behandelt werden, das umso unfreundlicher ausfällt, je mehr sie daran scheitern, den der Situation eingeschriebenen Verhaltenskodex zu erfüllen: »zurückhaltende Anteilnahme« (Heimerl 2013: 174).

Man beachte hier, dass in dieser Fallanalyse einzelne Figuren immer auch über die Reaktion des Umfelds in den Blick genommen werden: neben den männlichen Begleitern wird auch beobachtet, wie sich ihre Partnerinnen behaupten (oder von ihnen vertreten lassen) und wie Ärztinnen sie zu neutralisieren versuchen (Heimerl 2013); so wie über die Beobachtung von klassifizierten Schülern immer auch die Lehrpersonen in den Blick geraten, und zwar mit ihrer Fähigkeit, Leistungsänderungen der Schüler zu erkennen und nicht zu ignorieren (Kalthoff 1996; Zaborowski et al. 2011).

Ziel ethnografischer Fallportraits ist es nicht, biografische Verläufe oder Wendungen zu analysieren, sondern typische personale Figuren, auf denen temporär die Aufmerksamkeit der Beobachterin liegt, in ihren situativen Kontexten zu beschreiben. Dabei wird davon ausgegangen, dass sich Muster entdecken lassen, die Auskunft über eine Problemstellung – etwa: soziale Schwangerschaft oder Leistungsbewertung – geben können. Über die Person zielt die Analyse also auf diese Muster und Systematiken. Sichtbar wird an den Beispielen, dass Ethnografen bei ihren Fallanalysen unterschiedliche Vorgehensweisen wählen: Sie orientieren sich u. a. am Codierverfahren der *Grounded Theory*, nutzen und variieren sequenzanalytische Verfahren oder haben einen Goffmanschen Blick auf das Geschehen. Die analytischen Versuche, zu denen sie mit diesen Optiken gelangen, sind nur erste Annäherungen an das Phänomen oder den Fall, vor allem formulieren sie wichtige Befunde für den Fortgang der Analyse, in deren Fortgang sie dann überarbeitet, reformuliert und ergänzt werden.

Eine weitere Strategie, die im Kontext von Fallanalyse und –darstellung sinnvoll sein kann, ist es, verschiedene ethnografische Situationsbeschreibungen zu erweiterten Fällen oder *extended cases* zusammenzuführen. Ein Beispiel für einen erweiterten Fall ist eine ethnografische Beschreibung von Max Gluckman (1958), in der er verschiedene Ereignisse und Begegnungen narrativ zusammenfügt, die sich um die Eröffnung einer Brücke im kolonialen Südafrika abspielen. Er beschreibt den Aufbruch von seinem Gehöft, die Fahrt mit dem Auto in den Nachbardistrikt, die zeremonielle Eröffnung der Brücke und die einige Stunden später anschließende Sitzung des Distriktmagistrats. Diese erweiterte Fallbeschreibung reichert er mit Hintergrundwissen an, zum Beispiel die Religion und ethnische Zugehörigkeit wichtiger Akteure, deren Verwandtschaftsverhältnisse oder die Geschichte und Funktion der eröffneten Brücke, die sich nicht aus der Beschreibung der Ereignisse ergeben, aber notwendig sind, um den Fall zu verstehen. Das Ziel von Gluckmans Fallkonstruktion ist es zu verdeutlichen, dass »die Zulus« und »die Weißen«, die in der Beschreibung erwähnt werden, nicht in voneinander getrennten Gesellschaften leben (traditionelle Stammesgesellschaft vs. moderne Gesellschaft), wie es viele Ethnologen und Soziologen in dieser Zeit glaubten, sondern Teil des gleichen sozialen Systems sind, das in komplexer Weise Afrikanisches und Europäisches sowie verschiedene Situationen und Kontexte miteinander verzahnt (Gluckman 1961). Daraus folgt für Gluckman, dass Ethnologinnen nicht nur für die Beschreibung »afrikanischer Stämme« verantwortlich sind, sondern das gesamte Sozialsystem, inklusive der Europäerinnen und der urbanen Afrikanerinnen, im Blick haben sollten. Eben dieses Argument verdeutlicht der ›erweiterte Fall‹ empirisch, indem er verschiedene Situationsbeschreibungen und Kontextwissen zusammenführt.

Zum Abschluss dieses Abschnitts über Fallanalysen möchten wir noch auf eine Vorgehensweise eingehen, die sich in der Forschungspraxis bewährt hat: Es ist oft hilfreich, die Interpretation in einer Gruppe durchzuführen oder sie dem Feedback von Kollegen oder Kolloquien auszusetzen. Während die Praxis des Codierens, die sich mitunter auf große Datenmengen bezieht, am eigenen Schreibtisch durchgeführt werden kann, bietet es sich für Analysen einzelner Situationen, Ereignisse, Figuren etc. an, das Potential einer Gruppe von Forscherinnen zu nutzen. Eine solche Interpretationsgruppe ermöglicht es, einerseits gemeinsam Ideen zu entwickeln, analytische Möglichkeiten aufzuzeigen, Vergleiche und Verbindungen zu ziehen sowie Fragen zu generieren. Eine solche Materialarbeit benötigt keine gesonderte Methodologie, sie setzt auf die Selbstständigkeit und Kreativität von Sozialwissenschaftlern. Andererseits zwingt sie auch zur Explikation: Man muss das zunächst implizite eigene Verständnis der Szene erklären und gegebenenfalls gegen konkurrierende Deutungsvorschläge behaupten. Es geht dabei um den kommunikativen *Zwang zur Explikation*. Für die Explikation ist es auch nützlich, bewusst *kontroverse* Interpretationen zu entwerfen und argumentativ die jeweilige Plausibilität zu klären.

Schließlich soll hier noch einmal daran erinnert werden, dass sich die Praxis der Interpretation von Daten nicht verselbstständigen soll. Die Produktion von Daten und deren Analyse ist ein vielfach bewährtes und notwendiges Instrument im Forschungsprozess – aber die Ethnografie insistiert darauf, dass es letztlich nicht darum geht, Daten zu interpretieren, sondern darum, Situationen und kulturelle Praktiken zu verstehen. Die Daten sind nur kommunikativ disziplinierte und miniaturisierte ›Stellvertreter‹ unserer komplexen Gegenstände. Deshalb sollte sich die Analyse nicht auf diese Daten beschränken, sondern darüber hinausgreifen. Es ist legitim und sinnvoll, in der Erarbeitung von Themen auf Erfahrungen im Feld bzw. Erinnerungen zu rekurrieren, die gar nicht verschriftlicht worden sind. Und es ist oft sinnvoll und geboten, angeregt durch die Analyse von Daten wieder ins Feld zu gehen, um auf dem Wege weiterer Beobachtungen die Analyse zu präzisieren. Nicht zuletzt um zu vermeiden, dass der Prozess der Datenauswertung und der Detailinterpretation eine Eigendynamik entwickelt und die Erarbeitung eines kulturtheoretisch inspirierten Verständnisses des untersuchten Feldes durch Verfahren der Analyse dekontextualisierter Datenausschnitte ersetzt. Entscheidend ist, dass auch diese Verfahren *eingebunden* bleiben in die strategische Gestaltung des Forschungsprozesses als Ganzem.

4.4   Das ›Ganze‹ im Blick: Schlüsselthemen

Ist die Ethnografin bis zu diesem Punkt der Analyse gelangt, hat sie sich also in die verschiedensten Details ihres empirischen Materials vertieft und ihnen Sinn und Bedeutung entlockt und auch abgerungen, hat sie sich gewissermaßen in ihnen ›verloren‹, dann steht ein Wechsel auf eine andere Analyseebene an: die Rückkehr ›zum Ganzen‹, eine Distanzierung vom Empirischen und den Details. Zu Beginn ihrer empirischen und analytischen Unternehmung stellen Ethnografen die Frage: »Was geht hier eigentlich vor?«; zu späteren Zeitpunkten lautet die Frage dagegen: »Wie lautet das gemeinsame Thema all dieser Details? Wie fügen sie sich zu einem Bild?«. Man sollte diesen Schritt der Analyse bewusst vorsehen und vorbereiten; manchmal ist es aber auch so, dass sich diese Frage von ganz allein mehr und mehr in den Fokus der Aufmerksamkeit schiebt, da das Bedürfnis entsteht, dem ›Ganzen‹ durch ein verbindendes Thema eine Gestalt zu geben.

Wir sprechen im Folgenden von »Schlüsselthemen«. Wir meinen damit keine objektiv gegebenen Strukturen, die sich ›hinter dem Rücken der Akteure‹ verbergen und nur der sozialwissenschaftlichen Perspektive zugänglich sind. Mit dem Begriff »Schlüsselthemen« geht es uns vielmehr um thematische und theoretische Anschlüsse der ethnografischen Forschung an sozialwissenschaftliche Diskurse. Die Ethnografin, die ihren Blick von den empirischen Details hebt und nach Zusammenhängen, Konstellationen oder Figurationen fragt, sucht nach einem solchen Bezugsrahmen, in den hinein sie ihre Studie stellen kann. Dies impliziert gegebenenfalls eine dezidierte und herausfordernde Auseinandersetzung mit eben diesen Diskursen.

Wie also lässt sich eine Reihe von Szenen verknüpfen, etwa der schulische Unterricht und die Prüfungssituationen, das Lehrerzimmer und der Pausenhof? Was wäre ein roter Faden, der eine Reihe von Interaktionsanalysen, Ereignistypen und Fallportraits verbindet? Was bietet eine thematische Klammer, durch die sich einzelne Szenen und analytische Ideen, die sich in verschiedenen Kapiteln finden werden, gerahmt werden können? Kurz: Für welchen größeren Zusammenhang, für welches größere Thema sind die Detailanalysen ein Beispiel? Dieser Versuch zu einer Gesamtschau zielt auf ein *Schlüsselthema* – vergleichbar der »Schlüsselkategorie« der *Grounded Theory*. Mit der Erarbeitung dieser Schlüsselthemen oder –konzepte begibt sich die Ethnografin auf eine andere Ebene der analytischen Durchdringung ihres empirischen Materials.

Hierbei handelt es sich um eine Praxis, die in Methodenlehrbüchern selten zur Sprache kommt, für die es auch kaum einen Königsweg gibt, der sich für alle Forschungskontexte gültig formulieren, geschweige denn überhaupt methodisieren ließe. Dennoch wollen wir einige Merkpunkte zur praktischen Problemlösung formulieren. Bei der Suche nach allgemeinen und verbindenden Themen steht im Vordergrund, sich immer wieder zu vergewissern, worum es geht, was den *analytischen* Kern des Forschungsprozesses darstellt oder darstellen könnte, damit sich die Analyse nicht in den unendlich vielen Details verliert und dabei den zentralen analytischen Gehalt einer Studie verfehlt.

Wir empfehlen hier zwei Schritte: Erstens werden die Detailanalysen, wenn sie nicht schon so angelegt waren, zu thematischen Einheiten (Kapitel) gebündelt. Man fragt sich hier: Welches Bild ergeben die Details für das Thema des Kapitels? Zweitens fragt man sich in einer Gesamtschau, welches Oberthema die verschiedenen thematischen Einheiten zusammenführen und bündeln könnte. Bei beiden Schritten ist neben der empirischen Arbeit unbedingt Literaturarbeit erforderlich. Dies impliziert die Lektüre von gegenstandsbezogenen Studien, von theoretischen Abhandlungen zum Gegenstand als auch von allgemein-theoretischen Ansätzen.

Ein Beispiel für den ersten Schritt: Wenn eine Ethnografie von Bildungsinstitutionen auf die Praxis gemeinsamer Mahlzeiten stößt, die von der Institution vorgesehen sind, dann sucht der Ethnograf nach entsprechenden Studien zum Thema »Soziologie/Anthropologie der Mahlzeit«. Er stößt dann auf historische Arbeiten zur Tischkultur (etwa zur Erfindung von Benimmregeln und zu Regeln der Besteckverwendung), auf ethnologische Arbeiten zum Mittag- und Abendessen als Übermittler kultureller Wertvorstellungen sowie auf soziologische Arbeiten, welche u. a. die soziale Funktion der Tischsitten diskutieren. Die Ethnografin lernt hierdurch, dass die triviale Angelegenheit des gemeinsamen Essens eine mit vielen Regeln umstellte Situation ist. Es geht dann nicht darum, diese und andere Erkenntnisse einfach dem Material anzupassen (oder *vice versa*), sondern sie stellen die eigenen empirischen Erkundungen in einen anderen Kontext. Sie erlauben es gegebenenfalls auch, das Material analytisch anders zu erschließen.

Man sollte also zum einen während des Feinschliffs an der Detailanalyse zwischendurch den ›Blick heben‹ und nach größeren Einheiten für übergreifende Themen suchen, also eine Art ›Auszeit‹ vorsehen, wie sie in einem früheren Stadium des Forschungsprozesses auch schon die Anfertigung von *analytical notes* im Prozess des Protokollierens war. Zum anderen sollte man explizit nach übergreifenden Themen oder einem Schlüsselthema suchen.

Die Suche nach Fragen und Problemen

Wenn wir die Praxis der Detailinterpretation mit der Metapher der Zeitlupe umschrieben haben, so bietet sich hier das Bild des Zeitraffers an. Im Zeitraffer werden die markanten Elemente von Entwicklungen erkennbar, größere Prozesse werden in der Beschleunigung verdichtet und zum Teil dadurch erst sichtbar gemacht. Man beschleunigt also vor dem inneren Auge Verläufe, man fasst kleinteilige Prozesse des Feldes zu größeren Bewegungen zusammen.

Das kann ganz konkret heißen, dass man sich das Datenmaterial in geraffter Form als Ganzes vergegenwärtigt, indem man es in kurzer Zeit durch ›Überfliegen‹ in konzentrierter Form zu erfassen sucht. Eine damit verbundene Strategie liegt darin, einen ›Überblick‹ über die bisherige Feldforschung zu schreiben: eine sehr konzentrierte Darstellung von wenigen Seiten für einen (imaginierten) Außenstehenden, die die wesentlichen bisherigen Erkenntnisse ›auf den Punkt bringt‹. Was von dem, was man im Feld beobachtet, erfahren, erlebt hat, ist für Dritte interessant? Welche sozialwissenschaftlich interessanten und relevanten Einsichten deuten sich an? Letztlich geht es darum, die eigene Forschung zu explizieren. Das entscheidende Kriterium ist zunächst das eigene Interesse, die eigene Neugier und das eigene Gespür für spannende Themen, wie sie sich in der Feldforschung entwickelt haben. Hier geht es also auch darum, sich selbst auf die Spur zu kommen.

Howard S. Becker (1998) weist darauf hin, dass selbst dem scheinbar chaotischsten Datenmaterial eine Ordnung zu Grunde liegt, insofern nämlich all die Entscheidungen der Feldforscherin, die in dieses Datenmaterial eingegangen sind, nicht auf Zufall oder Willkür beruhen, sondern auf (oft impliziten) Ideen und Intuitionen von dem, was interessant und relevant ist. Es geht nun darum, herauszufinden, was man damit im Sinn hatte, als man all dies tat. Er empfiehlt folgende Perspektive: »The data I have here are the answer to a question. What question could I possibly be asking to which what I have written down in my notes is a reasonable answer?« (Becker 1998: 121). Folgt man Becker, dann haben Ethnografen Antworten auf eine Frage gefunden, die sie bislang gar nicht stellten und auch nicht stellen konnten: weil sie das Feld noch nicht kannten, aber auch weil genau das, was sie an diesem Feld nachhaltig interessierte und nicht losließ, sich erst in ihren Niederschriften finden lässt.

Die Arbeit an einem Schlüsselthema geht auf Distanz zu den Daten, um nach dem Kern, nach dem analytischen Gehalt der Forschung zu fragen. Man lehnt sich gewissermaßen zurück, schließt die Augen zur Hälfte und versucht blinzelnd die Konturen dessen zu erfassen, was man mit vollständig geöffneten Augen beobachtet hat. Hierzu kann auch gehören, vereinfachte und vereinfachende Modelle zu entwickeln, Grafiken und Schaubilder zu entwerfen, die die analytischen Ideen visualisieren und fokussieren. Sie alle stellen ein gutes Mittel dar, die analytische Abstraktion zu forcieren, denn sie erzwingen die notwendige Loslösung von der Konkretheit der Ereignisse und fragen nach dahinterliegenden Strukturen und Mustern.

Heinz Bude (2008) hält sich an Robert K. Mertons (1968: 157 ff.) Prinzip der Entdeckung als eine nicht-intendierte Praxis: *Serendipity*: Er schreibt, dass »man findet, was man gar nicht gesucht hat« (Bude 2008: 262) – oder nicht dort findet, wo man es gesucht hat und auch nicht dann findet, wenn man es sucht. Während Bude in seiner Forschung nach Fällen suchte, in den Menschen etwas Neues oder Anderes in Angriff nehmen, wurde er am Einzelfall eines Frisörmeisters mit dem Phänomen der »Überflüssigkeit« konfrontiert. Es war nicht das, was er suchte, aber das, was er auf der Suche nach etwas anderem fand.

»Es handelte sich um einen 50-jährigen Frisörmeister, für den der Schritt in die Selbständigkeit ein erzwungenes Wagnis darstellte. Er betrieb zusammen mit seiner Mutter jahrelang in einem besseren Viertel Hamburgs einen gutgehenden Frisörsalon. Nicht zu exaltiert, aber doch für das bürgerliche Publikum durchaus modisch informiert und formdynamisch inspiriert. Dann starb die Mutter und unser Frisörmeister verliebte sich in einen jüngeren Mann, der ihn zu einem Ortswechsel ins »wilde Berlin« animierte. Dort kam, was kommen mußte, die Beziehung zwischen dem älter werdenden Mann und dem jungen Freund ging bald in die Brüche. Der von ihm und seiner Mutter aufgebaute Frisörsalon war verkauft, die Ersparnisse aufgebraucht und es bestand jetzt wieder die Notwendigkeit, für den eigenen Lebensunterhalt zu sorgen. Da aber ein 50-jähriger Frisörmeister praktisch keine Chance hat, eine Anstellung in einem der angesagten Frisörsalons Berlins zu finden, nicht einmal in einer der Billigketten, lag es nahe, ein eigenes Geschäft zu gründen. Das wurde dann auch bei Aufnahme eines relativ hohen Schuldensolls ins Werk gesetzt. Das Geschäft kam durchaus in Gang, ging zwar nicht zu gut, aber erbrachte ein leidliches Auskommen für unseren Solo-Unternehmer in der Lebensmitte. Dann machte ein ›nicht-normatives Lebensereignis‹ diese Existenz zunichte« (Bude 2008: 265).

Um das empirische Phänomen auch analytisch zu fassen, können nicht einfach alte Begriffe wiederholt werden, weil sie nicht das fassen, was sich vor den Augen des Forschenden vollzieht. In Budes Fall war es der Begriff der »Überflüssigen«, der sich nach und nach herauskristallisierte (Bude 2008: 269). Mit ihm soll das Phänomen bezeichnet werden, dass Individuen den Anschluss verlieren können und dann ›unter die Räder geraten‹ (Bude 2008: 271). Eine solche Arbeit am Begriff setzt voraus, dass man sich intensiv mit Ansätzen der Soziologie auseinandersetzt und sich auf diese Diskurse bezieht, sich aber auch am richtigen Punkt von ihnen absetzt.

Erprobung von Metaphern und Perspektiven

Eine weitere Möglichkeit, die übergreifende Systematik zu gestalten, ist die Suche nach übergreifenden *Metaphern*, die in der Lage sind, die beobachteten Ereignisse und Prozesse zusammenzufassen und auf der Ebene abstrahierender Bildlichkeit zu formulieren. Damit eine soziale Praxis überhaupt dargestellt werden kann, wird ihre Bedeutung in Metaphern eingefangen und kommuniziert. So wird ein mitunter unvollständig beobachteter und unvollständig verstandener Sachverhalt auf einen ganz anderen Begriff übertragen und damit kommunizierbar. Dieser Kunstgriff überträgt also einen Begriff, der für einen Bereich Gültigkeit hat, auf einen anderen Bereich, um etwas verständlich zu machen.

Das menschliche Denken ist wesentlich durch Metaphern, also durch bildliche Vergleiche, organisiert. Und auch viele theoretische Konzepte sind metaphorisch in dem Sinne, dass sie sich auf konkretistische Bilder aus anderen Feldern stützen: Die ›Stratifikation‹ oder ›Schichtung‹ in der Soziologie hat ihre wörtliche Bedeutung aus der Geologie, die Bedeutung des ›Marktes‹ wird weit über eine Einrichtung für den lokalen Handel hinausgetrieben. Diese Metaphern haben ihre ursprüngliche Bedeutung schon weitgehend abgestreift. Andere behalten ihren ›als ob‹-Charakter, etwa Goffmans dramaturgische Metapher, alles menschliche Verhalten als Bühnenperformance zu analysieren.

Die Konstruktion von Metaphern beginnt mit der einfachen Frage, ›wo sonst‹ ein beobachtetes kulturelles Muster auftaucht. Sie führt unmittelbar in erste Abstraktionsschritte hinein. Anschließend werden Metaphern ›durchgespielt‹, also in ihren

Analogien oder Morphologien ausgebeutet: Was sind etwa die ›Hinterbühnen‹, die ›Kulissen‹, die ›Requisiten‹ des Alltags? Schließlich werden sie in ihren Grenzen ausgelotet. Wo fängt ein Vergleich an zu hinken? Was sind die Reichweite, die Konnotationen und Implikationen einer Analogie? Ist eine Metapher triftig oder vage, ein Vergleich schlagend oder ›zu weit hergeholt‹? Die Suche nach Vergleichen und Analogien entspricht einem divergierenden Denken, das den Fall nicht fokussiert, sondern gewissermaßen überfliegt und einkreist, ihn abweichenden Perspektiven aussetzt, die das Fremde plötzlich in ein vertrautes Licht rücken und das Vertraute wieder verfremden. Die Metaphernsuche ist eine intellektuelle Exploration.

Ein Beispiel für den Gebrauch von Metaphern in der ethnografischen Analyse stellt die Arbeit *standby* von Elisabeth Mohn dar (auf der DVD »Lernkörper« Mohn/Amann 2006). Entstanden bei der Betrachtung von Kamerabeobachtungen im Unterricht neunter Klassen erweist sich der Vergleich mit halbausgeschalteten Rechnern als interessantes Bild um die Haltung der jugendlichen Schüler gegenüber dem Unterrichtsgeschehen zu kennzeichnen: den Energieaufwand heruntergefahren, aber bereit, auf Knopfdruck jederzeit wieder anschalten und an das Geforderte anknüpfen zu können. Die Metapher aus der Welt der Technik wird genutzt, um die (kamera-)ethnografische Analyse des Schülerverhaltens in der Unterrichtssituation auszuformulieren und zu pointieren.

Betrachten wir noch ein Beispiel, bei dem dieser Import von fremdartigen Optiken mit der Stilisierung eines ganz feldspezifischen Themas verknüpft wird, der besonderen Körperlichkeit chirurgischer Arbeit: Wie kann man die hochgradige Arbeitsteiligkeit eines Operationsteams auf den Begriff bringen, bei der sich im Operationsgebiet bisweilen bis zu acht Hände aufhalten, die sich dort auf engstem Raum über-, unter- und nebeneinander abwechseln und ergänzen, indem sie etwas dehnen, halten, schneiden, absaugen und sichtbar machen. Könnte es weiterführen, wenn man das zentrale Objekt der Chirurgen, den zergliederbaren Körper, assoziativ mit der alten soziologischen Vorstellung verknüpft, die Gliederungen des Körpers als Modell für arbeitsteilige Sozialität zu nehmen? Probieren wir es mal mit der ›organischen Solidarität‹:

> So wie eine Körperschaft als eine ›juristische Person‹ behandelt wird, so verhält sich das Operationsteam als ein ›chirurgischer Körper‹, dessen Glieder – gewissermaßen Durkheim beim Wort nehmend – in ›organischer Solidarität‹ absorbiert sind. Da der chirurgische Körper mehreren Personen gehört, müssen seine Augen und Hände gestisch und verbal koordiniert werden. Die strenge Hierarchie vereinfacht dies … Tönt bei einem Stocken des Patientenatems ein Alarmsignal, so tönen auch Warnsignale, wenn ein Rädchen des Operationsteams nicht greift und den Apparat ins Stocken bringt … Die funktionelle Ausdehnung des Chirurgenkörpers … besteht in einer Einverleibung von ausführenden Organen, deren Leistungen hierarchisch kontrolliert werden. Vor der Invasion dieses ›Megaorganismus‹ scheint das Leben des Patientenkörpers zurückgewichen: Es hat sich auf die Seite des Vorhangs zurückgezogen, an der die Anästhesisten sitzen (Hirschauer 1993: 267 f.).

Hier wird die fremde begriffliche Optik unmittelbar aus der soziologischen Theorietradition bezogen, wo sie aber vorher eine biologische Metapher war. Diese Metaphernwanderung ist wie ein ›Reimport‹ in das Feld der Biomedizin. Ein wesentliches Mittel ethnografischer Theoriebildung besteht in solchen Registerwechseln, mit denen ein Feld sich in Termini eines anderen beschreiben lässt. Solche Verfremdungsmittel können zugleich geschärfte Linsen für weitere Studien sein, Vehikel, mit denen andere Felder aufgesucht werden können.

Fassen wir unser 4. Kapitel bis hierhin zusammen: Wir unterscheiden drei einander ergänzende Praktiken der Datenanalyse: *Erstens* wendet man Praktiken der Codierung auf einen in der Regel sehr umfangreichen Datenkorpus an, der dadurch eine neue, thematische Ordnung bekommt. Durch Annotationen werden der Text zergliedert und zugleich Begriffe als Randnotizen angehäuft. *Zweitens* arbeitet man an einzelnen Fällen (Ereignissen, Interaktionen, Figuren etc.), deren Details man ausleuchtet, um sie in ihrer Tiefenstruktur zu verstehen. Hier setzt man ein selektives *slow reading* in analytische Falldarstellungen um. Und *drittens* sucht man im Datenmaterial, aber auch im eigenen Hintergrundwissen nach einem allgemeinen Thema für die ethnografische Analyse. Für alle oben genannten Praktiken ist eine Schreibtechnik und ein weiteres Genre zentral, das den analytischen Prozess als solchen ausarbeitet und vollzieht – die Rede ist von der Praxis des Memo-Schreibens, die den ethnografischen Forschungsprozess als Ganzen begleitet, die aber vor allem in der Phase der Datenanalyse unabdingbar ist.

4.5   Ideen ausarbeiten: Memos verfassen

Der Begriff des ›Memos‹ (wörtlich: Erinnerung) ist vor allem in der Tradition der *Grounded Theory* üblich geworden zur Bezeichnung von den Forschungsprozess begleitenden analytischen Texten (vgl. Strauss 1998: 175 ff.; Strauss/Corbin 1996: 169 ff.). Zunächst ist tatsächlich die Erinnerungsnotiz gemeint in dem Sinne, dass analytische Ideen für den Forschungsprozess *festgehalten* werden: Ideen werden notiert, damit sie nicht verloren gehen. Mit ihnen blickt der Ethnograf auf die bisherige Entwicklung des Forschungsprojekts zurück und wirft forschungsstrategische Fragen für seinen Fortgang auf. Darüber hinaus aber erweisen sich Memos als ein zentrales Mittel, um den analytischen Prozess als solchen anzuregen, voranzubringen und zu strukturieren: Memos dienen der *Entwicklung* von Ideen. Sie halten die auftauchenden analytischen Ideen, Einfälle, Vermutungen oder Pläne nicht nur fest, sie sorgen auch für deren Explikation und Fortentwicklung.

Das Schreiben von Memos hat für den ethnografischen Forschungsprozess eine große Bedeutung. Es sollte von Anfang an kultiviert werden und es begleitet den Forschungsprozess (fast) bis zum Schluss. Memos halten schon während der Feldphase den Sinn wach für das Anliegen der analytischen Durchdringung dessen, was man erfährt, und sorgen auch bei der Auswertung von Daten und der Konzipierung der ethnografischen Studie dafür, dass die Ebene der Reflexion und dann der Theoriebildung im Forschungsprozess entwickelt wird.

Memos sind neben den *analytical notes* ein niedrigschwelliges Instrument der Arbeit an der Theoretisierung; sie dienen der *Selbstverständigung* bzw. der Verständigung im Kollegenkreis (Kolloquien, Projektgruppe usw.). Memos sind zwar erste größere analytische Texte, aber sie werden nicht mit Blick auf eine eventuelle Veröffentlichung oder ein größeres Publikum geschrieben, sondern haben ihren Stellenwert zunächst nur im Forschungsprozess selbst. Dennoch fällt es anfangs manchmal schwer, Memos zu schreiben. Es scheint eine gewisse Hemmung zu geben, analytische Beobachtungen, Interpretationen oder Hypothesen ›einfach aufzuschreiben‹. Zu unwissenschaftlich, hemdsärmelig und beliebig erscheint diese Praxis, zu wenig verknüpft mit angebbaren Verfahren und zu wenig dem Postulat verpflichtet, dass wissenschaftliche Erkenntnisse in präziser Analyse der Daten gründen sollen. Zudem fällt es manchmal nicht ganz leicht, den analytischen Gehalt von Beobachtungen zu sehen und aus der Feldforschung tatsächlich abstraktere Kategorien zu entwickeln. Gegen beide Schwierigkeiten hilft die Verstetigung und Veralltäglichung des Memoschreibens. Gerade wenn diese Textgattung anfangs schwerfällt, muss sie gepflegt werden. Die Feldforscherin sollte sich dazu ›zwingen‹, neben den Protokollen regelmäßig auch kleine Memos zu schreiben, im weiteren Forschungsverlauf wird es dann immer wichtiger, sich bewusst Auszeiten vom Geschäft des Protokolleschreibens, des Lesens, des Codierens oder Interpretierens zu nehmen und sich der Anfertigung eines Memos zu widmen, um die sich entwickelnden Ideen gleichermaßen festzuhalten und zu explizieren.

Das entscheidende Moment der Memos ist wiederum die *Verschriftlichung*. Es geht darum, flüchtige Ideen und Einsichten, Überlegungen und Vermutungen zu Papier zu bringen. Einerseits entlasten die Memos die Forscherin von diesen Ideen, denn was notiert ist, braucht man nicht mehr im Kopf zu behalten, weil man es jederzeit wieder hervorholen kann. Zum anderen sorgt die Verschriftlichung für die Weiterentwicklung der analytischen Einsichten. Denn im Zuge des Aufschreibens erfahren die Überlegungen bereits einen ersten Schritt der Klärung und Systematisierung: Man sucht Begriffe für das, was man ahnt; man führt aus, was sich andeutet; und man bringt in einen logischen Zusammenhang, was sich an Vermutungen entwickelt. Die Erfahrung zeigt, dass es beim Memoschreiben entscheidend sein kann, überhaupt damit anzufangen. Wenn man sich hinsetzt und über einen Code, eine Idee oder eine Interpretationssitzung der Projektgruppe ein Memo anfängt, dann entwickelt sich das Thema gewissermaßen von selbst im Zuge des Schreibens. Memos sollten dabei weniger analytische Ideen fixieren, als sie für den weiteren Forschungsprozess fruchtbar machen: Vermutungen sollten in empirisch zu beantwortende Fragen überführt werden und sollten konkrete Beobachtungsstrategien nach sich ziehen.

Memos können eine knappe halbe Seite umfassen oder in Ausführungen bestehen, die sich über viele Seiten erstrecken. Im Laufe des Forschungsprozesses sammeln sich Dutzende von Memos an, die sich mit den unterschiedlichsten Fragen und Gegenständen befassen: mit einer außergewöhnlichen Beobachtung, mit der eigenen Involvierung in das Feld, mit methodischen Entscheidungen, mit sich herauskristallisierenden Kategorien der Analyse, mit aufschlussreichen oder inspirierenden Lektüren und so fort. Dieser Korpus an Texten kann wiederum sortiert werden: nach Gegenständen und Themen sowie nach der Relevanz für den Forschungsprozess. Es mag Memos geben, die zwar interessante Aspekte behandeln und kühne, weitreichende Interpretationen entwickeln, aber vom Forschungsprozess ›überholt‹ werden und dann jenseits des Forschungsinteresses liegen. Andere Überlegungen haben sich in weiteren Beobachtungen bestätigt, sind vielleicht etwas anders zu akzentuieren oder auszudifferenzieren, aber können durchaus Eingang finden in die abschließende Analyse und ethnografische Studie. Insgesamt ist es unvermeidlich, dass der Forschungsprozess, ähnlich wie bei der Datenproduktion, mehr Themen und Ideen hervorbringt, als nachher Verwendung finden. Einige, auch vielversprechende Themen, bleiben ›auf der Strecke‹ und finden in das Endprodukt der Studie keinen Eingang. Für den analytischen Prozess ist es wichtig, dass die Memos einen *Überschuss* an Ideen entwickeln. Sie müssen Themen und Sichtweisen variieren und erproben, sie müssen dem Strom von Erfahrungen und Daten einen Ideenstrom abgewinnen und entgegensetzen, aus dem dann wiederum ausgewählt werden kann. Das für den ethnografischen Forschungsprozess grundlegende Prinzip der Variation und Selektion leitet also auch das Memoschreiben an.

Wir dokumentieren als erstes Beispiel ein sehr kurzes Memo, das in der weiteren Analyse weniger wichtig war. Dadurch soll deutlich werden, wie vorläufig und unabgeschlossen solche kleinen Texte sein können.

Zur Kategorie des Gesprächs: Die Gespräche der Kinder scheinen ziemlich anderen Bedingungen und Regeln zu unterliegen als das, was uns Erwachsenen als ›Gespräch‹ gilt. Bei den Redebeiträgen an den Tischen während der Eigenarbeit, die also nicht Bestandteil des Unterrichts ist, fällt die Zusammenhanglosigkeit der einzelnen Beiträge auf, die z.T.-einfach dem freien Fluss der Assoziationen zu folgen scheinen. Oder wirkt das Ganze auf Beobachter deshalb so zusammenhanglos, weil bestimmte rhetorische Regeln eines Erwachsenengesprächs nicht gelten? Die Kinder benutzen keine Einleitungen, die den Inhalt des Folgenden in den Zusammenhang des Gesagten stellen würden. Es tauchen auch kaum rhetorische Figuren auf, die sich des Interesses der Zuhörerschaft vergewissern würden. In diesen frei fluktuierenden ›Gesprächen‹ am Tisch scheinen ›unsere‹ Normen von Wechselseitigkeit und Bezug aufeinander im Gesprächsverhalten nicht zu gelten. Der Extremfall dieser Beobachtung scheinen die ›Selbstgespräche‹ zu sein, die vor allem bei Christoph vorkommen, aber auch bei anderen.

Das Memo enthält keine Deutung oder Erklärung, sondern versucht, nur ein Phänomen aus der teilnehmenden Beobachtung zu explizieren und im kulturellen Vergleich (›Erwachsenengespräche‹) zu konturieren. Dabei handelt es sich natürlich um völlig ungesicherte Spekulationen, deren analytischer Wert äußerst fragwürdig ist – aber darum geht es zu diesem Zeitpunkt nicht, Ziel ist lediglich, eine Idee festzuhalten, wie vorläufig auch immer sie sei. Ein zweites Beispiel – ebenfalls aus der Schule:

Ärgern kann vieles sein: Aufziehen, in den Po kneifen, zwischen Stuhl und Tisch einklemmen, schubsen, u. a. kommen in den Protokollen vor. Diese Aktivitäten tauchen oft in spielerischem Kontext auf; ›Spiel‹ scheint der Rahmen zu sein für Ärgern. Zum Beispiel leitet die Beobachterin im Beobachtungsprotokoll 4 einen Abschnitt mit der Bemerkung ein, sie beobachte Kinder beim Spielen, in dessen Verlauf dann berichtet wird: »Otto und Sebo ärgern Hea und Vasa«. Ärgern als Aktivität kann wohl als eine Form von ›Scheiß machen‹ begriffen werden […]. Das Wort »Provokation« wird in mindestens zwei beobachteten Situationen von Mädchen verwendet, um das Verhalten von Jungen zu kennzeichnen. Und zwar bezeichnet die Kennzeichnung als Provokation einen offenbar relativ schweren Vorwurf. »Anea sagt, dass die Jungen Spaß haben am Lachen (über Mädchen). Das sei ›so richtig provokant‹«. Der Unterschied zwischen den Kategorien ›ärgern‹ und ›provozieren‹ könnte darin liegen, dass die erste Kategorie Aktivitäten zusammenfasst, die der täglichen Routine zuzurechnen und im Rahmen des Spiels zu verorten sind. Die zweite Kategorie markiert das Außergewöhnliche und Verwerfliche bestimmter Aktivitäten.

Wie das erste Beispiel ist auch dieses Memo in einer einfachen Sprache geschrieben: Es enthält kaum Fachbegriffe, keine Verklausulierungen. Und dennoch wird sehr schnell deutlich, mit welchem Problem sich der Ethnograf in diesem Memo auseinandersetzt. Bei Beobachtungen fiel auf, dass Schüler und Schülerinnen zwischen einander ärgern, sich ärgern und provozieren unterscheiden. In diesem Memo wird nun versucht, begriffliche Klarheit über die Differenz zu gewinnen, die beiden Aktivitäten zugrunde liegt. Der vorläufige und vorsichtig formulierte Vorschlag des Autors lautet: Die Schülerinnen unterscheiden zwischen der Alltagsroutine des Spiels und der Außeralltäglichkeit eines ›ärgerlichen‹ Umgangs.

Ein Memo kann zu verschiedenen Aspekten des Datenmaterials und der Feldforschung geschrieben werden: Es kann dazu eingesetzt werden, vorhandenes Material zu sortieren; es kann dazu verwendet werden, die Aufmerksamkeit der Ethnografin bei der noch anstehenden Beobachtung zu schärfen; es kann gebraucht werden, das Verhältnis entwickelter oder gefundener Kategorien zu klären und es kann auch dazu gebraucht werden, in anderen Memos verstreute Ideen zusammenzuführen. Ethnografinnen können mit diesen Formen kreativ umgehen und auch weitere Formen entwickeln.

Memos sind ein probates Mittel, um analytische Ideen und Konzepte nicht nur spontan zu ›haben‹, sondern sie auch festzuhalten, zu entwickeln und auszuarbeiten. Die Anforderung der analytischen Konzeptualisierung begleitet den gesamten Forschungsprozess, aber das Problem stellt sich in besonderer Dringlichkeit, wenn man den Datenkorpus erstmals komplett durchgearbeitet hat und sich fragt, worauf das Ganze ›hinauslaufen‹ soll.

4.6   Die theoretische Praxis der Ethnografie

Ethnografische Forschung ist nicht allein darauf aus, verschiedenste soziale Welten mit ihren Eigenheiten analytisch zu beschreiben, sondern durch die Beschreibung sozialwissenschaftliche Theoriebildung zu betreiben. Aber wie kann empirische Forschung Theorie sein? Die herkömmlichen Dualismen, die in Forschung und Lehre oft genug verwendet werden (etwa in Forschungsanträgen), operieren mit einem klischeehaften Gegensatz: hier die Theorie, dort die Empirie; hier das Buch und die Synthese; dort die Methoden und die Rohdaten. Eine solche grobe Einteilung übersieht, in welch vielschichtiger Weise die ethnografische Forschung in sozialwissenschaftliche Theorien eingebettet ist und wie umgekehrt empirische Forschung sozialwissenschaftliche Theorien unterfüttert. Deutlich wird dieser reziproke Bezug zum einen an den diversen theoretischen Ansätzen, die Ethnografen für ihre Forschung explizit heranziehen und an den modellhaften Annahmen, die sie empirisch begründet entwickeln. Zum anderen zeigt er sich an den impliziten Theorieannahmen, die einzelnen datenanalytischen Verfahren zugrunde liegen oder an der ethnografischen Maxime, dass das Soziale sichtbar sei, da es dargestellt werden muss und über diese Darstellung beobachtet werden kann. Ethnografische Forschung ist also immer auch sozialwissenschaftliche Theorie, aber sie ist es auf eine andere Weise als die ›theoretische Theorie‹, denn ihre theoretische Praxis geht über die bloße Anwendung oder Verwendung vorliegender Theorieansätze hinaus. Mit dieser anderen Vorstellung von Theorie und Theoriebildung greift die ethnografische Forschung in das theoretische Geschehen ein (Kalthoff 2008).

Ein Ziel dieser ethnografischen Theoriebildung ist es, sozialwissenschaftliche Theorien oder Konzepte zu irritieren. Die ethnografische Forschung riskiert dabei, dass ihre eigenen begrifflich geprägten Vorstellungen durch die Forschungsergebnisse berührt und transformiert werden. Eingesetzte Denkmittel lassen sich modifizieren, die Optik umbauen und dies wiederum lässt einen befremdenden Blick nicht nur auf den Gegenstand, sondern auch auf die Spezifität von Theorien zu, die als selbstverständliches Wissen einer akademischen Disziplin akzeptiert sind. Wir zeichnen in diesem Kapitel die Praxis des Theoretisierens respektive der Theoriebildung nach; zunächst gehen wir auf die Bedeutung sozialwissenschaftlicher Themen ein, dann stellen wir dar, wie in der ethnografischen Forschung an und mit Theorien gearbeitet wird.

Die doppelte Relevanz analytischer Themen

Analytische Themen können den Forschungsprozess schon lange begleiten. Sie können schon am Anfang des Projektes gestanden und die Forschung motiviert haben. Wahrscheinlicher aber ist, dass zumindest ein Teil von ihnen im Verlauf der Feldforschung ›entdeckt‹ wird, dass sie sich dem Ethnografen tatsächlich in den Beobachtungen ›aufdrängen‹. Ein Beispiel: Das Thema der ›Verliebtheit‹ (Breidenstein 1997) war am Anfang des Forschungsprojektes, in dem es entdeckt wurde, noch keineswegs im Blick, wer aber 10- bis 12-jährige Mädchen und Jungen in ihrem Schulalltag beobachtet, kommt gar nicht umhin, in den Diskursen und Spielen um ›Verliebtheit‹ ein organisierendes Thema der Peer-Kultur von Schulkindern diesen Alters zu sehen.

Im Rahmen ihrer doppelten Relevanz können Themen innerhalb eines Kontinuums mehr durch das Feld oder mehr durch einen wissenschaftlichen Diskurs vorgegeben werden. Ein klassisches ethnologisches Beispiel für ein kulturelles Thema, das sehr stark durch das Feld vorgegeben wurde, bietet das Kapitel »Interest in cattle« in Evans-Pritchards (1977: 19) klassischer Monografie über die Nuer im heutigen Südsudan:

»I have already indicated that this obsession [for cattle] – for such it seems to an outsider – is due not only to the great economic value of cattle but also to the fact that they are links in numerous social relationships. Nuer tend to identify all social processes and relationships in terms of cattle. Their social idiom is a bovine idiom. Consequently he who lives among Nuer and wishes to understand their social life must first master a vocabulary referring to cattle and to the life of the herds. Such complicated discussions as those which take place in negotiations of marriage, in ritual situations, and in legal disputes can only be followed when one understands the difficult cattle-terminology of colours, ages, sexes, and so forth.«

Das Thema der ›Rinder‹ war so zentral für die Nuer, dass es alle Bereiche des sozialen Lebens durchdrang (Sprache, Heirat, Ritual, Namensgebung, Lieder, Kinderspiele, Konflikte etc.). Es war so allgegenwärtig, dass es geradezu unmöglich war, die Bedeutung dieses Themas für die Nuer zu übersehen. In diesem Sinne argumentiert Evans-Pritchard auch, dass derjenige, der bedeutungsvolle Aussagen über die Nuer machen möchte, sich geradezu notwendig mit ihrem Interesse an Rindern beschäftigen muss.

Eine andere Form ethnografischer Themenbildung findet sich in Richard Rottenburgs Studie über die entwicklungspolitischen Verwicklungen, die sich um ein Wasserwerk in einem afrikanischen Land entspinnen (Rottenburg 2002). Die Studie schildert ein Entwicklungsprojekt, in dem viele verschiedene Akteure – u. a. eine Entwicklungsbank, zwei Ethnologen, verschiedene afrikanische Kooperationspartner und eine Unternehmensberatung – miteinander interagieren. In Rottenburgs viertem Kapitel ›Zwischenräume‹ mischen sich verschiedene Formen thematischer Ordnung miteinander. Teilweise orientiert sich die thematische Sortierung des Kapitels an der sequenziellen Struktur des Textes (›Vorbemerkung‹), teilweise am chronologischen Ablauf der Ereignisse (›Auf dem Weg ins Feld‹). Es werden Fachausdrücke aus der Sprache der beobachteten Entwicklungsexperten verwendet (›Deregulierung‹), um thematische Abschnitte zu markieren und es finden sich thematische Gliederungspunkte, die vor allem dem theoretischen Denken und der analytischen Sprache Rottenburgs entstammen, wie zum Beispiel ›Das technische Spiel als Code der Gegenseitigkeit‹.

Kontrastieren wir einmal Rottenburgs Thema des ›technischen Spiels‹ mit Evans Pritchards Strategie des Themenzuschnitts. Als ›technisches Spiel‹ bezeichnet Rottenburg Rede-, Denk- und Handlungsweisen, die implizit voraussetzen, dass Probleme, die sich in dem beschriebenen Projektkontext zeigen, rein technisch lösbar sind. Damit unterscheiden sie sich von anderen Problemdefinitionen und Handlungsstrategien. Alternativ könnte auch angenommen werden, dass ein Problem auf Schwierigkeiten interkultureller Kommunikation verweist, die es zunächst zu verstehen, zu diskutieren und auszuräumen gälte. Auch wäre die Annahme denkbar, dass das Problem auf Machtungleichheiten zwischen Gebern und Empfängern von Entwicklungshilfe zurückzuführen ist und durch einen gleichberechtigteren Umgang der Parteien gelöst werden könnte. Rottenburg selbst verwendet die Metapher des ›Spiels‹, um eine Differenz zwischen den (komplexen) Problemkonstellationen einerseits und den (vereinfachenden) Interpretationen und Handlungsstrategien andererseits zu markieren. Dies impliziert vor allem, dass die Interpretationen der Probleme sich nicht aus den Problemen selbst ergeben, wie die Beteiligten es darstellen, sondern aus den verschiedenen ›Spielen‹, denen sie entstammen. Die Ungereimtheiten, die dadurch entstehen, dass die ›Spiele‹ der Komplexität der Problemlagen nicht angemessen sind und dass darüber hinaus Akteure auch zwischen verschiedenen ›Spielen‹ hin und her wechseln können, werden laut Rottenburg mit dem Ziel ignoriert, das ›Spiel Entwicklungshilfe‹ selbst aufrechtzuerhalten. Daran haben alle ›Spieler‹ ein Interesse, wenn auch nicht das gleiche.

Beim Thema des ›technischen Spiels‹ handelt es sich um eine analytische Metapher, die vor allem Rottenburgs theoretischem Denken über seinen Fall entstammt. Aber sie ist kein reines Gedankenkonstrukt. Vielmehr referiert das Thema direkt auf das von Rottenburg beobachtete Geschehen, benutzt diese theoretische Sprache aber als Distanzierungsmittel, das es ermöglicht, die Sinnstrukturen des Feldes in einer eigensinnigen Weise zu rekonstruieren. Dabei ›liest‹ er gewissermaßen die Praxis der Teilnehmer gegen deren eigene Repräsentation ihrer Praxis. Dass ein Autor so denken *kann*, geht auch auf seine theoretische Kreativität zurück, die getrennte Theoriegebäude zusammenbringt. In diesem Fall ist es insbesondere der Bezug zur Systemtheorie Niklas Luhmanns als auch zur *Actor Network Theory* von Bruno Latour, Michel Callon und anderen.

Zwar sind Themen, die so dominierend für ein Feld sind wie das Vieh der Nuer eher selten, allerdings finden sich in allen sozialen Feldern Themen, die für die Teilnehmerinnen von größerer Relevanz sind als andere. Es lassen sich andererseits aber

auch in allen Feldern Themen identifizieren, die sich erst aufgrund sozialwissenschaftlicher Reflexion über die Praxis des Feldes als Themen zeigen. Dies heißt nicht,
dass einer der beiden Typen von Themen an sich empirischer wäre als der andere.
Beide sind gleichermaßen empirisch, sie nehmen nur eine unterschiedlich große Distanz zu den Perspektiven der Teilnehmerinnen ein und erfordern ein unterschiedliches Reflexionsniveau.

   Die Relevanz eines Themas im Feld und für die Teilnehmer zeigt sich in der Situation der Beobachtung oder später im Prozess der Datenanalyse. Ein Thema der ethnografischen Analyse kann sich aus einer der organisierenden Kategorien des Codier-
prozesses ergeben, aus der Detailinterpretation eines interessanten Falles oder aus der
Praxis des Zusammenfassens und Verallgemeinerns. Was ist aber mit der zweiten Seite
der ›doppelten Relevanz‹, die ein Thema erfordert? Ein Thema zeichnet sich ja nicht
nur dadurch aus, dass es in dem Feld selbst relevant ist, sondern auch und gerade
dadurch, dass es einen Bezug auf und eine Bedeutung für den wissenschaftlichen
Diskurs hat, innerhalb dessen es positioniert werden soll. Das heißt, es muss über
einen erkennbaren Neuigkeitswert verfügen oder es muss im Rahmen einer laufenden
Debatte eine neue Perspektive, ein neues Argument ermöglichen. Wenn sich ein
Thema für die Ethnografie herauskristallisiert, wird man sich also des Forschungs-
standes in diesem Bereich vergewissern. Die Arbeit an der Konturierung von Themen
der ethnografischen Analyse ist eine zweiäugige: Sie beinhaltet einerseits die Durch-
forstung des Datenkorpus und andererseits die Auseinandersetzung mit dem For-
schungsstand und theoretischen Angeboten. Ein Thema muss sich in beiden Hinsichten bewähren, das heißt als tragfähig erweisen.

   Eine offene, umfassende Feldforschung wird verschiedene Themen für die einge-
hendere Analyse und Darstellung hervorbringen. Der Prozess der Lektüre und
Codierung des Datenmaterials und der theoretischen Arbeit resultiert schließlich in
einer ganzen Liste interessanter und vielversprechender Themen. An diesem Punkt
sind in aller Regel Entscheidungen erforderlich. Denn die Begrenzung der Ressourcen und auch die Grenzen der Aufmerksamkeit des Publikums einer Ethnografie
erfordern die Konzentration auf einige zentrale Themen. Es gilt zumindest zu entscheiden, welche Themen *zuerst* bearbeitet werden sollen und welche auf ›später‹
verschoben werden.

   Außerdem stellt sich angesichts einer Liste mit interessanten Themen die Frage
nach deren Zusammenhang. Gibt es eine Ordnung der Themen, eine übergreifende
Struktur? Lassen sich die einzelnen Themen sortieren, zum Beispiel entlang verschiedener Stationen eines Ablaufs oder anhand verschiedener Orte des Geschehens? Die
Frage nach Zusammenhang oder eher loser Verknüpfung der Themen untereinander
wird auch eine Rolle spielen für die Entscheidung über die Gesamtstruktur der Ethnografie: Ist eine monografische, eher geschlossene Darstellung möglich und sinnvoll
oder wird sich die Ethnografie aus einzelnen, eher unabhängigen Teilstudien zusam-
mensetzen? Wie immer solche Entscheidungen mit Blick auf die Produkte ausfallen,

die Arbeit an der Ethnografie muss ›portioniert‹ werden. Die Gesamtauswertung muss in zu bewältigende Abschnitte zerlegt werden.

Im nächsten Schritt geht es um die Frage nach der internen Struktur des zu bearbeitenden Themas. Gibt es Unterthemen? Gibt es eine chronologische, eine logische oder örtliche Differenzierung innerhalb der Thematik? Es gilt die empirische Varianz zu entfalten, die sich im Datenmaterial zu einer Thematik findet. Dazu müssen wiederum Kategorien gefunden werden, mit denen einzelne Beobachtungen, Szenen oder Gesprächsausschnitte thematisch neu zugeordnet werden können. Ein Thema wird ›durchgearbeitet‹, indem im Material immer neue Kontrastierungs- und Differenzierungsmöglichkeiten gesucht werden. In dieser Durcharbeitung wird auch die theoretische Konzeptualisierung des Themas, seine Varianz und ein Gespür für die Verallgemeinerbarkeit der Analyse entwickelt.

Schließlich stellen sich jetzt auch strategische Fragen der *Darstellung* eines Themas: Wie führe ich hin zu dem Thema? Wie kann ich seine Relevanz plausibel machen? Wie viel Komplexität ermöglicht die Darstellung? Welche theoretischen Bezüge brauche ich, um die Perspektive zu klären? Welche Argumente sollen in Bezug auf welchen Diskurs entfaltet und wie platziert werden? Dabei ist die Ausarbeitung der ethnografischen Studie keineswegs schlicht die Darstellung von Ergebnissen – sie ist ihrerseits integraler Bestandteil des gesamten Forschungsprozesses und entscheidendes Mittel der *Produktion* von Analysen und Ergebnissen. Erst in der Praxis der Ausarbeitung der Studie wird die Analyse letztlich durchgeführt. Erst jetzt zeigt sich, ob Verknüpfungen tatsächlich tragfähig sind, ob Beispiele funktionieren und ob Ideen sich auch formulieren lassen, das heißt, ob sie sich in einer konsistenten und schlüssigen Weise schriftlich ausführen lassen.

Die Arbeit an und mit Theorien

Wenn man sich abschließend fragt, wo in dem analytischen Prozess ›genau‹ die theoretische Arbeit stattfindet, so kann man nicht einfach eine abgegrenzte Phase angeben. Man kann aber zunächst sagen, dass die theoretische Arbeit in der Ethnografie laufend auf die Ressource des bereits vorhandenen Wissens zurückgreift. Vier solcher Wissensbestände sind dabei wesentlich:

1. Das *Vorwissen*. Es existieren Stereotypen über den Gegenstand, die den Beobachtern erst erlauben zu erkennen, welche davon abweichenden ›Überraschungen‹ ihre Beobachtungen erbracht haben, wo also der deskriptive Wert einer Studie liegt. Diese Stereotypen werden u. a. durch journalistische Bilder und durch Selbstrepräsentationen der Teilnehmer gespeist. Das Problem besteht weniger darin, dieses Vorwissen über den Gegenstand zu korrigieren und als Vorurteil hinter sich zu lassen, es besteht eher darin, es überhaupt zu identifizieren, damit man auch die ›Entdeckungen‹ einer Studie identifizieren kann.

2. Das *Hintergrundwissen*. Ethnografen begegnen ihren schriftlichen Aufzeichnungen mit dem gesammelten Hintergrundwissen ihres Feldaufenthalts, gewissermaßen mit den ›Aufzeichnungen‹ ihres Körpers: ein Horizont von initiierenden Schlüsselerlebnissen, im Gedächtnis haftenden Szenen, holistisch verstandenen Zusammenhängen und erworbenen ›Mitspielkompetenzen‹ (Reichertz). So wie wir als Touristen Urlaubsfotos mit sehr viel Hintergrundwissen perzipieren – nicht erzählten Geschichten, nicht abgelichteten Impressionen, schlecht ausdrückbaren Stimmungen etc. –, finden sich auch in Ethnografien neben den verschriftlichten Daten zahlreiche Spuren: Momente, die erinnert, intuitiv verstanden, leiblich eingeprägt sind. Ein großer Teil der ethnografischen Erfahrung bleibt implizites und stummes Wissen (Polanyi 1985) – ein Hintergrundwissen, das aber viele analytische Entscheidungen über Themen, Hypothesen und Begriffe implizit steuert. Das heißt, dass auch Ethnografen »mehr wissen, als sie zu sagen wissen« (Polanyi 1985: 14).

3. Das *Fallvergleichswissen*. Beobachter haben immer auch Wissensbestände über *andere* Felder und Gegenstände, die sie mobilisieren, um *Vergleiche* anstellen zu können. Dieses Wissen kommt vor allem in zwei Funktionen zum Einsatz: Erstens wird es gebraucht, um den Fall als Fall in den Griff zu kriegen. Das ist nötig, um den Grad der Verallgemeinerung von Aussagen auf zwei Weisen bestimmen zu können. Zum einen muss man wissen, was seine spezifischen Merkmale sind und die Parameter, auf denen er sich von anderen Fällen unterscheidet. Man muss also die Spezifität des Falles kennen. Zum anderen muss man aber auch wissen, ›von was‹ etwas ein Fall oder Exemplar ist, was also die Allgemeinheit des Falles ausmacht.

4. *Theoretisches Wissen*. Schließlich haben sozialwissenschaftliche Beobachter durch ihr Studium ein allgemeines Wissen von theoretischen Texten, einen Fundus an Begriffen. Ein solcher Fundus ist in der ethnografischen Datenanalyse dann hinderlich, wenn er zur bloßen Subsumption der Daten gebraucht wird, er ist dann nützlich, wenn er als Ressource der Datenanalyse, als Pool von Ideen und Konzepten, verwendet wird. Der Einsatz von Theorien wird also nicht als Anwendung, sondern eher als ›Spieleinsatz‹ verstanden. Theorien, Theoreme und Konzepte sind hier Denkwerkzeuge, ein intellektuelles Kapital, das in ›Empiriebildung‹ investiert werden muss, um seine Produktivität zu entfalten. Eine typische Erfahrung ethnografischer Arbeiten ist dabei, dass viele Theorieangebote diese Funktion nicht erfüllen können: Sie erweisen sich ›vor Ort‹ als unproduktiv, weil die Selbststrukturierung der Untersuchungsfelder generalisierende theoretische Konzepte durchkreuzt, weil sie in ihren Abstraktionen zu unspezifisch sind, um für ethnografische Zwecke analytisch gewinnbringend zu sein oder weil sie sich auf eine idealtypische Vorstellung der westlichen Moderne beziehen und andere kulturelle Erfahrungen ausblenden.

Ethnografen schreiben jedenfalls wesentlich unter dem Einfluss dessen, was sie neben und außerhalb ihres Datenkorpus *lesen*. Der Diskurs ihrer jeweiligen Disziplinen (Soziologie, (Europäische) Ethnologie, Pädagogik, Geographie, Empirische Kulturwissenschaft) ›schreibt sich‹ in ihren Texten fort. Er wird durch eine Ethnografie nicht neu erfunden. Die textuellen Konventionen, Konzepte und Metaphern, die in diesem Diskurs etabliert sind, bilden den Raum, in dem sich eine Ethnografie ansiedelt und entfaltet.

Der Prozess der Datenauswertung wird daher von extensiven, zugleich gezielten und suchenden Lektüren begleitet. Diese Lektüren beziehen unterschiedliche Arten von Literatur in den Forschungsprozess ein und dienen unterschiedlichen Zwecken. Eine erste, vielleicht die naheliegendste Sorte von Texten besteht in vorhandenen Studien zu dem sich herauskristallisierenden Thema der Ethnografie, um den Forschungs- und Diskussionsstand zum konkreten Untersuchungsgegenstand zu erfassen. Dieser Prozess zielt einerseits auf die Verortung der Studie in der (disziplinär geprägten) Forschungslandschaft und in den aktuellen Diskursen. Andererseits geht es aber auch darum, die eigene Perspektive in Auseinandersetzung mit bereits vorliegenden Theoretisierungen zu konturieren. Dafür sind wie gesagt neben wissenschaftlichen Diskursen auch Selbstbeschreibungen des beforschten Feldes relevant, die es zu erfassen gilt, oder etwa alltagstheoretische oder populäre Deutungen zu den beobachteten Phänomenen.

Eine zweite Art von Lektüre verfolgt ein ähnliches, aber doch etwas anders gelagertes Ziel: Es geht hier um die *grundlagentheoretische* Arbeit an der Spezifizierung des Themas. Während die Ethnografin sich mit ihren Daten beschäftigt, liest sie etwa in den Texten von Georg Simmel und Erving Goffman, Mary Douglas und Aihwa Ong, Michel Foucault und Niklas Luhmann, Homi Bhaba und Edward Said. Diese Lektüre hat den Zweck der Präzisierung einer *Optik*. Die Ethnografin konturiert und schärft eine *Perspektive* auf das im Feld beobachtete Geschehen und auf ihre Daten. Sie arbeitet an der Entwicklung einer eigenständigen Betrachtungsweise und damit an der Distanzierung vom Alltagsverständnis. Theorien werden in dieser Phase der Entwicklung von Themen als variable konzeptuelle Werkzeuge benutzt, die in der Auseinandersetzung mit den Daten investiert, verbraucht und bei Abnutzung weggeworfen werden (Hirschauer 2008).

So scheint es bei einer Studie über die Praxis des Fahrstuhlfahrens zunächst naheliegend, die Wahlhandlungen der Fahrstuhlnutzer zu fokussieren, ihre Präferenzen und Kriterien, und daher auf das Sprachspiel der *Rational Choice Theorie* zurückzugreifen, die die Vorstellung einer souveränen individuellen Handlungssteuerung verfolgt. Kaum im Fahrstuhl erweist sich deren starker körperloser Akteur aber in einem Maße eingezwängt in die durch andere Körper und Artefakte bestimmte Interaktionsordnung, dass das rational aktivistische Sprachspiel der leiblichen Adjustierung und persönlichen Absentierung in Fahrstühlen schlicht unangemessen scheint. Besteigt man solche Vehikel, steigt man aus starken Handlungstheorien also besser aus (Hirschauer 1999).

Die Vertiefung theoretischer Ansätze kann auch durch ein Unbehagen ausgelöst werden, das auf gegenwärtige Theorieangebote zurückzuführen ist. Wenn man beispielsweise der *Actor Network Theory* nicht in allen Aspekten folgen und nach anderen

Erklärungsangeboten suchen will, kann dies zu einer Lektüre älterer Autoren einladen (etwa Martin Heidegger oder Don Ihde), die das Problem der ›Dinglichkeit des Sozialen‹ schon einmal und vor allem anders gedacht und konzeptualisiert haben. Dann wartet ein anderes ›Entdeckerglück‹ auf den Ethnografen – die Einsicht, dass ein anderes Theorievokabular das eigene Material und auch das eigene Verständnis des Felds auf neue Weise sehen und beschreiben lässt.

Die sozialwissenschaftliche Literatur stellt Ethnografinnen ein reichhaltiges Archiv von Denkmöglichkeiten über soziale Realität zur Verfügung. Dabei sind es in der Regel nicht die großen Theorien der Gesellschaft oder der Kultur, die der Ethnografie ihre analytischen Werkzeuge liefern, sondern meist Konzepte, Denkfiguren oder Theoreme ›mittlerer Reichweite‹ (Merton 1968), wie Ritual (Turner 1967; Goffman 1986), Gouvernementalität (Foucault 1991), Identität (Mead 1973) oder sozialer Sinn (Bourdieu 1979). Diese sollen dazu beitragen, den Daten eine sozialwissenschaftlich bedeutsamere Interpretation abzugewinnen und einen analytischen Tiefgang zu entwickeln. Blumer (1954) spricht in diesem Zusammenhang von ›sensibilisierenden Konzepten«. Die Aufgabe solcher Konzepte ist es, eine thematische Sensibilität für sozialwissenschaftliche Fragen zu erzeugen, die den Blick auf das Feld und die Daten lenken kann (Kelle 2007: 207ff.). Wichtig ist, dass die Konzepte nicht einfach als gegeben hingenommen werden, sondern dass sie in der Zuwendung zu dem empirischen Fall offen und veränderbar bleiben. Dabei soll die sozialwissenschaftliche Optik, die den Konzepten innewohnt, sich dem Ziel unterordnen, die Bedeutungsstrukturen eines empirischen Falles herauszuarbeiten und dessen Interpretation weiterzuentwickeln. Verfehlt wird dieses Ziel, wenn man Datenmaterial in sozialwissenschaftlicher Sprache reformuliert oder das Datenmaterial als bloße Illustration theoretisch hergeleiteter Gedanken präsentiert. Hierzu Herbert Blumer (1954: 9):

»The great vice […] in the use of sensitizing concepts is to take them for granted […]. Under such circumstances, the concept takes the form of a vague stereotype and it becomes only a device for ordering and arranging empirical instance.«

Es muss demnach stets skeptisch geprüft werden, ob die Konzepte, die in der Analyse angewandt werden, tatsächlich sensibilisierend für die Interpretation der Daten sind und dazu beitragen, neue Bedeutungen zu erschließen oder diese eher verschließen. Dies hängt auch von der Lesart dieser Konzepte ab. So kann etwa die *Habitustheorie* Pierre Bourdieus Material erschließend als auch verschließend wirken. Sie wirkt dann eher erschließend, wenn mit ihr die praktischen Logiken in den Blick genommen werden; sie wirkt eher verschließend, wenn der Habitus als alles erklärender Zauberbegriff genutzt wird und damit an die Stelle der eigenen analytischen Anstrengung tritt. Die kreative Lesart der Theorien, Konzepte oder Ansätze, eine breite Kenntnis sozialwissenschaftlicher Theorieangebote und eine Theorieoffenheit, die sich nicht an die

Unvereinbarkeiten hält, die viele Ansätze untereinander behaupten, sind aus unserer Sicht wichtig für die Bewerkstelligung ›theoretischer Empirie‹ (Kalthoff et al. 2008).

Diese Theorieoffenheit ist auch wichtig, um das Dual von theoretischer und empirischer Arbeit in eine symmetrische Beziehung zu bringen. Entscheidend hierfür ist, dass das empirische Material den Theorien, mit denen es gelesen wird, auch widersprechen können darf und der Sinn der Empirie nicht allein durch die Sicht der Theorie bestimmt wird. An dieser Stelle ist wiederum Sensibilität und Aufmerksamkeit gefragt, solche analytischen Vorgehensweisen zu wählen, in denen die Empirie einer Theorie überhaupt widersprechen kann. Dies impliziert, dass die Ethnografin dem Konzept, das sie verwenden will, nicht (zu sehr) verpflichtet sein darf, weil sie ihm ihr intellektuelles Kapital verdankt. Darüber hinaus liefern theoretische Ansätze oder Konzepte auch selbst Hinweise für ihre Brauchbarkeit: Erweisen sie sich als sperrig im Umgang mit Daten und setzen sie keine analytische Kreativität in Gang, fehlt ihnen vielleicht die Sensitivität, von der wir oben gesprochen haben. In solchen Situationen empfiehlt es sich, die eigene Lesart des theoretischen Konzepts zu überprüfen und gegebenenfalls alternative Theorien heranzuziehen.

Die Frage der Angemessenheit von Konzepten und Theorien wurde auch im Kontext der Ethnozentrismus-Debatte der Ethnologie diskutiert (Said 1979; Geertz 1986; Asad 1993). In diesem Zusammenhang wurde hervorgehoben, dass Kategorien und Theorien, die im speziellen kulturellen und historischen Kontext von Europa oder den USA entwickelt wurden, nicht ohne Weiteres auf andere kulturelle Kontexte übertragbar sind. So etwa argumentierte Schneider (1984), dass der Ethnologie der Verwandtschaft die Vorstellung zugrunde lag, dass sexuelle Reproduktion als universelle Kategorie der Beziehungsstiftung in menschlichen Gesellschaften eine herausragende Bedeutung habe. Er wandte ein, dass die Zentralität von ›Blut‹ und genetischer Abstammung vor allem eine euro-amerikanische Vorstellung sei, die keineswegs selbstverständlich von allen Gesellschaften geteilt werde. Günther Schlee (2007) beschreibt zum Beispiel für die Rendille, eine Gruppe von Nomaden in Nordkenia, dass es für sie nicht besonders wichtig ist, wer der ›genetische Vater‹ eines Kindes ist. Wesentlich für sie ist, wer den Brautpreis für eine Frau bezahlt hat und wem aufgrund dieser vertraglichen Beziehung zwischen zwei Familienverbänden die Kinder einer Frau sozial zugerechnet werden. In diesem Sinne können Männer auch nach ihrem Tod noch Vater werden, ohne dass dies Verwandtschaftsvorstellungen der Rendille widersprechen würde. Spielt genetische Abstammung aber nur eine untergeordnete Rolle, gilt es zu prüfen, inwieweit Verwandtschaft eine angemessene Kategorie der Beschreibung dieser Beziehungsformen ist. Neuere Ansätze sprechen daher zum Beispiel von *cultures of relatedness* (Carsten 2001), um den konzeptionellen Rahmen für alternative Modelle der Beziehungsstiftung auch innerhalb des euro-amerikanischen Kontextes zu öffnen.

Ethnografische Studien haben typischerweise in drei Dimensionen Relevanz für den wissenschaftlichen Diskurs ihrer Disziplin und sie unterscheiden sich in dem Gewicht, das sie der einen oder anderen Dimension geben:

Der Wert der Ethnografie kann *erstens* in der Erschließung eines neuen Gegenstandsbereiches für den wissenschaftlichen Diskurs liegen. Es handelt sich dann um Studien mit hohem *deskriptivem Eigenwert*, die sich der Analyse ›kleiner Lebenswelten‹ (Honer 1993) widmen, etwa neu entstehenden urbanen Szenen (Liegl 2010), Wünschelrutengängern (Knoblauch 1991) oder der Sado-Maso-Szene (Hitzler 1993).

Zweitens gibt es ethnografische Studien, deren Wert primär in der Erarbeitung einer *neuen Perspektive auf einen vertrauten Gegenstand* liegt. Dies gilt etwa für die ethnografische Schul- und Unterrichtsforschung, die dem Jedermannswissen über das Innenleben schulischer Institutionen neue Einsichten über die Eigentümlichkeit schulischer Wissensvermittlung und Klassifikation, den Eigensinn der Schülerkultur sowie die situierten Lernpraktiken von Schülern entgegenstellte (Kalthoff 1997a; Breidenstein 2006; Wiesemann 2000). In der ethnologischen Tradition finden sich oft Themen, die sich durch eine spezifische Doppelcodierung (Rottenburg 2001: 44) auszeichnen. Neben der expliziten Bedeutungsdimension, in der es um das Objekt der Beschreibung geht, existiert noch eine zweite, in der die Beschreibung des kulturell Anderen die Eigenartigkeit des kulturell Eigenen sichtbar machen soll. So zeigten Ethnologen mit ihrer Beschreibung afrikanischer politischer Systeme, die ohne zentrale Herrschaftsinstitutionen auskamen – *tribes without rulers* (Middleton/Tait 1958) –, dass das westlich institutionalisierte Verständnis zentralisierter Macht und die damit verbundenen Ungleichheiten ein kultureller Partikularismus sind (Fortes/Evans-Pritchard 1940; Sigrist 1979).

Und *drittens* gibt es ethnografische Studien, die durch empirische Beobachtung angeregt vor allem einen Beitrag zu theoretischer Innovation suchen, zum Beispiel wenn eine Studie zur Sozialisation von Stewardessen auf einen Beitrag zu einer Soziologie der Gefühle (Hochschild 1983) und eine Ethnografie der Transsexualität auf einen Beitrag zur Soziologie der Geschlechterdifferenz zielt (Hirschauer 1993); oder wenn es einer Ethnografie über die Laborarbeit in der Molekularbiologie primär um die Transformation der Wissenssoziologie und Erkenntnistheorie geht (Knorr Cetina 1984) und einer Ethnografie bankwirtschaftlicher Kreditprozesse um eine Soziologie kalkulativer Praxis (Kalthoff 2005).

Wir schließen dieses Kapitel mit einer Selbstbeschreibung von Michel Foucault (1996: 24), die ganz gut ausdrückt, was ethnografische Theoriearbeit bedeutet:

»Ich bin ein Experimentator und kein Theoretiker. Als Theoretiker bezeichne ich jemanden, der ein allgemeines System errichtet […] und es in immer gleicher Weise auf unterschiedliche Bereiche anwendet. Das ist nicht mein Fall. Ich bin ein Experimentator in dem Sinne, daß ich schreibe, um mich selbst zu verändern und nicht mehr dasselbe zu denken wie zuvor.«

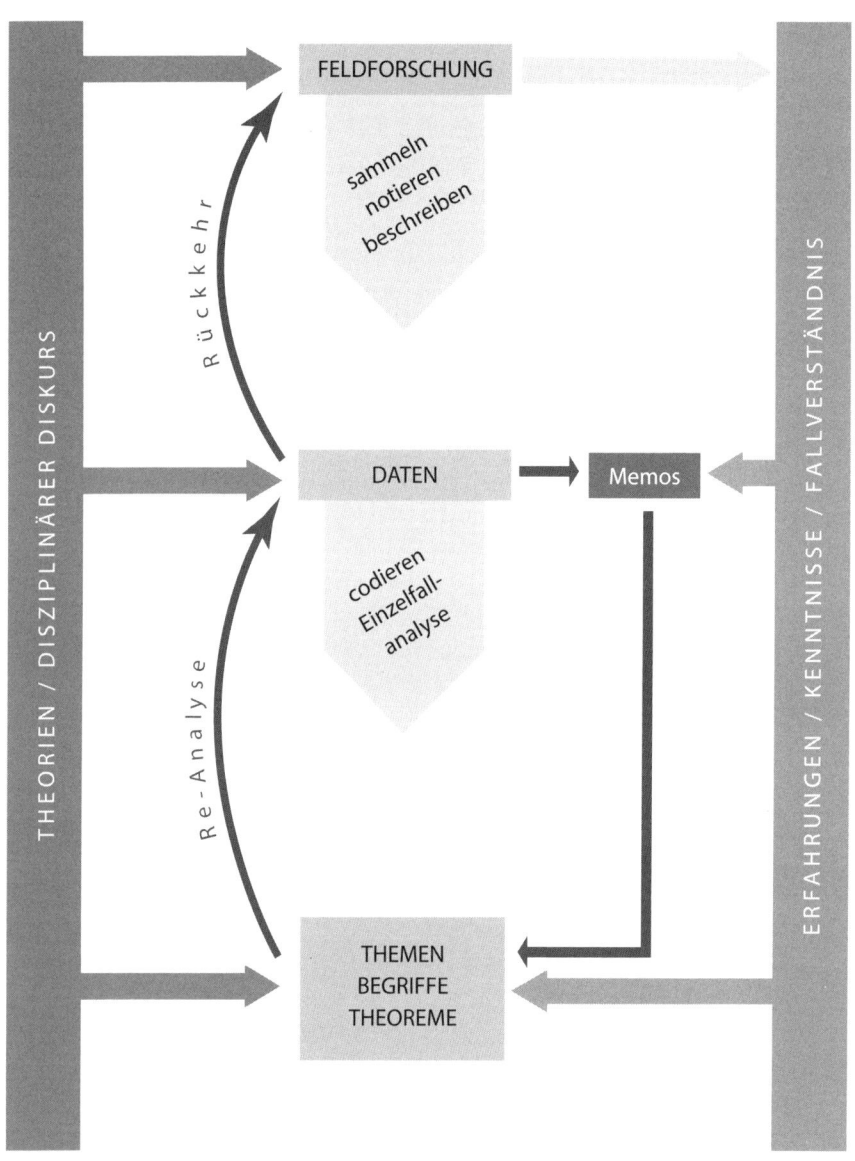

Abb. 5: Ethnographischer Forschungsprozess

5. Übersetzungen: Darstellungen zwischen Feld und Leser

Die letzte Phase des ethnografischen Wissensprozesses wird durch eine neue Größe bestimmt: durch die Lektüre der Leser. Hatten sie schon vorher als imaginiertes Publikum einige Wirkung, so können sie sich nun in ihrer ganzen Diversität entfalten: Kollegen (darunter Gutachter und Herausgeber), Lehrer, Studenten, andere Berufsgruppen, ›die Öffentlichkeit‹ (Journalisten, Politiker) und die Beforschten. Diese Diversität verlangt auch nach unterschiedlichen Genres: Fachaufsätze, Lehrbücher, Seminararbeiten, Zeitungsartikel, Sachbücher. Und diese Textsorten beschreiben nicht einfach denselben Gegenstand auf verschiedene Weise, sie konstituieren eher unterschiedliche Gegenstände, sie verändern auf subtile Weise das, was sie in den Augen ihrer Leser beschreiben.

Das Publikum bringt ganz verschiedene Wissensstände mit: Manche kennen das *Feld* sehr gut, aber keine Sozialwissenschaft, andere sind Sozialwissenschaftler, haben aber kaum empirisches Wissen vom Gegenstand. Manche begegnen Thesen oder Methoden mit Sympathie, andere mit Ablehnung (und müssen erst gewonnen werden). Manche werden ob der vielen Details ungeduldig und wollen die theoretischen Schlüsse sehen, andere blättern über die theoretischen Passagen hinweg, interessieren sich nur für diese Details und können gar nicht genug von ihnen bekommen. Die Leser machen mit dem Text, was sie wollen, benutzen ihn selektiv für ihre Zwecke, machen sich ihren Reim auf seine Aussagen, folgen dem Autor hier und widersprechen ihm dort.

Diese Funktion des Lesers für die Validierung ethnografischer Texte lässt zur Figur des teilnehmenden Beobachters und Autors und zur Figur des Informanten noch eine dritte Figur treten, die Ethnografien als Texte funktionieren lässt: eben den Leser. Beschreibungen, die in längerfristigen Beobachtungsstudien angefertigt werden, werden unmittelbar aus Felderfahrungen heraus gewonnen. Außerdem werden sie im ständigen Bemühen um eine Rekonstruktion der Teilnehmerperspektive verfasst. Trotzdem handelt es sich aber unausweichlich um Beschreibungen eines spezifischen Beobachters. Auch wenn man sie durch die Beobachteten gegenlesen lässt oder ihren Stimmen in Protokollen breiten Raum einräumt, wird das Endprodukt vollständig in der Kontrolle des Autors entstehen. Diese Kontrolle des Autors ist am Ende nicht mehr durch die Teilnehmer zu brechen. Es ist eine wissenschaftliche Version ihrer Welt geschaffen worden, die auch das Potential haben *sollte*, dass auch die untersuchten Personen ein Geschehen anders wahrnehmen können, als sie es bisher taten. Gleichwohl können die Protokolle den Lesern aber auch Einblicke geben, die die Autorin nicht beabsichtigte. Sie versucht, durch ihre Kommentare die Lektüre zu steuern, aber Leser können widersprechen, abweichende Erfahrungen mobilisieren, andere Deutungsmöglichkeiten im Material entdecken. Insofern sind sie es, die die Autorität der Verfasserin brechen: Am Ende haben *sie* das Sagen.

Wir wollen in diesem letzten Kapitel noch einmal Fragen des ethnografischen Schreibens *für ein Publikum* genauer darlegen. Einige dieser Fragen sind schon gelegentlich aufgetaucht, hier soll aber der abschließende Schreibprozess als solcher noch einmal fokussiert werden – also das Verfassen der ethnografischen Studie, die aus dem Forschungsprozess erwächst. Dieser abschließende Schreibprozess ist weit davon entfernt, die erarbeiteten Ergebnisse schlicht aufzuschreiben – er ist seinerseits genuiner Bestandteil des *Forschungs*prozesses und einige der wichtigsten Ergebnisse der ethnografischen Studie werden erst im abschließenden Schreibprozess erarbeitet. Die Ergebnisse der ethnografischen Studie sind gar nicht von der Form ihrer Darstellung zu trennen, erst in ihr finden sie ihre letzte Gestalt.

5.1   Versionen: Genres ethnografischen Schreibens

Der Prozess der Ausarbeitung der ethnografischen Studie ist von eigenen Problemstellungen und Entscheidungen gekennzeichnet. Die Probleme betreffen etwa den Stil der Darstellung sowie die Positionierung als Autor und die Entscheidungen werden oft gar nicht bewusst getroffen, sondern bleiben implizit. Außerdem gibt es keine Patentlösungen für alle Probleme, sondern nur mit Blick auf das je spezifische Forschungsprojekt und den Untersuchungsgegenstand. Sinnvoll ist es allerdings, sich die Problemstellungen bewusst zu machen und auch die Varianz möglicher Lösungen zu kennen, um sie, im Sinne einer bewussten und reflektierten Gestaltung des gesamten ethnografischen Prozesses, tatsächlich als *Entscheidungen* handhaben zu können.

Die produktivste Art, sich mit Fragen ethnografischen Schreibens auseinanderzusetzen, ist das Lesen von Ethnografien. Um ein Gefühl für die unterschiedlichen Möglichkeiten des ethnografischen Schreibens zu bekommen, ist es auch sinnvoll, solche Ethnografien zu lesen, die nicht unbedingt etwas mit dem eigenen Forschungsgebiet zu tun haben müssen. Die Lektüre fokussiert dann auf die Frage: Wie ist der Text gemacht? Wie präsentiert sich der Autor? Wie wird die Feldforschung dargestellt? Wie werde ich als Leser angesprochen? Wie werden Plausibilitäten erzeugt?

Ein sehr instruktives Beispiel für eine solcherart differenzierende Lektüre stellt eine kleine Studie von Clifford Geertz (1990) dar, in der er vier paradigmatische Anthropologen (Levi-Strauss, Evans-Pritchard, Malinowski und Benedict) als Schriftsteller untersucht. Geertz beschreibt das Motiv für die Untersuchung in seiner unnachahmlichen Art:

»Die Schwierigkeit ist, dass die Seltsamkeit des Konstruierens von vorgeblich wissenschaftlichen Texten aus Erfahrungen, die im weitesten Sinne biographisch sind – und das ist ja doch, was Ethnografen tun –, völlig verschleiert wird. Das Problem der Handschrift, wie es dem Ethnografen begegnet oder wie ihm der Ethnograf begegnet, verlangt sowohl die Erhabenheit des nichtautorhaften Physikers als auch das souveräne Bewusstsein des hyperautorhaften Romanciers, und zugleich lässt es tatsächlich keine von beiden Positionen zu. Die erste führt zu Vorwürfen, man sei empfindungslos, behandle Menschen als Objekte, höre die Worte, aber nicht die Musik, und betreibe natürlich Ethnozentrismus. Die zweite führt zu Vorwürfen, man sei impressionistisch, behandle Menschen als Marionetten, höre Musik, die nicht existiert, und betreibe natürlich Ethnozentrismus. […] Das Finden eines Standpunktes in einem Text, der zugleich intime Sicht und kühle Einschätzung sein soll, ist fast ebenso sehr eine Herausforderung, wie es das Gewinnen der Sicht und das Formulieren der Einschätzung zunächst einmal waren« (Geertz 1990: 18 f.).

Wir unterscheiden im Folgenden vier verschiedene Aspekte der ethnografischen Autorschaft: den Modus der Theoretisierung (1), die Form der Repräsentation der Feldforschung (2), die Perspektive des Textes (3) und die Haltung gegenüber den Beforschten (4). Diese Aspekte hängen eng miteinander zusammen, lassen sich aber auch einzeln diskutieren.

(1) Die erste Frage richtet sich auf die *Art der Theoretisierung*: Welche Art der Generalisierung ist möglich und sinnvoll? Zielt die Ethnografie vorwiegend auf Deskription oder geht es auch um ›Erklärung‹? Wie viele und welche Details sind wichtig für die Präsentation der Studie? Eine Ethnografie, die einen starken theoretischen Claim machen will, wird vor allem diejenigen Details und Daten aus der Feldforschung präsentieren, die zu der These oder den modellhaften Annahmen passen und die geeignet sind, die Theorie zu plausibilisieren. Diese wird vielleicht als Höhepunkt im Abschlusskapitel präsentiert oder aber sie fungiert als ›roter Faden‹ und führt durch die ganze ethnografische Studie.

Eine theoretische Innovation, ein neues Modell oder eine überzeugende Erklärung werden oft als Ziel einer analytisch ambitionierten Ethnografie angesehen. Eine andere Position vertritt Birgit Grieseke (2001), die auf einen Begriff von Wittgenstein zurückgreift, um das Ziel ethnografischen Arbeitens zu bezeichnen: Es gehe um eine *analytische Beschreibung*, die die Form einer ›übersichtlichen Darstellung‹ annimmt:

Dabei »werden im Neuzusammenstellen von Beispielen und Materialien, im Aufzeigen der vertrautesten und unvertrautesten, der gewöhnlichsten und unausdenklichsten Gebrauchsweisen immer wieder herkömmliche Sprachregelungen und Darlegungsformen überschritten; es werden im Bemühen ›Übersicht‹ herzustellen, fehlende ›Zwischenglieder‹ gefunden, notfalls auch *er*funden – kurzum: um zu einer passablen Wittgensteinschen Beschreibung zu gelangen, darf man nicht zaudern, ›Kleinholz aus unserer gewöhnlichen Grammatik‹ zu machen«. (Grieseke 2001: 13)

Der Begriff der ›übersichtlichen Darstellung‹ meint eine Darstellung, die durch die (Neu-)Gruppierung von Beobachtungen ermöglicht, Zusammenhänge zu sehen und so ein neues Verständnis erlaubt. Dabei geht es weniger um Schemata und hierarchische Verknüpfungen, sondern um ›Familienähnlichkeiten‹ und ›Verbindungen‹ – vor allem aber um immer neue Sichtweisen und die Infragestellung der Selbstverständlichkeiten des Alltagswissens. In diesem Modus ethnografischen Schreibens wäre also weniger die Abstraktion und Generalisierung gefragt als Konkretion und Kontextualisierung.

Geertz (1987: 33) fordert von ethnografischen Beschreibungen, »dass sie dem soziologischen Denken handfestes Material liefern, von dem es sich nähren kann. Das Wichtigste an den Ergebnissen des Ethnologen ist ihre komplexe Besonderheit, ihre Umständlichkeit«. Dieses Material dürfte dann nicht vollständig verarbeitet sein, sondern müsste zumindest zum Teil noch in seiner ursprünglichen Komplexität und Vielschichtigkeit präsentiert werden, damit es das soziologische Denken tatsächlich ›nähren‹ kann.

(2) Das Problem der Theoretisierung hängt daher unmittelbar mit einer zweiten Frage zusammen, der nach der (Re-)Präsentation der Feldforschung: Werden Daten präsentiert und wie werden sie präsentiert? Wie kommt die Feldforschung in dem abschließenden Text zur Geltung? Hier findet sich wiederum ein weites Spektrum an Versionen. Eine verbreitete Praxis besteht darin, eigene Feldprotokolle zu dokumentieren. Dies geschieht oft, indem man die Ausschnitte aus den Protokollen (so wie wir in diesem Buch) auch typographisch vom Rest des Textes differenziert (kursiv, eingerückt, in einem Kasten oder anderen Schrifttyp). Damit kann man verdeutlichen, dass man zu den selbst geschriebenen Protokollen im weiteren Forschungsprozess ein distanziert-analytisches Verhältnis eingenommen hat und zum Interpreten der eigenen Beobachtungen und primären Deutungen geworden ist. Letztlich werden die Protokolle durch diesen Akt des Zitierens objektiviert und *damit* zu »Daten«, die nun nicht mehr so leicht zu kritisieren sind. Man kann die Aussagekraft von Daten bezweifeln, man kann auch die Angemessenheit der Datenerhebung in Frage stellen, aber wenn Texte (etwa Protokollauszüge) endgültig den Status von Daten erlangt haben, sind sie dem Spiel von Kritik und Zweifel entzogen, denn auch Kritik, Reinterpretation und konkurrierende Deutungen beziehen sich nun immer auf sie.

Auch aus Interviews wird zitiert. Hier ist es verbreitet, die Mündlichkeit der gesprochenen Sprache im Transkript der Audioaufzeichnung zu präsentieren: mundartliche Besonderheiten, die Suche nach Formulierungen, Pausen, Zögern, Überlappungen, Stocken. Diese exakte Abschrift der gesprochenen Sprache ist (wie in 3.3 dargestellt) dann sinnvoll, wenn die ethnografische Analyse auch diese Details in den Blick nehmen will. Wenn aber diese Details in der Analyse gar keine Rolle spielen, wird die genaue Transkription in der Darstellung der Ethnografie nur den Lesefluss hemmen und als leere Geste gelesen werden, die an einer Stelle Authentizität reklamiert, wo kaum jemand nach ihr fragt.

Durch die Entwicklung der digitalen Fotografie und Videografie ist es zunehmend einfacher geworden, auch Fotos bzw. Videostills aus dem Feld in der ethnografischen

Studie zu präsentieren. Hier sind natürlich, sobald Personen auf dem Bild sind, datenschutzrechtliche Fragen zu bedenken, denn Fotos lassen sich schlecht anonymisieren. Darüber hinaus stellt sich aber auch hier die Frage nach der Funktion der Fotos: Geht es nur um Illustration und Veranschaulichung, sind Fotos ein einfach zu verwendendes Medium, Bildanalysen sind aufwändiger und erfordern spezielle Kenntnisse. Vorsicht ist aber dabei geboten, Fotos als bloße Authentizitätsverstärker im Text einzusetzen. Sicherlich, nichts wirkt authentischer als ein Foto. Aber ein unreflektierter Einsatz von Fotos reproduziert oft nur die Selbstverständlichkeit des Offensichtlichen, anstatt sie zu explizieren und analytisch fruchtbar zu machen.

Als Gegenpol zur Dokumentation von Ausschnitten aus den Originaldaten findet man stärker erzählende oder berichtende Versionen, die Feldforschung in der Ethnografie zu repräsentieren. Beschreibungen von Ereignissen, Lokalitäten, Praktiken oder Personen werden verdichtet, interpretiert und als »Fälle« präsentiert. Es geht in dieser Version weniger darum, originale Fundstücke zu präsentieren, als darum, zu berichten, was man ›dort‹ gesehen hat und zu beschreiben, wie soziale Beziehungen und Praktiken dort funktionieren. Hierdurch wird dann auch der weitere Gang der Argumentation vorbereitet. Die ethnografische Autorin ist in diesem Fall nicht zweigeteilt in die Feldforscherin und die Analytikerin, sondern eine einheitliche Forscherperson, die Erfahrungen gemacht, interpretiert und verstanden hat und nun als Autor Gehör sucht.

(3) Damit kommen wir zur Figur des Autors und zur *Perspektive des Textes*: Schreibt eine neutrale, distanzierte Analytikerin oder schreibt die (ehemals) involvierte Feldforscherin, die auf ihre eigenen Erfahrungen rekurriert? Anknüpfend an Geertz' Gegenüberstellung der Figuren des ›nichtautorhaften Physikers‹ und des ›hyperautorhaften Romanciers‹ lassen sich zwei grundlegende Varianten ethnografischer Darstellung differenzieren. Gobo (2008: 292ff.) unterscheidet das realistische vom prozessualen Narrativ (auch van Maanen 1988). Das *realistische Narrativ* präsentiert die ethnografische Beschreibung als die einzig mögliche. Der Ethnograf selbst tritt nicht auf, bleibt entpersonalisiert. Er spricht von sich in der dritten Person und benutzt einen distanzierten, dokumentarischen Stil. Der Text verwendet das Präsens, wodurch die Beschreibungen einen überzeitlichen, allgemeingültigen Anspruch erhalten. Es ist keine Rede von Gefühlen oder persönlicher Betroffenheit oder Teilhabe des Feldforschers, stattdessen werden Dokumente aus dem Feld präsentiert und die eigenen Protokolle im oben beschriebenen Sinne als Daten verwendet. Die Ethnografie gewinnt ihre Glaubwürdigkeit daraus, dass sie die Subjektivität des Feldforschers weitgehend getilgt hat und eine objektivierte, in sich konsistente Analyse präsentiert.

Demgegenüber erzählt das *prozessuale Narrativ* von einem Erkenntnisprozess des Autors. Der Autor schreibt in der ersten Person und die Ethnografie berichtet über persönliche Erlebnisse, Überraschungen, auch Irrtümer und Fehlschläge. Der Text kann auch das Präsens verwenden (um Spannung zu erhöhen), möglich ist aber auch die Vergangenheitsform zu wählen, um die Zeitlichkeit der Ereignisse stärker zu akzentuieren. Im prozessualen Narrativ lässt der Autor den Leser am eigenen Verstehensprozess teilhaben und verbürgt gerade hierdurch die Glaubwürdigkeit des ethnografischen Berichts.

Als dritte Variante nennt Gobo das *reflexive Narrativ*, das aber bezeichnenderweise sehr viel weniger klar konturiert ist. Das reflexive Narrativ macht dem Leser deutlich, dass es sich bei der präsentierten Darstellung nur um *eine* mögliche Version handelt (und dass andere möglich wären), indem zum Beispiel die Voraussetzungshaftigkeit der Sichtweise betont wird, alternative Sichtweisen angedeutet werden und Brüche und Widersprüche in der Darstellung nicht geglättet, sondern bewusst markiert werden. Paradoxerweise gewinnt die Ethnografie ihre Glaubwürdigkeit in diesem Fall aus der reflexiven In-Frage-Stellung der eigenen Autorität. Die selbstreflexive Einklammerung der eigenen Autorposition macht den Autor letztlich umso unangreifbarer (Woolgar 1988), reduziert aber auch die Geltungsansprüche der Beschreibungen.

Mit diesen drei Varianten der Autorschaft hängt die Frage zusammen, in welcher Form der Text die Gesamtanalyse präsentiert: Handelt es sich um eine konsistente, in sich geschlossene Darstellung oder gibt es mehrere Versionen und Perspektiven? Letzteres, die Einführung (oder Mitführung) von *Mehrperspektivität* in der Ethnografie kann verwendet werden, um die Perspektivität der Analyse zu reflektieren und zu zeigen (das reflexive Narrativ), kann aber zugleich auch bestimmte Auffassungen von der sozialen Realität, um die es geht, implizieren: Dass diese nämlich ihrerseits grundlegend von der Unterschiedlichkeit der sich aneinander abarbeitenden Perspektiven gekennzeichnet ist.

In der bereits erwähnten Ethnografie Richard Rottenburgs über die unterschiedlichen ›Spiele‹ der Entwicklungshilfe steht der Autor außerhalb (oder oberhalb) der Spiele der Akteure und kann diese von dort aus beschreiben. Etwas anders verhält es sich bei der Arbeit »Das Elend der Welt« von Pierre Bourdieu u. a. (1997). Dort werden in einzelnen Kapiteln einzelne Biografien und verschiedene Perspektiven auf die Welt präsentiert, die unmittelbar aus Interviews und ergänzenden Beobachtungen gewonnen wurden. Es gibt im Rahmen dieser Studie auch kurze, einleitende Kommentierungen der betreffenden Interviews und auf einer dritten Ebene sozialwissenschaftliche Analysen, aber diese Teile sind im Text deutlich getrennt von den Darstellungen der Lebenssituationen und als andere Ebenen der Reflexion gekennzeichnet. Die einzelnen Kapitel zu den verschiedenen Biografien oder Lebenssituationen bleiben in der voluminösen Studie nahezu unverbunden nebeneinander stehen – und eröffnen vielleicht gerade dadurch einen Raum der Reflexion, der nach ihrem Zusammenhang fragt.

Ein anderes interessantes Beispiel für eine mehrperspektivische Darstellung stellt eine Ethnografie von Arlie Hochschild (2002) dar. Es handelt sich um eine Studie über das Verhältnis von Arbeitsleben und Zuhause, die ihren Ausgangspunkt von dem Befund nimmt, dass in einem für seine Familienfreundlichkeit bekannten Unternehmen die Maßnahmen und Programme zur Vereinbarkeit von Beruf und Familie kaum in Anspruch genommen werden. In ihren Beobachtungen und Interviews stößt sie auf ein neues Verhältnis von Familie und Arbeitsleben, in dem das Zuhause als Ort von Konflikten, unerledigter Arbeit und fehlender Anerkennung erscheint, während die Arbeit zum neuen ›Zuhause‹ wird. In einzelnen Kapiteln entfaltet sie in detailreichen Beschreibungen die Praxen einzelner Familien und deren Perspektiven. In der Gesamtschau der unterschiedlichen familiären Praxen wird die weitreichende These eines gewandelten Verhältnisses von ›Familie‹ und ›Beruf‹ zugleich plausibel und in sich differenziert. Es erweist sich zwar als übergreifende Tendenz, die Firma als eigentliches ›Zuhause‹ zu begreifen und die Familie als Überforderung zu erleben, aber die Verhältnisse stellen sich je nach beruflicher Position und Einkommen höchst unterschiedlich dar.

(4) Damit sind wir bei einer vierten Dimension der Varianz ethnografischen Schreibens angelangt: Welche *Haltung* nimmt die ethnografische Studie gegenüber den *Beforschten* ein: Behandelt sie sie als Objekte der Beobachtung, als Gesprächspartner, als Subjekte, denen eine eigene Stimme gegeben wird? Auch in dieser Hinsicht wollen wir vor allem auf die vorfindliche Spannbreite der Versionen aufmerksam machen und keine Präferenzen nahelegen. Die Frage der Haltung der Ethnografie gegenüber den Beforschten wird allerdings bisweilen sehr normativ und auch moralisch diskutiert (etwa Rottenburg 2013). Vor allem in der Ethnologie ist diese Frage brisant, wenn sie in den Kontext der kolonialistischen Vergangenheit des Fachs oder in den Rahmen der Ethnozentrismus-Problematik gestellt wird. Wir plädieren für Gelassenheit und Spezifität: Es ist nicht die Frage, ob man generell Menschen als Objekte der Forschung behandeln darf (man darf, sonst könnte man sie gar nicht beobachten), es ist sehr viel spezifischer zu überlegen, welche Teilnehmer aus der Feldforschung man wie repräsentieren will, welchem Zweck diese Form der Repräsentation dient und welche Effekte sie erzeugt.

In den Arbeiten von Erving Goffman etwa finden sich niemals konkrete Menschen mit ausgewiesener Subjektivität und bestimmten Eigenschaften. Auf diese wird verzichtet zugunsten eines analytischen Gestus, der die überindividuelle Regelhaftigkeit menschlichen Verhaltens herausarbeitet. Es kann beispielsweise produktiv sein und neue theoretische Perspektiven eröffnen, menschliches Tun in seiner Verknüpfung mit Objekten und Praktiken zu analysieren. Am anderen Ende des Spektrums finden sich Ethnografien, die sich als Sprachrohr der beforschten Menschen verstehen und diesen ›eine Stimme verleihen‹ wollen.

In Bezug auf diese vier verschiedenen Dimensionen der ethnografischen Darstellung plädieren wir, wie gesagt, nicht für eine bestimmte Version, sondern eher dafür, sich innerhalb der gegebenen Varianz der Möglichkeiten, die Freiheiten der Autorschaft zu nutzen, sich flexibel zu bewegen und die Entscheidung für eine spezifische Handhabung der Probleme ethnografischen Schreibens (und gegen andere mögliche) bewusst zu treffen. Denn in der bewussten und begründeten Gestaltung des gesamten Forschungsprozesses sehen wir eines der Gütekriterien für ethnografische Forschung.

5.2   Angemessenheit und Differenz: Gütekriterien ethnografischer Forschung

Das Kriterium der Nachvollziehbarkeit des Forschungsprozesses, der Transparenz der Entscheidungen, die die Forscherin getroffen hat, ist wichtig, aber nicht spezifisch für die Ethnografie, es gilt im Prinzip für jeden Forschungsbericht. Wir wollen abschließend fragen: Wie kann *Ethnografie* gelingen? Diese Frage ist hier nicht im Sinne der methodologischen Begründung für die Ethnografie gemeint – dazu haben wir im ersten Kapitel dieses Buches einiges gesagt. Hier wollen wir konkreter und praktischer fragen: Was sind die Kriterien für eine gelungene Ethnografie? Was unterscheidet eine gute von einer schlechten Ethnografie?

Zunächst ist wieder zu betonen, dass sich das nur schwer abstrakt bestimmen lässt. Zu komplex, zu vielschichtig sind die Gelingensbedingungen ethnografischen Forschens, als dass sie sich auf eine einfache Formel bringen ließen. Auch hier ist wieder unsere wichtigste Empfehlung, sich Kriterien für das Gelingen von Ethnografie anhand der *Lektüre* von Ethnografien zu erarbeiten; anhand einer Lektüre, die gezielt fragt: Hat mich diese Studie überzeugt? Und wenn ja: *Was* hat mich daran überzeugt? *Wie* hat mich ihr Autor überzeugt? Wenn nein: Was habe ich vermisst? Wo liegt das Problem? Was machte die Studie interessant? Was machte sie langweilig? Was ließ sie glaubwürdig erscheinen, was unplausibel? – Nur so ergibt sich im Laufe der Zeit ein kritisches Urteilsvermögen gegenüber ethnografischer Forschung.

Jenseits dieser drängenden Einzelfragen gibt es zwei aufeinander bezogene, und dabei in deutlicher Spannung zueinander stehende Kriterien, an denen sich ethnografische Forschung messen lassen muss. Diese Kriterien entsprechen dem methodologischen Kern der Ethnografie und vom Grad ihrer Erfüllung hängt die Qualität der Ethnografie ab: Es geht um das spannungsvolle Verhältnis von Annäherung und Distanzierung, genauer: um das der *empirischen Angemessenheit* der Beschreibung und der *Differenz dieser Beschreibung* zum Teilnehmerwissen. Wir werden uns diesen beiden Fluchtpunkten ethnografischen Forschens, die diesem ganzen Buch seine Struktur gaben, im Folgenden noch einmal nacheinander zuwenden, aber der komplexe Anspruch an die Ethnografie lautet, beiden, einander auch widersprechenden Kriterien gleichermaßen und gleichzeitig gerecht zu werden. Kurz: Ein Kenner des Feldes muss nach dem Lesen der Ethnografie sagen können: ›Ja, das stimmt – aber so habe ich das noch nie gesehen!‹.

Die Gültigkeit ethnografischer Beschreibungen lässt sich nicht qua Verfahren oder Methode einfach ermitteln und absichern. Wir hatten schon davon gesprochen, dass es durchaus Misstrauen gibt gegenüber der mangelnden methodischen Kontrolle im ethnografischen Forschungsprozess und gegenüber einem Datenverständnis, das die Interpretationen des Feldforschers einbezieht. Wie können Daten ›valide‹ sein, die erst durch *Sinnstiftungen des Autors* zu ethnografischen Daten werden, zum Beispiel durch die Bezeichnung einer Aktivität oder die Sequenzierung von Ereignissen? Solche Sinnstiftungen begleiten die schriftliche Bearbeitung ethnografischer Erfahrung *von Anfang an.* Dieser Umstand hat aus Sicht der positivistischen Sozialforschung, aber auch aus der anderer qualitativer Verfahren (etwa der Konversationsanalyse oder der Objektiven Hermeneutik) Zweifel an der disziplinären Kontrollierbarkeit der Ethnografie aufgeworfen. Der rekonstruktive Charakter von Protokollen führe zu einer ununterscheidbaren Vermischung tatsächlicher sozialer Prozesse und ihrer Interpretation. Die Interpretation erscheint in dem Maße unkontrollierbar, wie die Datengewinnung kein unbezweifelbares Original hervorbringt, zum Beispiel eine Tonaufzeichnung oder eine Videoaufnahme. Zugleich aber wissen wir, dass es kein Original gibt, da selbst etwa die Transkription ein (erneutes) Herstellen des Interviews ist: ein interpretierendes und verstehendes Hören von Lauten, das diesen Sinn verleiht, indem es sie in die alphabetische Sprache bringt (Kalthoff 2003).

Abgesehen davon, dass die Kontrollierbarkeit sowohl der Datengewinnung als auch der Interpretation zu weiten Teilen eine Fiktion darstellt, hatten wir argumentiert, dass in der Ethnografie erst die Befreiung von Methodenzwängen die notwendige Flexibilität und Intensität der Feldforschung ermöglicht. Die Ethnografie setzt stattdessen auf eine *empirische Prozesskontrolle,* der sich Feldforscher von vornherein auf viel stärkere Weise aussetzen als andere Sozialforscher. Es handelt sich um eine zum Teil massive soziale Kontrolle in einem Sozialisationsprozess, in dem Sozialwissenschaftlerinnen an den Kompetenzen, Relevanzen, Evidenzen der Teilnehmer und an der Dynamik sozialer Situationen unausweichlich partizipieren. Dies impliziert, dass auch die sozialwissenschaftliche Sinnstiftung sich unter den Bedingungen der Gleichörtlichkeit vollzieht. Die Entwicklung von soziologischen Interpretationen *im* Prozess der Gewinnung empirischen Wissens *bindet* diese auch stärker an die Forschungssituation. Man denkt sich seine Interpretationen nicht einfach am Schreibtisch aus. Die situativen Sinnstiftungen und Teilnehmerinterpretationen, die Ethnografen erzwungenermaßen mitvollziehen, werden zwar durch den Analyseprozess relativiert und distanziert, sie bleiben dem Wissen der Ethnografen aber bis zu einem bestimmten Grade immanent. Selbst wenn sie wollten, könnten sie diesen Sinngehalt nicht ›loswerden‹, er durchwirkt ethnografische Forschungsprozesse von den Daten über die Analysen bis hin zu den Textprodukten selbst.

Es ist also die Chance und der Anspruch der Ethnografie, die beforschte Kultur aus eigener intimer Kenntnis heraus zu beschreiben und zwar so, dass der Leser »ein Verständnis davon gewinnen kann, was sie sein könnte« (Geertz 1990: 140). Die Lektüre der ethnografischen Analyse muss im Prinzip eine passive Teilnahme an dem kulturellen Zusammenhang ermöglichen, die Ethnografie muss seine Regeln und Relevanzen so klar und so detailliert darlegen, dass es einem Neuling möglich wäre, ›einzusteigen‹. Dies gilt umso mehr für Ethnografen: David Sudnow hat sich im Rahmen einer ethnomethodologischen Studie zur Praxis der Jazz-Improvisation (1978) selbst das Klavierspiel so weitgehend angeeignet, dass er damit auftreten konnte und schließlich auch ein erfolgreiches Lehrbuch zur Improvisation verfasst hat.

Die Ethnografie muss auch zunehmend damit rechnen, dass sie von Insidern rezipiert wird. Das gilt nicht für alle Felder, aber eine ethnografische Studie zum Klinikbetrieb kann durchaus Ärzten in die Hände fallen, eine Studie zum Finanzwesen kann von Bankern gelesen werden, und eine Ethnografie über einen ethnischen Konflikt kann von der einen oder anderen Seite politisch instrumentalisiert oder skandalisiert werden. Auch darin liegt eine Prüfung der Triftigkeit der ethnografischen Analysen. Teilnehmer aus dem Feld können widersprechen. Das bedeutet allerdings nicht, dass die ethnografische Analyse durch die Teilnehmer bestätigt werden könnte. Eine solche *Autorisierung durch die Teilnehmer*, die sogenannte ›kommunikative Validierung‹, folgt dem Ideal einer Korrespondenz zwischen der sozialwissenschaftlichen Version eines Feldes und der Sicht der Teilnehmer dieses Feldes. Diese Erwartung verfehlt das zweite zentrale Kriterium für eine gelingende Ethnografie: eine *Differenz* zum Teilnehmerwissen zu erzeugen.

Der Bruch mit dem Teilnehmerwissen ist ein disziplinäres Erfordernis für Ethnografien. Das hat zunächst den praktischen Grund, dass die wissenschaftlichen Disziplinen, denen Ethnografen angehören, Sonderperspektiven auf die Welt entwickelt haben, die den Teilnehmern oft unvertraut, irrelevant oder gar falsch erscheinen. So bedeutet dem Anhänger einer Religion das Gebet in aller Regel etwas anderes als der Ethnografin, die dieses beobachtet. Letztere kann zwar die Bedeutung eines Gebetes für die Teilnehmer reflektieren, konzentriert sich aber in der Regel auf Aspekte dieser Praxis (zum Beispiel ihre soziale Funktionalität oder ihre Einbettung in andere soziale Praktiken), die vielen Gläubigen nebensächlich, verzerrend oder gar falsch erscheinen, weil sie dies leicht als Relativierung der Bedeutung Gottes für diese Praxis verstehen können. Man bräuchte gewissermaßen mit sozialwissenschaftlichem Spezialwissen vorgebildete Feldteilnehmer, um zu gewährleisten, dass sie die Perspektivität ethnografischer Beschreibungen und Analysen anerkennen und nachvollziehen können. Da dies meist nicht der Fall ist, sollten Ethnografen darauf vorbereitet sein, dass die Teilnehmer in der Regel ihre seltsamen Fragestellungen nicht teilen. Daher rufen ethnografische Beschreibungen und Analysen bei ihnen oft einfach nur Desinteresse oder Befremden hervor, nicht aber die sachlichen Korrekturen, die man sich von ihrer Lektüre erhofft hatte.[35] Teilnehmer sind zwar unverzichtbare Informanten, aber unter bestimmten Gesichtspunkten schlechte Kommentatoren ihrer Praxis. Das liegt daran, dass sie diese oft nur retrospektiv mit Bedeutung versehen, sowie daran, dass weite Teile sozialer Praxis unterhalb oder nur kurz oberhalb der Bewusstseinsschwelle angesiedelt sind. Routinen lassen sich eben besser durch einen Beobachter verbalisieren und explizieren. Es gibt allerdings bisweilen auch im Feld die Figur des kulturimma-

---

35 Natürlich gibt es auch Fälle, in denen die Teilnehmer und deren Meinungen ein wichtiger Korrekturmechanismus sind, etwa wenn es darum geht, ob man den chronologischen Ablauf eines Ereignisses korrekt aufgezeichnet hat oder einen Terminus richtig verstanden hat. In diesem Kontext liefern Teilnehmer wertvolle Richtigstellungen.

nenten Skeptikers, der durchaus einen analytischen Blick auf seine eigene Kultur ent-wickelt und dessen Perspektive derjenigen des Ethnografen verwandt sein kann. Andererseits kann es die Feldforschung auch gefährden, wenn Ethnografen ihre ersten Ideen, Berichte und Protokollauszüge ›ungeschönt‹ an Teilnehmer zur ›Begutachtung‹ und Kritik weiterleiten. Da Beschreibungen mit all ihren Nuancen auch als Kritik gelesen werden können, riskiert man die vorzeitige Beendigung der Feldforschung durch die *Gatekeeper*.

Schließlich wäre aber auch zu fragen, *wessen* Autorisierung zählen soll. In der klas-sischen Ethnografie fremder Kulturen hat man lange davon abgesehen, *welcher* Teil-nehmer einem Informationen gab. Solange man sich nicht für individuelle Meinun-gen, sondern für kulturelles Wissen interessierte, konnte jeder gleichermaßen als ein ›Repräsentant seiner Kultur‹ gelten. Malinowskis Maxime, ›die Perspektive des Einge-borenen zu übernehmen‹, würde man heute aber entgegnen: ›welches Eingeborenen denn‹? Jeden Informanten als Repräsentanten seiner Kultur zu sehen, basiert auf einer Homogenitätsannahme, die auch schon für die isolierten und kleinen Gemeinschaf-ten der klassischen Ethnologie eine Idealisierung darstellte. Die Ethnografie hat es stets mit perspektivisch gebrochenen Feldern zu tun, in denen parteiliche Versionen miteinander konkurrieren: Geschlechts- und Altersgruppen, Etablierte und Außen-seiter, Professionelle und Laien, Amtsinhaber und Opponenten. Daher sind von Eth-nografen sowohl multiple Perspektivenübernahmen als auch dezidiert eigenständige Versionen zu verlangen, die etwas Neues mitteilen.

Darauf haben nicht nur die beforschten Teilnehmer einen Anspruch, sondern auch die Disziplin, die Ethnografinnen in die Welt schickt. Und für die disziplinäre Akzep-tanz ist die Bestätigung durch Betroffene vielleicht ein mögliches, aber kaum ein hin-reichendes Argument. Im Gegenteil: Wenn gar keine Differenz zur Teilnehmer-Pers-pektive aufscheint, kann eben dies den Kunstfehler des *going native* anzeigen: Es können Zweifel entweder an der Neutralität des Ethnografen oder der Qualität seiner Analyse entstehen. Die situative Anwesenheit einer Ethnografin soll gerade nicht vor-rangig die Möglichkeit bieten, die Welt der Anderen mit deren Augen zu sehen, son-dern deren Weltsichten als ihre gelebte Praxis zu erkennen. Eine Praxis als Praxis zu erkennen, vermag aber nur, wer nicht in die durch sie gestellten Handlungsprobleme verstrickt bleibt, sondern sich auf das konzentriert, was die Handelnden als selbstver-ständlich voraussetzen, um ihre Wirklichkeit hervorzubringen. Eine Übereinstim-mung der Perspektiven mag sich punktuell im Sinne von Brücken der Verständigung ergeben, entscheidend aber bleibt es, eine *Differenz zwischen Teilnehmer- und Beob-achterverstehen* zu entfalten. In dieser beobachtenden Differenz sind Erfahrungen so zu rekonstruieren, dass sie durch den Filter des disziplinären Diskurses geprägt wer-den. Eben dies muss das ständige Hin und Her zwischen Feld und Universität, zwi-schen Teilnehmer- und Beobachterperspektive, zwischen Alltagssprache und Fach-sprache leisten, das man Ethnografie nennt.

Wenn man abschließend einmal einen ethnografischen Blick auf die Ethnografie nimmt, so erscheint sie als ein kulturelles Unternehmen, das sich auf spezifische Weise von der Praxis der es umgebenden Welt zu unterscheiden sucht. Von dieser aus betrachtet, stellen sich die Merkmale ethnografischer Wissensproduktion als Seltsamkeiten dar: Seltsamkeiten der Sprech- und Schreibpraxis und solche des Methode genannten Vorgehens im Kontakt mit der Erfahrungswelt. Mit Theorie und Methode differenziert sich die Ethnografie kontinuierlich von der Alltagswelt. Die Praxis der Theorie ist in diesem Sinne primär eine Tätigkeit, in der immer wieder eine Brechung alltagsweltlicher Perspektiven vollzogen wird; ein Denken, dessen Fortschritt nicht in einem kontinuierlichen ›immer weiter‹ auf ein Ziel hin besteht, sondern in einer kontinuierlichen Entfernung von einer Alltagswelt, an die es zugleich ständig wieder anknüpft.

Schlusswort

Wir haben ein Lehrbuch für ein empirisches Verfahren vorgelegt, das keine Methode sein will: die ethnografische Forschung. Sie ist in zweifacher Weise ›undiszipliniert‹: erstens ist sie in verschiedenen sozialwissenschaftlichen Fächern zuhause, zweitens lässt sie sich nicht strikt methodisieren. Dies gilt dann, wenn man ihre Grundidee ernst nimmt. In diesem Lehrbuch ging es nicht darum, dieses undisziplinierte Vorgehen zu domestizieren. Aber es handelt von dem Versuch, mitzuteilen, wie es in der Forschungspraxis umgesetzt und wie diese Umsetzung reflektiert werden kann. Wie also können Ethnografen über eine Praxis oder Lebenswelt schreiben, in die sie partiell und temporär zu dem Zweck ›integriert‹ waren, Daten zu erzeugen, die obendrein noch ihre ›Handschrift‹ tragen? Wie gelingt es, zwischen dem methodischen Wissen der Feldforschung, dem theoretischen Wissen über die Konstruktivität der Daten und dem analytischen Wissen über deutende Verfahren so zu vermitteln, dass eine dem Gegenstand und der Disziplin adäquate Analyse entstehen kann? Hierzu haben wir in diesem Buch vorsichtige Antworten gegeben, die sich im Kern folgendermaßen zusammenfassen lassen:

Erstens steht jede Ethnografin vor der Aufgabe, eine auf ihr Forschungsfeld abgestimmte Form des Forschens zu entwickeln, zu erproben und gegebenenfalls anzupassen. Hierzu können die formulierten *Markenzeichen* (Kapitel 1.2) und methodologischen *Begründungen* der ethnografischen Forschung (Kapitel 1.3) als Leitlinien herangezogen werden, um das eigene Vorgehen abzusichern. Wir haben ferner dargelegt, dass der teilnehmenden Beobachtung Überlegungen voranzustellen sind, in welchem Feld die Forschungsfrage überhaupt beantwortbar ist und wie das Feld zugeschnitten sein soll, damit sie verfolgt werden kann (Kapitel 2).

Zweitens haben wir herausgestellt, dass jede Feldforschung für Ethnografen eine zugleich soziale und fachliche Herausforderung ist. Sozial deshalb, da sie sich aktiv zum Bestandteil des Feldes machen müssen; fachlich deshalb, da sie das Beobachtete sprachlich festhalten, erklären und erläutern müssen (Kapitel 3). Ethnografen können sich daran orientieren, dass ihnen das Feld Positionierungen abverlangen wird, dass ihnen aber ihr Nichtwissen als naiver Neuling einen Schutz vor Vereinnahmungen und zu frühen Antworten bietet. Dieses Nichtwissen hilft auch dabei, Distanz zu wahren und kann ebenfalls als heuristisches Instrument genutzt werden.

Drittens steht jede Ethnografin vor der Schwierigkeit, Kategorien und Themen aus den Daten herauszuarbeiten, die anschlussfähig für (gegenwärtige) sozialwissenschaftliche Diskurse sind. Dies ist – sowohl für Studierende als auch für Doktoranden – eine in der Regel schwierige Phase des ethnografischen Projektes. Wie kann ich aus der unüberschaubaren Menge meiner Materialien eine Analyse entwickeln, die systematisch und nicht zufällig ist, die auch für das Fach Sinn macht, in dem sie Anschlüsse herstellt, aber doch nicht nur Wiederholung bekannter Theoreme ist? Wir haben

hierzu ein analytisches Design präsentiert, das zwei Bewegungen vorsieht: das Finden
und Analysieren von Details sowie der Blick auf das ›Ganze‹. Für die Analyse der
Details schlagen wir eine Kombination von offener Codierung (*Grounded Theory*)
und Fallanalyse vor und nehmen Bezug auf die Suche nach Bedeutungen und Zusammenhängen, wie sie von Spradley (1980) vorgeschlagen wurde (Kapitel 4.2 und 4.3).
Mit der Codierung wird es möglich, relativ große Datenmengen zu erschließen und
nach gefundenen Kategorien neu zu ordnen; mit der Fallanalyse, Ereignisse, Interaktionssequenzen oder Fallportraits eingehend zu analysieren. Die Rückkehr zum ›Ganzen‹ setzt mit der Suche nach Schlüsselthemen ein, die der ethnografischen Studie
Kohärenz geben und die auseinanderlaufenden Fäden der verschiedenen Details
zusammenhält und zusammenführt (Kapitel 4.4).

Unterstützt wird diese *Arbeit am Zusammenhang* laufend durch das Memo-Schreiben – ein erstes und vorläufiges Sortieren analytischer Überlegungen zu einer Praxis
oder einem Phänomen (Kapitel 4.5). Hier setzt schließlich auch die theoretische
Arbeit an: Die Lektüre von und die Auseinandersetzung mit sozialwissenschaftlichen
Texten, die Einbettung der eigenen Ethnografie in eine theoretische Optik und damit
ihre Positionierung in der sozialwissenschaftlichen Theorielandschaft (4.6). Hier
prüft die Ethnografin auch, in welcher Weise ihre Arbeit gängige Theorieannahmen
herausfordern kann. Sie nimmt dann für sich in Anspruch, über ihre empirische Forschung sozialwissenschaftliche Theorie nicht nur zu ermöglichen, sondern bestehende
theoretische Konzepte zu irritieren und zu befragen.

Schließlich überlegt jede Ethnografin, wie sie die Befunde ihrer Forschung in ihrer
Studie darstellen soll (Kapitel 5). Wie soll – so lautet die Leitfrage – der ethnografische
Bericht erzählt werden: als realistische Geschichte, als Geschichte einer persönlichen
Erfahrung, als eine Darstellung, die widersprechende Stimmen oder Gegendarstellungen dokumentiert, oder als ein Bericht mit Konsequenzen für die sozialwissenschaftlichen Fächer selbst? Oft wird die Ethnografin sich nicht für eine Darstellungsform
entscheiden, die den gesamten Text strukturiert, sondern im Verlauf eines Textes verschiedene Formen miteinander kombinieren. Keine der genannten Formen ist an sich
›besser‹ oder ›weniger geeignet‹. Die Wahl der einen oder anderen Strategie ist vielmehr
mit der Forschungspraxis des ethnografischen Projekts verknüpft, den disziplinären
Lesegewohnheiten und auch mit dem Habitus ihrer Teilnehmer.

Mit diesem Rückblick sind wir am Ende dieses Buches angelangt und überlassen
es den Lesern, es praktisch und kritisch zu erproben. Wir haben nicht alle Fragen
ethnografischer Forschung beantworten wollen und manche Aspekte der Forschung
sind von uns auch nicht in den Fokus gerückt worden. Zu nennen sind hier etwa die
Analyse von Dokumenten, auf die Ethnografen im Feld stoßen, sowie der Einsatz von
Kameras zur Aufzeichnung sozialer Praktiken und die Analyse dieser Bilder. Zu beiden methodischen Bereichen liegen Studien und methodische Einführungen vor
(etwa Prior 2011; Wolff 2006; Mohn 2002; Knoblauch et al. 2006), eine Explizierung des forschungspraktischen Wissens steht allerdings noch aus. Wir haben in die

sem Buch über die Forschungspraktiken berichtet, mit denen wir uns – bedingt durch unsere Forschungen – am besten auskennen. Dabei haben wir auch den kollektiven Versuch unternommen, unser praktisches Forschungswissen zu explizieren. Es ist kein Methodenbuch im klassischen Sinne, sondern ein Lehrbuch darüber, wie Sozialwissenschaftler vorgehen (können), wenn sie ethnografisch forschen. Es sollte Studenten, (Post-)Doktoranden und Lehrenden Anregungen und Orientierungswissen für ihre ethnografischen Vorhaben vermitteln. Dieses Wissen in ihren eigenen Projekten auszuprobieren, bleibt Aufgabe der Leser. Dann können sie mit ihrer Forschungserfahrung dieses Lehrbuch, an dem sie sich orientierten, auch ergänzen, korrigieren und neu schreiben.

Literaturverzeichnis

Agar, Michael, 1980: The Professional Stranger. An Informal Introduction to Ethnography. Bradford: Emerald Group Publishers.

Amann, Klaus/Mohn, Elisabeth, 1998: Forschung mit der Kamera. Anthropolitain 6: 4–20.

Amann, Klaus, 1997: Ethnographie jenseits von Kulturdeutung. Über Geigespielen und Molekularbiologie. In: Stefan Hirschauer/Klaus Amann (Hrsg.): Die Befremdung der eigenen Kultur. Zur ethnographischen Herausforderung soziologischer Empirie. Frankfurt: Suhrkamp, S. 298–330.

Anderson, Nels, 1923: The Hobo. The sociology of the homeless man. Chicago: University of Chicago Press.

Asad, Talal, 1993: Genealogies of Religion. Discipline and Reasons of Power in Christianity and Islam. Berkeley: University of California Press.

Ashmore, Malcom, 1989: The reflexive thesis. Writing sociology of scientific knowledge. Chicago: University of Chicago Press.

Barth, Frederik (Hrsg.), 1969: Ethnic groups and boundaries. The social organization of culture difference. London, Allen & Unwin.

Barth, Frederik, 2005: Britain and the Commenwealth. In: Fredrik Barth/Andre Gingrich/Robert Parkin/Sydel Silverman: One Discipline, Four Ways: British, German, French, and American Anthropology. Chicago: University of Chicago Press, S. 3–57.

Becker, Howard S./Geer, Blanche, 1979: Teilnehmende Beobachtung: Die Analyse qualitativer Forschungsergebnisse. In: Hopf, Christel/Weingarten, Elmar (Hrsg.): Qualitative Sozialforschung. Stuttgart: Klett Cotta, S. 139–166 [zuerst 1960].

Becker, Howard S., 1998: Tricks of the Trade. How to Think about Your Research While You're Doing It. Chicago: Chicago University Press.

Benedict, Ruth, 1948: Anthropology and the Humanities. In: American Anthropologist 50: 585 – 593.

Bennewitz, Hedda, 2004: Helenas und Fabiennes Welt. Eine Freundschaftsbeziehung im Unterricht. In: Zeitschrift für Soziologie der Erziehung und Sozialisation (24), H. 4, S. 393–407.

Berg, Eberhard/Fuchs, Martin (Hrsg.), 1993: Kultur, soziale Praxis, Text. Die Krise der ethnographischen Repräsentation, Frankfurt: Suhrkamp.

Berger, Peter L./Luckmann, Thomas, 1991: Die gesellschaftliche Konstruktion der Wirklichkeit. Frankfurt/Main: Fischer [zuerst 1966].

Bergmann, Jörg R., 1981: Ethnomethodologische Konversationsanalyse. In: Schröder, Peter/Steger, Hugo (Hrsg.): Dialogforschung. Jahrbuch 1980 des Instituts für deutsche Sprache. Düsseldorf: Schwann, S. 9–51.

Bergmann, Jörg, 1985: Flüchtigkeit und methodische Fixierung sozialer Wirklichkeit. In: Wolfgang Bonß/Heinz Hartmann (Hrsg.): Entzauberte Wissenschaft. Göttingen: Schwarz, S. 299–320.

Bergmann, Jörg, 1987: Klatsch. Zur Sozialform der diskreten Indiskretion. Berlin: de Gruyter.

Bernard, H. Russell, 2002: Interviewing: Unstructured and Semistructured. In: Bernhard, H. Russel (Hg.): Social Research Methods. Qualitative and Quantitative Approaches. London: Sage, S. 208–235.

Blumer, Herbert, 1954: What is wrong with social theory? In: American Sociological Review 19(1): 3–10.

Bourdieu, Pierre u. a., 1997: Das Elend der Welt. Konstanz: UVK.

Bourdieu, Pierre, 1979: Entwurf einer Theorie der Praxis. Frankfurt/Main: Suhrkamp.

Bourdieu, Pierre, 1992: Homo academicus. Frankfurt/Main: Suhrkamp [zuerst 1984].

Bourdieu, Pierre/Wacquant, Loïc J. D., 1996: Reflexive Anthropologie. Frankfurt/Main: Suhrkamp (zuerst 1992).

Breidenstein, Georg, 1997: Verliebtheit und Paarbildung unter Schulkindern. In: Stefan Hirschauer/Klaus Amann (Hrsg.): Die Befremdung der eigenen Kultur. Frankfurt/Main: Suhrkamp, S. 53–83.

Breidenstein, Georg, 2006: Teilnahme am Unterricht. Ethnographische Studien zum Schülerjob. Wiesbaden: VS.

Breidenstein, Georg/Kelle, Helga, 1998: Geschlechteralltag in der Schulklasse. Ethnographische Studien zur Gleichaltrigenkultur, Weinheim: Juventa.

Bude, Heinz, 2008: Das »Serendipity-Pattern«. Eine Erläuterung am Beispiel des Exklusionsbegriffs. In: Herbert Kalthoff/Stefan Hirschauer/Gesa Lindemann (Hrsg.): Theoretische Empirie. Die Relevanz qualitativer Forschung. Frankfurt/Main: Suhrkamp, S. 260–278.

Carsten, Janett (Hrsg.), 2001: Cultures of Relatedness. Cambridge: Cambridge University Press.

Charmaz, Kathy/Mitchell, Richard G, 2001: Grounded Theory in Ethnography. In: Atkinson, Paul/Coffey, Amanda/Delamont, Sara/Lofland, John/Lofland, Lyn (Hrsg.): Handbook of Ethnography. London: Sage, S. 160–173.

Clarke, Adele, 2005: Situational Analysis. Grounded Theory after the Postmodern Turn. Thousand Oaks: Sage.

Clifford, James/Marcus, George E. (Hrsg.), 1986: Writing Culture. The Poetics and Politics of Ethnography. Berkeley: University of California Press.

Clifford, James, 1993: Über ethnographische Autorität. In: Eberhard Berg/Martin Fuchs (Hrsg.): Kultur, soziale Praxis, Text. Die Krise der ethnographischen Repräsentation. Frankfurt/Main: Suhrkamp, S. 109–157.

Dahrendorf, Ralf, 1969: Vorwort. In: Erving Goffman: Wir alle spielen Theater. München: Piper, S. VI-X.

Delamont, Sara, 2002: Fieldwork in Educational Settings. London: Routledge.

Dellwing, Michael/Prus, Robert, 2012: Einführung in die Interaktionistische Ethnografie: Soziologie im Außendienst. Wiesbaden: VS.

Deppermann, Arnulf, 1999: Gespräche analysieren. Eine Einführung in konversationsanalytische Methoden. Opladen: Leske+Budrich.

Durkheim, Emile, 1995: Regeln der soziologischen Methode. Frankfurt/Main: Suhrkamp (zuerst 1895).

Eder, Donna, 1995: School Talk, New Brunswick: Rutgers University Press.

Emerson, Robert. M./Fretz, Rachel I./Shaw, Linda L., 1995: Writing Ethnographic Fieldnotes. Chicago: Chicago University Press.

Evans-Pritchard, Edward E., 1963: Witchcraft, Oracles, and Magic among the Azande. Oxford: Clarendon Press [zuerst 1937].

Evans-Pritchard, Edward E., 1977: The Nuer. Oxford: Oxford University Press [zuerst 1940].

Feyerabend, Paul, 1976: Wider den Methodenzwang. Frankfurt/Main: Suhrkamp.

Fortes, Meyer/Evans-Pritchards, Edward E. (Hg.), 1940: African Political Systems. London: Oxford University Press.

Foucault, Michel, 1991: Governmentality. In: Graham Burchell/Colin Gordon/Peter Miller (Hrsg.): The Foucault effect: Studies in governmentality. Chicago: Chicago University Press. S. 87–104.

Foucault, Michel, 1996: Der Mensch ist ein Erfahrungstier. Frankfurt/Main: Suhrkamp.

Freilich, Morris, 1970: Marginal Natives: Anthropologists at Work. New York: Harper and Row.

Frohnen, Anja, 2005: Diversity in Action. Multinationalität in globalen Unternehmen am Beispiel Ford. Bielefed: Transcript.

Fuchs, Martin/Berg, Eberhard, 1993: Phänomenologie der Differenz. Reflexionsstufen ethnographischer Repräsentation. In: Eberhard Berg/Martin Fuchs (Hrsg.): Kultur, soziale Praxis, Text. Die Krise der ethnographischen Repräsentation. Frankfurt/Main: Suhrkamp, S. 11–108.

Garfinkel, Harold, 1967: Studies in Ethnomethodology. Englewood Cliffs: Prentice Hall.

Geertz, Clifford, 1986: The Uses of Diversity. In: Michigan Quartely Review 25: 253–275.

Geertz, Clifford, 1987: Dichte Beschreibung. Beiträge zum Verstehen kultureller Systeme. Frankfurt/Main: Suhrkamp [zuerst 1973].

Geertz, Clifford, 1990: Die künstlichen Wilden. Der Anthropologe als Schriftsteller. München: Hanser [zuerst 1988].

Glaser, Barney G./Anselm L. Strauss, 1967: The Discovery of Grounded Theory. Strategies for Qualitative Research. New York: Aldine.

Glaser, Barney G., 1978: Theoretical sensitivity: Advances in the methodology of grounded theory. Mill Valey: Sociology Press.

Gluckman, Herman Max. 1958: Analysis of a social situation in modern Zululand. Rhodes-Livingstone Papers No. 28. Manchester: Manchester University Press.

Gluckman, Max, 1961: Ethnographic data in British social anthropology. In: The Sociological Review 9(1): 5–17.

Gobo, Giampietro, 2008: Doing Ethnography. London: Sage.

Goffman, Erving, 1969: Wir alle spielen Theater. Die Selbstdarstellung im Alltag. München: Piper [zuerst 1959].

Goffman, Erving, 1971: Verhalten in sozialen Situationen. Gütersloh: Bertelsmann.

Goffman, Erving, 1973: Asyle. Über die soziale Situation psychiatrischer Patienten und anderer Insassen. Frankfurt/Main: Suhrkamp [zuerst 1961].

Goffman, Erving, 1982: Das Individuum im öffentlichen Austausch. Mikrostudien zur öffentlichen Ordnung. Frankfurt/Main: Suhrkamp [zuerst 1971].

Goffman, Erving, 1986: Interaktionsrituale. Über Verhalten in direktere Kommunikation. Frankfurt/Main: Suhrkamp [zuerst 1967].

Goffman, Erving, 1996: Über Feldforschung. In. Hubert Knoblauch (Hrsg.): Kommunikative Lebenswelten. Zur Ethnographie einer geschwätzigen Gesellschaft. Konstanz: UVK, S. 261–269 [zuerst 1989].

Goodwin, Marjorie H., 1990: He-Said-She-Said. Talk as social organization among black children. Bloomington: Indiana University Press.

Griesecke, Birgit, 2001: Japan dicht beschreiben. Produktive Fiktionalität in der ethnographischen Forschung. München: Fink.

Gutberger, Jörg, 1999: Volk, Raum und Sozialstruktur. Sozialstruktur- und Sozialraumforschung im »Dritten Reich«. Münster: LIT.

Hammersley, Martyn/Atkinson, Paul, 2007: Ethnography: Principles in Practice. London: Routledge [zuerst 1983].

Hayner, Norman S., 1928: Hotel Life and Personality, The American Journal of Sociology 33(5): 784–795.

Heimerl, Birgit, 2013: Die Ultraschallsprechstunde. Eine Situationsanalyse. Dissertation. Universität Mainz.

Heintz, Bettina, 2000: Die Innenwelt der Mathematik. Zur Kultur und Praxis einer beweisenden Disziplin. Wien/New York: Springer.

Herrmanns, Harry, 1995: Das narrative Interview. In: Uwe Flick/Ernst von Kardorff/Ines Steinke (Hrsg.): Handbuch Qualitative Sozialforschung. Weinheim: Beltz Psychologie Verlags Union, S. 182–185.

Hirschauer, Stefan, 1993: Die soziale Konstruktion der Transsexualität. Über die Medizin und den Geschlechtswechsel, Frankfurt: Suhrkamp.

Hirschauer, Stefan, 1999: Die Praxis der Fremdheit und die Minimierung von Anwesenheit. Eine Fahrstuhlfahrt. Soziale Welt 50: 221–246.

Hirschauer, Stefan, 2008: Die Empiriegeladenheit von Theorien und der Erfindungsreichtum der Praxis. In: Herbert Kalthoff/Stefan Hirschauer/Gesa Lindemann (Hrsg.): Theoretische Empirie. Die Relevanz qualitativer Forschung. Frankfurt/Main: Suhrkamp 2008, S. 165–187.

Hitzler, Ronald/Honer, Anne, 1997: Einleitung. Hermeneutik in der deutschsprachigen Soziologie heute. In: Hitzler, Ronald/Honer, Anne (Hrsg.): Sozialwissenschaftliche Hermeneutik. Eine Einführung. Opladen: Leske + Budrich, UTB, S. 7–27.

Hitzler, Ronald, 1993: Die Wahl der Qual. Ein Einblick in die kleine Lebens-Welt des Algophilen. Zeitschrift für Sexualforschung. 6: 228–242.

Hitzler, Ronald, 1999: Welten erkunden. Soziale Welt 50: 473–482.

Hochschild, Arlie, 1983: The managed heart. Commercialization of human feeling. Berkeley: University of California Press.

Hochschild, Arlie, 2002: Keine Zeit. Wenn die Firma zum Zuhause wird und zuhause nur noch Arbeit wartet. Opladen: Budrich.

Honer, Anne, 1993: Lebensweltliche Ethnographie. Ein explorativ-interpretativer Forschungsansatz am Beispiel von Heimwerker-Wissen. Leverkusen: Deutscher Universitätsverlag.

Hopf, Christel, 1978: Die Pseudo-Exploration. Überlegungen zur Technik qualitativer Interviews in der Sozialforschung. Zeitschrift für Soziologie 7: 97–115.

Hunt, Jennifer, 1984: The development of rapport through the negotiation of gender in fieldwork among the police. Human Organisation 43: 283–296.

Hutchins, Edwin, 1993: Learning to navigate. In: Seth Chaiklin/Jean Lave (Hrsg.): Understanding Practice. Perspectives on activity and context. Cambridge: Cambridge University Press, S. 35–63.

Jakobsen, Astrid, 1997: Ordnungs- und Unruhestifter. Ein privater Sicherheitsdienst observiert. In: Stefan Hirschauer/Klaus Amann (Hrsg.): Die Befremdung der eigenen Kultur. Zur ethnographischen Herausforderung soziologischer Empirie. Frankfurt: Suhrkamp, S. 114–137.

Kalthoff, Herbert, 1996: Das Zensurenpanoptikum. Eine ethnographische Studie zur schulischen Bewertungspraxis. Zeitschrift für Soziologie 25: 106–124.

Kalthoff, Herbert, 1997a: Wohlerzogenheit: Eine Ethnographie deutscher Internatsschulen. Frankfurt/Main: Campus.

Kalthoff, Herbert, 1997b: Fremdenrepräsentation. Über ethnographisches Arbeiten in exklusiven Internatsschulen. In: Stefan Hirschauer/Klaus Amann (Hrsg.): Die Befremdung der eigenen Kultur. Zur ethnographischen Herausforderung soziologischer Empirie. Frankfurt: Suhrkamp, S. 240–266.

Kalthoff, Herbert, 2003: Beobachtende Differenz. Instrumente der ethnografisch-soziologischen Forschung. Zeitschrift für Soziologie 32: 70–90.

Kalthoff, Herbert, 2005: Practices of Calculation. Economic Representation and Risk Management. Theory, Culture & Society 22(2): 69–97.

Kalthoff, Herbert, 2008: Einleitung: Zur Dialektik von qualitativer Forschung und soziologischer Theoriebildung. In: Herbert Kalthoff/Stefan Hirschauer/Gesa Lindemann (Hrsg.): Theoretische Empirie. Die Relevanz qualitativer Forschung. Frankfurt/Main: Suhrkamp, S. 8–38.

Kalthoff, Herbert/Hirschauer, Stefan/Lindemann, Gesa (Hrsg.), 2008: Theoretische Empirie. Die Relevanz qualitativer Forschung. Frankfurt/Main: Suhrkamp.

Kelle, H., 2001: Ethnographische Methodologie und Probleme der Triangulation. Am Beispiel der peer culture Forschung bei Kindern. In: Zeitschrift für Soziologie der Erziehung und Sozialisation 21 (2): 192–208.

Kelle, Helga (Hrsg.), 2010: Kinder unter Beobachtung. Kulturanalytische Studien zur pädiatrischen Entwicklungsdiagnostik. Opladen: Barbara Budrich.

Kelle, Udo, 2007: The development of categories: Different approaches in grounded theory. In: Anthony Bryant/Kathy Charmaz (Hrsg.): The Sage handbook of grounded theory. S. 191–213.

Keppler, Angela, 1994: Tischgespräche. Über Formen kommunikativer Vergemeinschaftung am Beispiel der Konversation in Familien. Frankfurt/Main: Suhrkamp.

Kitchen Stories, 2003, Hamer Bent (Regie und Produktion), DVD, 95 Min., Sunfilm Entertainment.

Knoblauch, Hubert, 1991: Die Welt der Wünschelrutengänger und Pendler. Erkundungen einer verborgenen Wirklichkeit. Frankfurt/Main: Campus.

Knoblauch, Hubert/Heath, Christian, 1999: Technologie, Interaktion und Organisation: die Workplace Studies. Schweizerische Zeitschrift für Soziologie, 25: 163–181.

Knoblauch, Hubert/Soeffner, Hans-Georg/Raab, Jürgen/Schnettler, Bernt (Hrsg.), 2006: Video Analysis. Methodology and Methods. Qualitative Audiovisual Data Analysis in Sociology. Frankfurt/Main u. a.: Lang.

Knorr-Cetina, Karin, 1984: Die Fabrikation von Erkenntnis. Frankfurt/Main: Suhrkamp [zuerst 1981].

Knorr-Cetina, Karin, 2002: Wissenskulturen. Ein Vergleich naturwissenschaftlicher Wissensformen. Frankfurt: Suhrkamp [zuerst 1999].

Kohl, Karl Heinz, 1987: Abwehr und Verlangen. Zur Geschichte der Ethnologie. Frankfurt/Main: Campus.

Kohl, Karl Heinz, 1993: Ethnologie – die Wissenschaft vom kulturell Fremden. Eine Einführung. München: C. H. Beck.

König, René, 1978: Die Pioniere der Sozialökologie in Chicago. In: Deutsche UNESCO-Kommission: Stadtökologie. München u. a.: Saur, S. 56–68.

König, René, 1984: Soziologie und Ethnologie. In: Ernst W. Müller/René König/Klaus-Peter Koepping/Paul Drechsel (Hrsg.): Ethnologie als Sozialwissenschaft. Sonderheft 26 der Kölner Zeitschrift für Soziologie und Sozialpsychologie. Opladen: Westdeutscher Verlag, S. 17–35.

Kracauer, Siegfried, 1971: Die Angestellten. Frankfurt/Main: Suhrkamp [1930].

Krappmann, Lothar/Oswald, Hans, 1995: Alltag der Schulkinder. Weinheim: Juventa.

Kuper, Adam, 1973: Anthropology and Anthropologists. The Modern British School. London: Routledge.

Labov, William, 1972: Rules for Ritual Insults. In: David Sudnow (Hrsg.): Studies in Social Interaction. New York: Free Press, S. 120–169.

Länger, Caroline, 2002: Im Spiegel von Blindheit. Eine Kultursoziologie des Sehsinnes. Stuttgart.

Latour, Bruno/Woolgar, Steve, 1979: Laboratory life. The Social Construction of Scientific Facts. Beverley Hills: Sage.

Lau, Thomas/Wolff, Stephan, 1983: Der Einstieg in das Untersuchungsfeld als soziologischer Lernprozeß. Kölner Zeitschrift für Soziologie und Sozialpsychologie 35: 417–437.

Lentz, Carola, 2009: Der Kampf um die Kultur. Zur Ent- und Re-Soziologisierung eines ethnologischen Konzepts. Soziale Welt 60: 305–324.

Lévi-Strauss, Claude, 1988: Traurige Tropen. Frankfurt/Main : Suhrkamp [zuerst 1955].

Liegl, Michael, 2010: Digital Cornerville. Technische Leidenschaft und musikalische Vergemeinschaftung in New York. Stuttgart: Lucius.

Lindemann, Gesa, 2008: Theoriekonstruktion und empirische Forschung. In: Herbert Kalthoff/Stefan Hirschauer/Gesa Lindemann (Hrsg.): Theoretische Empirie. Die Relevanz qualitativer Forschung. Frankfurt/Main: Suhrkamp, S. 107–128.

Lindner, Rolf, 1990: Die Entdeckung der Stadtkultur. Soziologie aus der Erfahrung der Reportage. Frankfurt/Main: Suhrkamp.

Luckmann, Thomas, 1986: Grundformen der gesellschaftlichen Vermittlung des Wissens: Kommunikative Gattungen: In Friedhelm Neidhardt/M. Rainer Lepsius/Johannes Weiß (Hrsg.): Kultur und Gesellschaft, Sonderheft 27 der Kölner Zeitschrift für Soziologie und Sozialpsychologie. Opladen: Westdeutscher Verlag, S. 191–211.

Luhmann, Niklas, 1984: Soziale Systeme. Grundriss einer allgemeinen Theorie. Frankfurt/Main: Suhrkamp.

Lynch, Michael, 1985: Art and Artifact in Laboratory Science: A Study of Shop Work and Shop Talk in a Research Laboratory. London: Routledge & Kegan Paul.

Malinowski, Bronislaw, 1935: Coral Gardens and Their Magic. Vol. 2: The Language of Magic and Gardening. London: Allen & Unwin.

Malinowski, Bronislaw, 1973: Magie, Wissenschaft und Religion, und andere Schriften. Frankfurt/Main: Fischer [zuerst 1948].

Malinowski, Bronislaw, 1979: Argonauten des westlichen Pazifik. Ein Bericht über Unternehmungen und Abenteuer der Eingeborenen in den Inselwelten von Melanesisch-Neuguinea. Frankfurt/Main: Syndikat [zuerst 1922].

Malinowski, Bronislaw, 1986: Ein Tagebuch im strikten Sinn des Wortes: Neuguinea 1914 – 1918. Frankfurt/Main: Syndikat [zuerst 1967].

Marcus, George A., 1995: Ethnography in/of the World System: The Emergence of Multi-Sited Ethnography. In: Annual Review of Anthropology 24: 95–117.

Mead, George H., 1973: Geist, Identität und Gesellschaft. Frankfurt/Main: Suhrkamp [zuerst 1934].

Meier, Christoph, 2000: Neue Medien – neue Kommunikationsformen? Strukturmerkmale von Videokonferenzen. In: Werner Kallmeyer (Hrsg.): Sprache und neue Medien. Berlin: de Gruyter, S. 195–221.

Merton, Robert K./Broom, Leonard/Cottrell, Leonard S., 1959: Sociology Today – Problems and Prospects. New York: Basic Books.

Merton, Robert K., 1968: Social theory and social structure. New York: Free Press.

Merton, Robert K., 1972: Insiders and Outsiders: A Chapter in the Sociology of Knowledge. The American Journal of Sociology 78(1): 9–47.

Middleton, John/Tait, David (Hrsg.), 1958: Tribes without Rulers. Studies in African Segmentary Systems. London: Routledge and Kegan Paul.

Mills, Sara, 2004: Discourse. London: Routledge.

Miner, Horace, 1956: Body Ritual among the Nacirema. In: American Anthropologist 58: 503–507.

Mitchell, Clyde J., 2006: Case and situation analysis. In: Terence M. S. Evens/Don Handelman (Hrsg.): The Manchester School: Practice and Ethnographic Praxis in Anthropology. Oxford: Berghahn, S. 23–45.

Mohn, Bina E. 2010: Dichtes Zeigen beginnt beim Drehen. In: Frederike Heinzel/Werner Thole/Peter Cloos/Stefan Köngeter (Hrsg.): Auf unsicherem Terrain. Ethnographische Forschung im Kontext des Bildungs- und Sozialwesens. Wiesbaden: VS, S. 153–169.

Mohn, Bina E./Amann, Klaus, 2006: Lernkörper. Kamera-Ethnographische Studien zum Schülerjob. Göttingen: IWF (DVD).

Mohn, Elisabeth, 2002: Filming Culture. Spielarten des Dokumentierens nach der Repräsentationskrise. Stuttgart: Lucius & Lucius.

Mol, Annemarie, 2003: The Body Multiple: Ontology in Medical Practice. Durham: Duke University Press.

Nieswand, Boris, 2011: Theorising Transnational Migration. The Status Paradox of Migration. New York: Routledge.

Petermann, Werner, 2004: Die Geschichte der Ethnologie. Wuppertal: Peter Hammer Verlag.

Peters, Katharina, 1997: Warten auf Godot. Eine Skizze ostdeutscher Bürokratie im Transformationsprozess. In: Stefan Hirschauer/Klaus Amann (Hrsg.): Die Befremdung der eigenen Kultur. Frankfurt/Main: Suhrkamp, S. 198–217.

Polanyi, Michael, 1985: Implizites Wissen. Frankfurt: Suhrkamp [zuerst 1966].

Potter, Jonathan, 1996: Representing Reality: Discourse, Rhetoric and Social Construction. London: Sage.

Pries, Ludger, 1996: Transnationale soziale Räume. Theoretisch-empirische Skizze am Beispiel Mexiko – USA. Zeitschrift für Soziologie 25: 456–472.

Prior, Lindsay (Hrsg.), 2011: Using Documents and Records in Social Research. Los Angeles: Sage.

Przyborski, Aglaja/Wohlrab-Sahr, 2008: Qualitative Sozialforschung. Ein Arbeitsbuch. München: Oldenbourg.

Reichertz, Jo, 1989: Hermeneutische Auslegung von Feldprotokollen? Verdrießliches über ein beliebtes Forschungsmittel. In: Reiner Aster/Jans Merkens/Michael Repp (Hrsg.): Teilnehmende Beobachtung: Werkstattberichte und methodologische Reflexionen. Frankfurt/Main: Campus, S. 84–102.

Reichertz, Jo, 2010: Abduction: The logic of discovery of grounded theory. In: Anthony Bryant/Kathy Charmaz (Hrsg.): The Sage handbook of grounded theory. Los Angeles u.a.: Sage, S. 214–229.

Rottenburg, Richard, 2001: Marginalität und der Blick in die Ferne. In: Heike Behrend (Hrsg.): Geist, Bild und Narr. Berlin/Wien: Philo, S. 37–44.

Rottenburg, Richard, 2002. Weit hergeholte Fakten. Eine Parabel der Entwicklungshilfe. Stuttgart: Lucius & Lucius.

Rottenburg, Richard, 2013: Ethnologie und Sozialkritik. In: Thomas Bierschenk, Matthias Krings/Carola Lentz (Hrsg.): Ethnologie im 21. Jahrhundert. Berlin: Reimer (im Erscheinen).

Ryle, Gilbert, 1969: Der Begriff des Geistes. Stuttgart: Reclam.

Sacks, Harvey, 1984: On doing being ordinary. In: J. Maxwell Atkinson/John Heritage (Hrsg.): Structures of Social Action. Studies in Conversation Analysis. Cambridge: Cambridge University Press, S. 413–429.

Said, Edward W., 1979: Orientalism. New York: Vintage (deutsche Fassung: 1981: Orientalismus. Frankfurt/Main u.a.: Ullstein, 1981).

Scheffer, Thomas, 2001: Asylgewährung. Eine ethnografische Verfahrensanalyse. Stuttgart: Lucius.

Scheffer, Thomas, 2002: Das Beobachten als sozialwissenschaftliche Methode – Von den Grenzen der Beobachtbarkeit und ihrer methodischen Bearbeitung. In: Doris Schaeffer/Gabriele Müller-Mundt (Hrsg.): Qualitative Gesundheits- und Pflegeforschung. Bern: Huber, S. 351–374.

Scheffer, Thomas, 2008: Zug um Zug und Schritt für Schritt. Annäherungen an eine transsequenzielle Analytik. In: Herbert Kalthoff/Stefan Hirschauer/Gesa Lindemann (Hrsg.): Theoretische Empirie. Zur Relevanz qualitativer Forschung. Frankfurt/Main: Suhrkamp, S. 368–398.

Schensul, Stephen L./Schensul, Jean J./LeCompte, Margaret D., 1999: Semistructured Interviewing. In: Stephen L. Schensul/Jean Schensul/Margaret D. LeCompte (Hrsg.): Essential Ethnographic Methods. Observation, Interviews, Questionnaires. Walnut Creek: Altamira Press, S. 149–64.

Scheurmann, Erich, 1978: Der Papalagi. Die Reden des Südseehäuptlings Tuiavii aus Tiavea. Zürich: Tanner und Staehelin [zuerst 1920].

Schindler, Larissa, 2011: Kampffertigkeit. Eine Soziologie praktischen Wissens. Stuttgart: Lucius & Lucius.

Schlee, Günther, 2007: »Diebe haben keine Kinder«. Väter, Gevatter, Erzeuger und die soziale Konstruktion des Biologischen. In: Johannes F. K. Schmidt/Martine Guichard/Peter Schuster/Fritz Trillmich (Hrsg.): Freundschaft und Verwandtschaft. Zur Unterscheidung und Verflechtung zweier Beziehungssysteme. Konstanz: UVK, S. 261–290.

Schneider, David, 1984. A Critique of the Study of Kinship. Ann Arbor: University of Michigan Press.

Schütz, Alfred/Luckmann, Thomas, 1979: Strukturen der Lebenswelt. Band 1. Frankfurt/Main: Suhrkamp.

Schütz, Alfred, 1972: Der Fremde. In: Alfred Schütz: Gesammelte Aufsätze II. Studien zur soziologischen Theorie. Den Haag: Nijhoff, S. 53–69 [zuerst 1944].

Schütze, Fritz, 1983: Biographieforschung und narratives Interview. Neue Praxis 13(3): 283–293.

Sigrist, Christian, 1979: Regulierte Anarchie. Untersuchungen zum Fehlen und zur Entstehung politischer Herrschaft in segmentären Gesellschaften Afrikas. Frankfurt/M.: Syndikat [zuerst 1967].

Simmel, Georg, 1992: Exkurs über den Fremden. In: Georg Simmel: Soziologie. Untersuchungen über die Formen der Vergesellschaftung. Frankfurt/Main: Suhrkamp, S. 764–771 [zuerst 1908].

Spradley, James P., 1980: Participant Observation. New York: Holt, Rinehart & Winston.

Spradley, James P., 1979: The Ethnographic Interview. New York: Holt, Rinehart & Winston.

Stagl, Justin, 1981: Die Beschreibung des Fremden in der Wissenschaft. In: Duerr, Hans-Peter (Hrsg.): Der Wissenschaftler und das Irrationale. Band 1. Frankfurt/Main: Syndikat, S. 273–295.

Stocking, George W., 1983: Observers Observed: Essays on Ethnographic Fieldwork. Madison: University of Wisconsin Press.

Strauss, Anselm L./Corbin, Juliet, 1996: Grounded theory: Grundlagen qualitativer Sozialforschung. Weinheim: Beltz, Psychologie Verlags Union.

Strauss, Anselm L., 1998: Grundlagen qualitativer Sozialforschung. München: Fink.

Strübing, Jörg, 2013: Qualitative Sozialforschung. Eine komprimierte Einführung für Studierende. München: Oldenbourg.

Styles, Joseph, 1979: Outsider/Insider: Researching Gay Baths. Urban Life 8: 135–152.

Sudnow, David, 1978: Ways of the Hand. The Organization of Improvized Conduct. London: Routledge.

Turner, Victor W., 1967: The Forest of Symbols. Aspects of Ndembu Ritual. Ithaca, NY: Cornell University Press.

Urry, James, 1984: A History of Field Methods. In: Roy F. Ellen (Hrsg.): Ethnographic Research: A guide to general conduct. London: Academic Press, S. 35–61.

Van Maanen, John, 1988: Tales of the Field: On Writing Ethnography. Chicago: Chicago University Press.

Verkuyten, Maykel, 2000: School marks and teachers' accountability to colleagues. Discourse Studies 2: 452–472.

Vincent, Joan, 1990: Anthropology and Politics. Visions, Traditions, and Trends. Tucson: University of Arizona Press.

Weber, Max, 1988: Der Sinn der »Wertfreiheit« der soziologischen und ökonomischen Wissenschaften. In: Max Weber: Gesammelte Aufsätze zur Wissenschaftslehre. Stuttgart: Mohr Siebeck, S. 489–540 [zuerst 1917].

Whyte, William Foote, 1967: Street corner society. The social structure of an Italian slum. Chicago: University of Chicago Press [zuerst 1943].

Wiesemann, Jutta, 2000: Lernen als Alltagspraxis. Lernformen von Kindern an einer Freien Schule. Bad Heilbrunn: Klinkhardt.

Willis, Paul, 1979: Spaß am Widerstand. Gegenkultur in der Arbeiterschule. Frankfurt/Main: Suhrkamp [zuerst 1977].

Wolff, Stephan, 1992: Die Anatomie der Dichten Beschreibung. Clifford Geertz als Autor. In: Joachim Matthes (Hrsg.): Zwischen den Kulturen? Sonderband der »Sozialen Welt«. Göttingen: Schwarz, S. 339–361.

Wolff, Stephan, 2000: Wege ins Feld und ihre Varianten. In: Uwe Flick/Ernst von Kardorff/Ines Steinke (Hrsg.): Qualitative Forschung. Ein Handbuch. Reinbek bei Hamburg: Rowohlt, S. 334–349.

Wolff, Stephan, 2006: Textanalyse. In: Ruth Ayaß/Jörg Bergmann (Hrsg.): Qualitative Methoden der Medienforschung. Reinbek bei Hamburg: Rowohlt, S. 245–273.

Woolgar, Steve (Hrsg.), 1988: Knowledge and reflexivity. New frontiers in the sociology of knowledge. London: Sage.

Zaborowski, Katrin/Meier, Michael/Breidenstein, Georg, 2011: Unterricht und Leistungsbewertung. Wiesbaden: VS.

Zimmerman, Don H./Pollner, Melvin, 1976: Die Alltagswelt als Phänomen. In: Elmar Weingarten/Fritz Sack/Jim Schenkein (Hrsg.): Ethnomethodologie. Beiträge zu einer Soziologie des Alltagshandelns. Frankfurt/Main: Suhrkamp, S. 64–104.

UVK:Weiterlesen bei UTB

UVK:Weiterlesen bei UTB

Lothar Bunn
Erfolgreich Klausuren schreiben
2013, 140 Seiten, broschiert
ISBN 978-3-8252-3853-7

»Erfolgreich Klausuren schreiben« bietet Studierenden der Geistes- und Sozialwissenschaften einen praktischen Leitfaden zum prüfungsorientierten Lernen und effizienten Schreibverhalten während der Klausur.

Studierenden- und Dozentenbefragungen ergaben, dass Klausuranforderungen meist nur unbewusst erfasst werden. Lothar Bunn untersuchte erstmals die kognitiven, textlichen und methodischen Anforderungen. Er zeigt anhand zahlreicher konkreter Beispiele, wie Klausuren erfolgreich vorbereitet und gemeistert werden können.

Im Mittelpunkt des Buchs steht die Analyse authentischer Aufgabenstellungen unterschiedlicher Fächer. Lothar Bunn gibt daraus ableitend praktische Tipps zum Lern- und Studierverhalten. MC-Klausuren und Beurteilungskriterien sind eigene Kapitel gewidmet.

Lothar Bunn ist wissenschaftlicher Mitarbeiter am Sprachenzentrum der Universität Münster im studienbegleitenden Bereich Deutsch als Fremdsprache.